2025年春 受験用 解答集

愛知県 南山中学校女子部

2019〜2013年度の 7年分

本書は，実物をなるべくそのままに，プリント形式で年度ごとに収録しています。
問題用紙を教科別に分けて使うことができるので，本番さながらの演習ができます。

■ 収録内容

・解答集（この冊子です）

　　書籍ID番号，この問題集の使い方，リアル過去問の活用，解答例と解説，
　　ご使用にあたってのお願い・ご注意，お問い合わせ

・2019(平成31)年度 〜 2013(平成25)年度　学力検査問題

○は収録あり 年度	'19	'18	'17	'16	'15	'14	'13
■ 問題収録	○	○	○	○	○	○	○
■ 解答用紙	○	○	○	○	○	○	○
■ 解答	○	○	○	○	○	○	○
■ 解説	○	○	○	○	○	○	○
■ 配点							

☆問題文等の非掲載はありません

もっと過去問！シリーズ

K 教英出版

■ 書籍ID番号

入試に役立つダウンロード付録や学校情報などを随時更新して掲載しています。
教英出版ウェブサイトの「ご購入者様のページ」画面で，書籍ID番号を入力してご利用ください。

書籍ID番号 **177021**

（有効期限：2025年9月30日まで）

【入試に役立つダウンロード付録】
「中学合格への道」

■ この問題集の使い方

年度ごとにプリント形式で収録しています。針を外して教科ごとに分けて使用します。①片側，②中央
のどちらかでとじてありますので，下図を参考に，問題用紙と解答用紙に分けて準備をしましょう（解答
用紙がない場合もあります）。

針を外すときは，けがをしないように十分注意してください。また，針を外すと紛失しやすくなります
ので気をつけましょう。

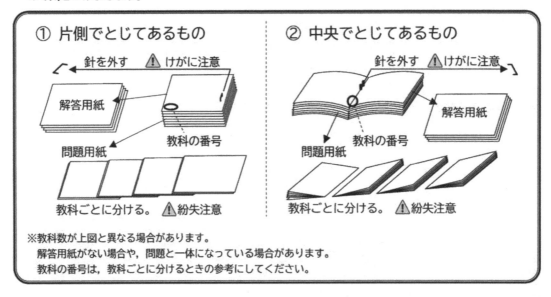

※教科数が上図と異なる場合があります。
　解答用紙がない場合や，問題と一体になっている場合があります。
　教科の番号は，教科ごとに分けるときの参考にしてください。

リアル過去問の活用

❀ 本番を体験しよう！

　問題用紙の形式（縦向き/横向き），問題の配置や余白など，実物に近い紙面構成なので本番の臨場感が味わえます。まずはパラパラとめくって眺めてみてください。「これが志望校の入試問題なんだ！」と思えば入試に向けて気持ちが高まることでしょう。

❀ 入試を知ろう！

　同じ教科の過去数年分の問題紙面を並べて，見比べてみましょう。

① 問題の量

　毎年同じ大問数か，年によって違うのか，また全体の問題量はどのくらいか知っておきましょう。どのくらいのスピードで解けば時間内に終わるのか，大問ひとつにかけられる時間を計算してみましょう。

② 出題分野

　よく出題されている分野とそうでない分野を見つけましょう。同じような問題が過去にも出題されていることに気がつくはずです。

③ 出題順序

　得意な分野が毎年同じ大問番号で出題されていると分かれば，本番で取りこぼさないように先回りして解答することができるでしょう。

④ 解答方法

　記述式か選択式か（マークシートか），見ておきましょう。記述式なら，単位まで書く必要があるかどうか，文字数はどのくらいかなど，細かいところまでチェックしておきましょう。計算過程を書く必要があるかどうかも重要です。

⑤ 問題の難易度

　必ず正解したい基本問題，条件や指示の読み間違いといったケアレスミスに気をつけたい問題，後回しにしたほうがいい問題などをチェックしておきましょう。

❀ 問題を解こう！

　志望校の入試傾向をつかんだら，問題を何度も解いていきましょう。ほかにも問題文の独特な言いまわしや，その学校独自の答え方を発見できることもあるでしょう。オリンピックや環境問題など，話題になった出来事を毎年出題する学校だと分かれば，日頃のニュースの見かたも変わってきます。

　こうして志望校の入試傾向を知り対策を立てることこそが，過去問を解く最大の理由なのです。

❀ 実力を知ろう！

　過去問を解くにあたって，得点はそれほど重要ではありません。大切なのは，志望校の過去問演習を通して，苦手な教科，苦手な分野を知ることです。苦手な教科，分野が分かったら，教科書や参考書に戻って重点的に学習する時間をつくりましょう。今の自分の実力を知れば，入試本番までの勉強の道すじが見えてきます。

❀ 試験に慣れよう！

　入試では時間配分も重要です。本番で時間が足りなくなってあわてないように，リアル過去問で実戦演習をして，時間配分や出題パターンに慣れておきましょう。教科ごとに気持ちを切り替える練習もしておきましょう。

❀ 心を整えよう！

　入試は誰でも緊張するものです。入試前日になったら，演習をやり尽くしたリアル過去問の表紙を眺めてみましょう。問題の内容を見る必要はもうありません。どんな形式だったかな？受験番号や氏名はどこに書くのかな？…ほんの少し見ておくだけでも，志望校の入試に向けて心の準備が整うことでしょう。

　そして入試本番では，見慣れた問題紙面が緊張した心を落ち着かせてくれるはずです。

　※まれに入試形式を変更する学校もありますが，条件はほかの受験生も同じです。心を整えてあせらずに問題に取りかかりましょう。

算　数

平成㉛年度 解答例・解説

《解答例》

1　(1)83　(2)$\frac{1}{10}$　(3)$3\frac{16}{113}$　(4)$18\frac{1}{3}$　(5)13

2　$1\frac{1023}{1024}$

3　(7)55　(8)右図

4　(9)6　(10)4，2，5，6，7，3，1

5　(11)133320　(12)$1\frac{1}{4}$

6　(13)土　(14)2013

7　(15)ア．13　イ．18　(16)21.1

8　106度

9　$\frac{8}{17}$

10　(19)87.92　(20)4.2

11　作図…右図

説明…Oを中心とする円の一部(①)をかく。②を中心に，①と直線CAの

交わる点を通る円の一部(②)をかく。③を中心に②を通る円の一部(③)を

かく。①と③の交わる点とOを結ぶ直線が直線OPである。

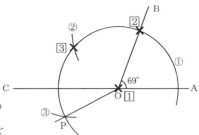

3⑻の図

11の図

《解　説》

1　(1)　与式$=12+\dfrac{3\times4\times5\times7}{6}-8+9=12+70-8+9=83$

(2)　与式$=\dfrac{2}{3\times19}+\dfrac{7}{5\times19}-\dfrac{1}{6\times19}=\dfrac{20}{5\times6\times19}+\dfrac{42}{5\times6\times19}-\dfrac{5}{5\times6\times19}=\dfrac{57}{5\times6\times19}=\dfrac{1}{10}$

(3)　与式$=(155+2\times100)\div113=(155+200)\div113=\dfrac{355}{113}=3\dfrac{16}{113}$

(4)　$1\,\text{dL}=\dfrac{1}{10}\,\text{L}=(\dfrac{1}{10}\times1000)\,\text{mL}=100\,\text{mL}=100\,\text{cm}^3$だから，$3.5\,\text{L}=(3.5\times10)\,\text{dL}=35\,\text{dL}$，$2500\,\text{cm}^3=(2500\times\dfrac{1}{100})\,\text{dL}=$

$25\,\text{dL}$ だから，与式$=15\,\text{dL}+(35\,\text{dL}-25\,\text{dL})\times\dfrac{1}{3}=15\,\text{dL}+10\,\text{dL}\times\dfrac{1}{3}=15\,\text{dL}+3\dfrac{1}{3}\,\text{dL}=18\dfrac{1}{3}\,\text{dL}$

(5)　与式より，$1+(\dfrac{6}{3}-\dfrac{5}{3})\div(\dfrac{\square}{8}-\dfrac{34}{21})=57$　　$\dfrac{1}{3}\div(\dfrac{\square}{8}-\dfrac{34}{21})=57-1$　　$\dfrac{\square}{8}-\dfrac{34}{21}=\dfrac{1}{3}\div56$

$\dfrac{\square}{8}=\dfrac{1}{168}+\dfrac{34}{21}$　　$\dfrac{\square}{8}=\dfrac{1}{168}+\dfrac{272}{168}$　　$\dfrac{\square}{8}=\dfrac{13}{8}$　　$\square=13$

2　$\dfrac{1}{2}$，$\dfrac{1}{4}$，$\dfrac{1}{8}$，$\dfrac{1}{16}$，$\dfrac{1}{32}$，$\dfrac{1}{64}$，$\dfrac{1}{128}$，$\dfrac{1}{256}$，$\dfrac{1}{512}$，$\dfrac{1}{1024}$の分母は2倍ずつ大きくなっているから，

$\dfrac{1}{2}+\dfrac{1}{4}+\dfrac{1}{8}+\dfrac{1}{16}+\dfrac{1}{32}+\dfrac{1}{64}+\dfrac{1}{128}+\dfrac{1}{256}+\dfrac{1}{512}+\dfrac{1}{1024}$の計算結果の分母は1024，分子は$1024-1=1023$となる。

よって，与式$=1+\dfrac{1023}{1024}=1\dfrac{1023}{1024}$

3 (7) 10個のますに右図 I のように記号をおく。問題の図の 1 ～ 5 から，アの●は 1，イの●は 2，ウの●は 4 を表すとわかる。図 II だと 1 ＋ 2 ＋ 4 ＝ 7 を表し，その次はエにだけ●がある状態になるから，エの●は 8 を表すとわかる。図 III だと 7 ＋ 8 ＝ 15 を表し，その次はオにだけ●がある状態になるから，オの●は 16 を表すとわかる。

以上より，10個のますの上の段の●は 4 進数のように 4 をかけあわせた数を表すとわかり，下の段の●は，すぐ上のますの数に 2 をかけた数を表すとわかる。よって，図 IV のように各ますの数がわかるから，求める数は，1 ＋ 2 ＋ 4 ＋ 16 ＋ 32 ＝ 55 である。

また，64 － 1 － 8 ＝ 55 と求めることもできる。

(8) (7)で右図 IV のように各ますの数がわかった。275 ＝ 256 ＋ 16 ＋ 2 ＋ 1 だから，図 V のようになる。

				図 I
ア	ウ	オ	キ	ケ
イ	エ	カ	ク	コ

図 II
●	●			
●				

図 III
●	●			
●	●			

図 IV
1	4	16	64	256
2	8	32	128	512

図 V
●		●		●
●		●		

4 (9) 一番左の数を①とすると，他の 6 個の数の和は①× 6 ＝⑥だから，一番左の数は 1 から 7 までの数の和の，$\frac{①}{①+⑥}=\frac{1}{7}$ にあたる。したがって，一番左の数は，$\frac{1+2+3+4+5+6+7}{7}=\frac{28}{7}=4$ である。これより，真ん中の数は 5，6，7 のいずれかである。

真ん中の数より左の 3 個の数の和と右の 3 個の数の和が等しくなるのだから，真ん中の数を除いた 6 個の数の和は偶数になり，7 個の数の和の 28 も偶数なので，真ん中の数は偶数とわかる。よって，真ん中の数は 6 である。

(10) 7 個の数の並びに右図のように記号をおく。4 ＋⑦＋④＝⑦＋④＋⑦＝(28 － 6)÷ 2 ＝ 11 だから，⑦＋④＝ 11 － 4 ＝ 7 である。4，6 以外の数で和が 7 になる 2 個の数の組み合わせは 2 と 5 だけだから，⑦，④は 2 か 5 であり，⑦，④，⑦は 1 か 3 か 7 である。⑦が 3 か 7 だと⑦と④の組み合わせで条件に合うものがなくなるので，⑦＝ 1 とわかる。4 ＋ 1 ＝ 5 だから，⑦＋④＝ 5 より，⑦＝ 2，④＝ 3 とわかる。よって，7 個の数の並びは，4，2，5，6，7，3，1 である。

```
4, ⑦, ④, 6, ⑦, ④, ⑦
```

5 (11) 千の位から順に並べると，2，4，6，8 の並べ方は，千の位が 4 通り，百の位が 3 通り，十の位が 2 通り，一の位が 1 通りだから，全部で 4 × 3 × 2 × 1 ＝ 24(通り)の 4 けたの数ができる。したがって，各位には 2，4，6，8 が 24 ÷ 4 ＝ 6 (回)ずつ使われるから，24 通りの数をすべて足し合わせると，各位の数の和は，(2 ＋ 4 ＋ 6 ＋ 8)× 6 ＝ 20 × 6 ＝ 120 になる。よって，[2，4，6，8] ＝ 120 × 1000 ＋ 120 × 100 ＋ 120 × 10 ＋ 120 ＝ 120 ×(1000 ＋ 100 ＋ 10 ＋ 1)＝ 120 × 1111 ＝ 133320

(12) (11)の解説より，1，3，5，7 を並べかえてできる 4 桁の数をすべて足すと，各位の数の和は (1 ＋ 3 ＋ 5 ＋ 7)× 6 ＝ 16 × 6 になるから，[1，3，5，7] ＝ 16 × 6 × 1111 である。

[2，4，6，8] ＝ 20 × 6 × 1111 だから，[2，4，6，8] ÷ [1，3，5，7] ＝ $\frac{20 \times 6 \times 1111}{16 \times 6 \times 1111}=\frac{5}{4}=1\frac{1}{4}$

6 (13) 2018 年 12 月 1 日は 2018 年 9 月 14 日の，(30 － 14)＋ 31 ＋ 30 ＋ 1 ＝ 78(日後)なので，78 ÷ 7 ＝ 11 余り 1 より，11 週と 1 日後である。したがって，2018 年 12 月 1 日の曜日は 2018 年 9 月 14 日の曜日の 1 つあとの土曜日である。

(14) 1 年は 365 日であり，365 ÷ 7 ＝ 52 余り 1 より，1 年前の同じ日の曜日は 1 つ前の曜日となる。ただし，うるう年の 2 月 29 日をまたぐ場合は，2 つ前の曜日となる。12 月 1 日の曜日を田中先生が教師生活を始めた年まで 1 年ずつさかのぼって調べると，右表のようになる(太線の年がうるう年)。よって，田中先生のカレンダーは 2013 年のものとわかる。

2009 年	火曜日
2010 年	水曜日
2011 年	木曜日
2012 年	土曜日
2013 年	日曜日
2014 年	月曜日
2015 年	火曜日
2016 年	木曜日
2017 年	金曜日
2018 年	土曜日

7 (15) 南大東島から名古屋までの実際の距離は，30 cm × 4000000 ＝ 120000000 cm ＝ $\frac{120000000}{100 \times 1000}$ km ＝ 1200 km だから，台風 13 号は 1200 ÷ 15 ＝ 80(時間後)に来る予定である。80 ÷ 24 ＝ 3 余り 8 より，80 時間 ＝ 3 日 ＋ 8 時間だから，名

古屋に来るのは，8月10日10時＋3日＋8時間＝8月ア13日イ18時

(16) 南大東島から父島までの実際の距離は，$5.6\,\text{cm}\times20000000=112000000\,\text{cm}=\dfrac{112000000}{100\times1000}\,\text{km}=1120\,\text{km}$である。台風13号はこの距離を8月12日15時－8月10日10時＝2日5時間＝（2×24＋5）時間＝53時間で進んだのだから，その速さは，$1120\div53=21.13\cdots$より，時速21.1 kmである。

8　右図のように記号をおく。正n角形の1つの外角は，360÷nで求められるから，正十角形の1つの内角は，180－360÷10＝144(度)，正八角形の1つの内角は，180－360÷8＝135(度)である。また，正六角形の1つの内角は180－360÷6＝120(度)だから，六角形の内角の和は120×6＝720(度)である。

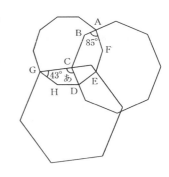

六角形ＡＢＣＤＥＦにおいて，内角の和より，
角ＣＤＥ＝720－144×2－135×2－85＝77(度)
これより，角ＣＤＨ＝144－77＝67(度)だから，四角形ＣＧＨＤにおいて，内角の和より，あ＝360－43－144－67＝106(度)

9　三角形ＤＥＣの面積は三角形ＡＢＣと等しい。三角形ＣＥＦと三角形ＤＥＣは，底辺をそれぞれＦＥ，ＤＥとしたときの高さが等しいから，面積の比はＦＥ：ＤＥと等しくなる。したがって，ＦＥ：ＤＥを求めればよい。

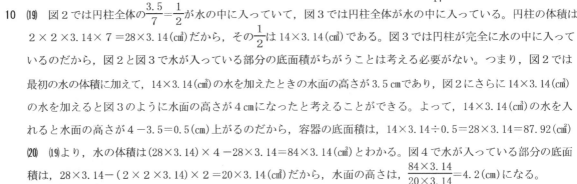

ＢＣ＝ＥＣだから，三角形ＣＢＥも二等辺三角形なので，三角形ＡＢＣと三角形ＣＢＥは同じ形の三角形とわかる。三角形ＡＢＣの等しい2つの内角の大きさを●，残りの内角の大きさを○で表すと，右のように作図できる。●×2＋○＝180度だから，角ＡＥＦ＝○となるので，三角形ＦＡＥも二等辺三角形である。三角形ＦＡＥと三角形ＦＣＤは同じ形だから，三角形ＦＣＤも二等辺三角形である。したがって，ＦＥ：ＦＤ＝ＡＥ：ＣＤである。
三角形ＡＢＣと三角形ＣＢＥの対応する辺の比はＡＢ：ＣＢ＝6：2＝3：1だから，ＢＥ＝ＢＣ×$\dfrac{1}{3}$＝$\dfrac{2}{3}$(cm)
このため，ＡＥ＝6－$\dfrac{2}{3}$＝$\dfrac{16}{3}$(cm)だから，ＦＥ：ＦＤ＝ＡＥ：ＣＤ＝$\dfrac{16}{3}$：6＝8：9である。
よって，ＦＥ：ＤＥ＝8：17だから，三角形ＣＥＦの面積は三角形ＡＢＣの面積の$\dfrac{8}{17}$倍である。

10 (19) 図2では円柱全体の$\dfrac{3.5}{7}=\dfrac{1}{2}$が水の中に入っていて，図3では円柱全体が水の中に入っている。円柱の体積は$2\times2\times3.14\times7=28\times3.14$(cm³)だから，その$\dfrac{1}{2}$は14×3.14(cm³)である。図3では円柱が完全に水の中に入っているのだから，図2と図3で水が入っている部分の底面積がちがうことは考える必要がない。つまり，図2では最初の水の体積に加えて，14×3.14(cm³)の水を加えたときの水面の高さが3.5 cmであり，図2にさらに14×3.14(cm³)の水を加えると図3のように水面の高さが4 cmになったと考えることができる。よって，14×3.14(cm³)の水を入れると水面の高さが4－3.5＝0.5(cm)上がるのだから，容器の底面積は，14×3.14÷0.5＝28×3.14＝87.92(cm²)

(20) (19)より，水の体積は，(28×3.14)×4－28×3.14＝84×3.14(cm³)とわかる。図4で水が入っている部分の底面積は，28×3.14－(2×2×3.14)×2＝20×3.14(cm²)だから，水面の高さは，$\dfrac{84\times3.14}{20\times3.14}=4.2$(cm)になる。

11 69度と27度をいくつか足し引きしてみたり，180度から69度と27度をいくつか引いたりしてみて，作図できそうな組み合わせを探す。
69×3－180＝27(度)だから，69度の角をあと2つ作図すれば，直線ＣＡより下の部分に角ＣＯＰ＝27度となる点Ｐが取れる。
半径の等しいおうぎ形では，曲線部分の長さが等しければ，中心角も等しい。したがって，曲線ＲＱ＝曲線ＲＳ＝曲線ＳＰとなるように作図すると，角ＡＯＢ＝角ＲＯＳ＝角ＳＯＰ＝69度となる。

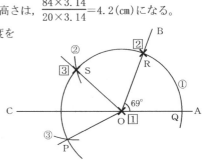

また，解答例の他にも以下のように作図することもできる。

180−69−69＝42(度)であり，69−27＝42(度)だから，69度の角を
作図してから，その内側に42度の角を作図すれば，27度の角を作
ることができる。Oを中心に円の一部(①)をかき，曲線QR＝曲線
TSとなるように，中心がTで半径がQRの長さと等しい円の一部
(②)をかくと，角SOT＝69度となる。また，角SOP＝42度となればよく，角SOR＝42度だから，
曲線SR＝曲線SPとなるように作図すればよい。

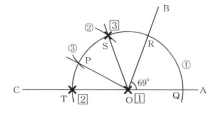

━━━━━━━━━━━━━ 《解答例》 ━━━━━━━━━━━━━

1　(1)$12\frac{2}{3}$　(2)$\frac{25}{28}$　(3)81　(4)3　(5)0.3

2　(6)21　(7)1035

3　(8)(ウ)　(9)126　(10)31

4　(11)A…9　B…8　(12)A…4　B…3

5　(13)36　(14)3439

6　155

7　(16)$1\frac{1}{2}$　(17)$\frac{3}{10}$

8　⑤，⑥，⑦

9　(19)28　(20)25

10　作図…右図

説明…ＯＡと交わるような半径で，Ｏを中心とする円の一部(①)

をかく。同じ半径のまま，Ｃを中心とする円の一部(②)をかく。

①の曲線とＯＡが交わる点を中心とし，①の曲線とＯＢが交わる

点を通る円の一部(③)をかく。同じ半径のまま，②の曲線とＣＤ

が交わる点を中心とする円の一部(④)をかく。Ｃから，②の曲線と④の曲線が交わる点に向かって直線を引く。

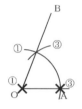
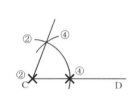

━━━━━━━━━━━━━ 《解　説》 ━━━━━━━━━━━━━

1　(1)　与式$=14-\frac{1}{3}-1=13-\frac{1}{3}=12\frac{2}{3}$

　(2)　与式$=\frac{7}{2}\times\frac{5}{28}\times\frac{10}{7}=\frac{25}{28}$

　(3)　与式$=9\times9=81$

　(4)　与式$=\frac{7}{2}\times\frac{6}{5}-\frac{2}{3}\times\frac{14}{5}+\frac{2}{5}\times\frac{5}{3}=\frac{21}{5}-\frac{28}{15}+\frac{10}{15}=\frac{63}{15}-\frac{28}{15}+\frac{10}{15}=\frac{45}{15}=3$

　(5)　1000m＝1kmより，1ha＝100m×100m＝0.1km×0.1km＝0.01㎢だから，

　　　与式より，□km×0.5km＝(15×0.01)㎢　　□km×0.5km＝0.15㎢　　□＝0.15÷0.5＝0.3

2　(6)　表にまとめると右のようになる。ⓝ番目の白石の個数は，

　　　1からnまでの整数の和と等しく，ⓝ番目の黒石の個数は，

　　　1つ前の番の白石の個数と等しい。よって，⑦番目の黒石の

　　　個数は，⑥番目の白石の個数と等しく，1＋2＋3＋4＋5＋6＝21(個)

	①番目	②番目	③番目	④番目	…
白石(個)	1	3	6	10	…
黒石(個)	0	1	3	6	…
差(個)	1	2	3	4	…

　(7)　右表より，ⓝ番目の白石と黒石の個数の差はn個になる。したがって，差が46個になるのは㊻番目であり，

　　　㊻番目の黒石の個数は㊺番目の白石の個数と等しいから，1から45までの整数の和を求める。

　　　1から45までの整数の和の2倍は，右の筆算より，46×45となるから，求める個数は，

　　　$\frac{46\times45}{2}=1035$(個)

$$\begin{array}{r}1+2+3+\cdots\cdots+45\\+)\ 45+44+43+\cdots\cdots+1\\\hline 46+46+46+\cdots\cdots+46\end{array}$$

3 ⑼　2数の和のうち偶数である64, 80, 108は, それぞれA＋B, A＋C, B＋Cのどれかだから,

64＋80＋108＝252は(A＋B)＋(A＋C)＋(B＋C)＝(A＋B＋C)×2と等しい。

　　よって, A＋B＋C＝252÷2＝126

⑽　2数の和のうち奇数である49, 77, 93は, それぞれA＋D, B＋D, C＋Dのどれかだから,

49＋77＋93＝219は(A＋D)＋(B＋D)＋(C＋D)＝(A＋B＋C)＋D×3と等しい。

したがって, 219－126＝93はD×3と等しいので, D＝93÷3＝31

4 ⑾　ふとんのしきつめ方は, 右図を例としていろいろ考えられるが, Aは

最大で9人分, Bは最大で8人分のふとんがしける。

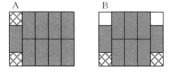

⑿　和が60となる9の倍数と8の倍数の組み合わせを探す。

8の倍数の一の位は偶数だから, 9の倍数の一の位も偶数でなければなら

ない。60と, 9×2＝18, 9×4＝36, 9×6＝54それぞれとの差は, 42, 24, 6である。このうち8の倍数は

24＝8×3だけだから, Aを4部屋, Bを3部屋予約すればよい。

5 ⒀　自動車のナンバーは1から9999まで9999種類あるのだから, 0を使ったナンバーでもよいとわかる。数字がわからない部分の数字を「※」で表すと, 5がちょうど3つ使われているナンバーは, 555※, 55※5, 5※55, ※555の4パターンが考えられる。

各パターンで※に入る数は0〜4と6〜9の9通りある(※555で※に0が入る場合のナンバーは, 555と考える)。よって, 全部で9×4＝36(種類)のナンバーができる。

⒁　(1)の解説をふまえる。

5がちょうど4つ使われているナンバーは1種類, 5がちょうど3つ使われているナンバーは36種類である。…①

5がちょうど2つ使われているナンバーは, 55※※, 5※5※, 5※※5, ※55※, ※5※5, ※※55の6パターンが考えられる。各パターンで※に入る数は0〜4と6〜9の9通りある(0055は55と考え, 0※55で※が0以外の場合は※55と考える)。したがって, 1パターンごとに9×9＝81(種類)のナンバーができるから,

81×6＝486(種類)のナンバーができる。…②

5がちょうど1つ使われているナンバーは, ※※※5, ※※5※, ※5※※, 5※※※の4パターンが考えられる。各パターンで※に入る数は0〜4と6〜9の9通りある(0005は5と考え, 00※5で※が0以外の場合は※5と考え, 0※※5で※が0以外の場合は※※5と考える)。したがって, 1パターンごとに9×9×9＝729(種類)のナンバーができるから, 729×4＝2916(種類)のナンバーができる。…③

①, ②, ③より, 5のつくナンバーは全部で, 1＋36＋486＋2916＝3439(種類)

6 一番大きい正方形と一番小さい正方形の1辺の長さをそれぞれ

③, ①とし, 右図のように辺の長さに記号をおく。

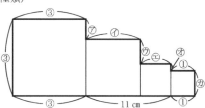

㋑＋㋤＝11(cm)で, ㋐＋㋒＋㋔＋㋖＝③だから, 外側の太い線

の長さは, ③×4＋①×2＋11×2＝⑭＋22(cm)と表せる。こ

れが64cmと等しいから, ⑭は64－22＝42(cm)なので, ①は

42÷14＝3(cm)である。よって, 正方形の1辺の長さは, 長い方から順に, 9cm, 7cm, 4cm, 3cm

とわかるから, 4つの正方形の面積の和は, 9×9＋7×7＋4×4＋3×3＝155(cm²)

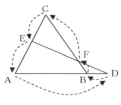

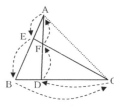

7 この問題で示されている性質は「メネラウスの定理」とよばれているものである。式の中に現れる頂点の記号が右図の矢印の順番になっていると考えると，わかりやすい。

(16) 右図の矢印の順番になるように式をかくと，$\dfrac{BC}{CD}\times\dfrac{DF}{FA}\times\dfrac{AE}{EB}=1$ となるから，

$\dfrac{8}{6}\times\dfrac{DF}{FA}\times\dfrac{2}{4}=1 \qquad \dfrac{DF}{FA}\times\dfrac{2}{3}=1 \qquad \dfrac{DF}{FA}=\dfrac{3}{2}=1\dfrac{1}{2}$

(17) 高さが等しい三角形の面積比は底辺の長さの比に等しいことを利用する。

三角形ABCの面積を1とする。

(三角形ADCの面積)：(三角形ABCの面積)＝DC：BC＝3：4だから，

(三角形ADCの面積)＝(三角形ABCの面積)$\times\dfrac{3}{4}=1\times\dfrac{3}{4}=\dfrac{3}{4}$

(三角形ACFの面積)：(三角形ADCの面積)＝AF：ADであり，(1)より，AF：AD＝2：(2＋3)＝2：5

だから，(三角形ACFの面積)＝(三角形ADCの面積)$\times\dfrac{2}{5}=\dfrac{3}{4}\times\dfrac{2}{5}=\dfrac{3}{10}$

よって，三角形ACFの面積は三角形ABCの面積の$\dfrac{3}{10}$倍である。

8 5つの条件に右のように数字をつける。条件から，3人の名前はさゆり，まい，ななせ，部活動は茶道部，音楽部，美術部，血液型はB型，O型，A型であり，同じものがないことが確認できる。まず位置を考えずに右表Iで3人の情報をまとめる。条件4からななせは音楽部ではないとわかるので，さゆりが音楽部に決まり，ななせは美術部に決まる。

条件5から美術部のななせはA型ではないとわかるので，ななせはO型，まいはA型に決まる。あとは条件3，4，5から3人の位置を考えれば，右表IIのようになるとわかる。よって，適当な文は，⑤，⑥，⑦である。

```
1. さゆりは，B型である。
2. まいは，茶道部に所属している。
3. O型の人は，音楽部に所属している人のとなりにいる。
4. 音楽部に所属している人は，ななせより右にいる。
5. A型の人は，美術部に所属している人のとなりにいる。
```

表I

名前	さゆり	まい	ななせ
部活動		茶道部	
血液型	B型		

表II

名前	左 まい	真ん中 ななせ	右 さゆり
部活動	茶道部	美術部	音楽部
血液型	A型	O型	B型

9 (19) よしひろ君が[C7，K27]で乗りかえないとすると，[C4，N4]が5駅目となり，途中で7駅しか通らずに南山駅に着くことは不可能である。したがって，よしひろ君は[C7，K27]で環状線に乗りかえたとわかる。このとき途中で通過した駅は，C8，[C7，K27]，K1，[T7，K2]，K3，K4の6駅以外に1駅あることになるから，K28を通ったとわかる。よって，環状線は28駅ある。

(20) [C7，K27]で線路が3方向に分かれているので，3つのうちどれに進むかなどで場合を分けるなどして，条件にあうような乗り方を根気よく探していくしかない。ただ，乗りかえる駅を二重に数えるなどのミスをしないように，探す前に以下のような工夫をするとよい。となりあった駅と駅の間を「1区間」とすると，区間を1つ進むごとに1つ駅を通過するのだから，各線路の区間の数を図にかきこむと，右図Iのようになる。通る線路の区間を合計していけば，南山駅に着いたときの合計区間数が，南山駅が何駅目かという数と同じになる。最も多くの駅を通過するのは右図IIの乗り方であり，南山駅は25駅目となる。

図I

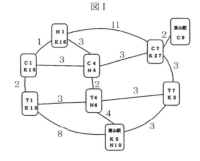

図II

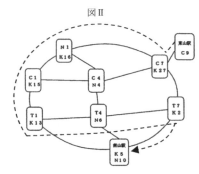

![平成29年度 解答例・解説]

《解答例》

1 (1)11 (2)118 (3)2 (4)10 (5)358

2 $\dfrac{25}{118}$

3 74

4 108

5 ⑦, ⑦

6 (10)56 (11)630

7 (12)5040 (13)1440

8 105

9 9

10 (16)120 (17)29.83

11 (18)500 (19)166$\dfrac{2}{3}$

12 18.84

13 作図…右図

　説明…180－40－60＝80 だから，直線あと直線ＯＢのつくる角のうち点Ｏの

　　　　左側の角が 60 度になるように，直線ＯＢを作図する。60 度は正三角

　　　　形から作図できるから，同じ半径の円の一部①，②が交わる点と点Ｏ

　　　　を結ぶと，60 度が作図できる。このときに引いた直線が直線ＯＢである。

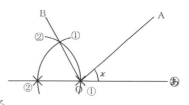

《解　説》

1 (1) 与式＝$1+\dfrac{8}{3}+5+\dfrac{7}{3}=6+\dfrac{15}{3}=6+5=11$

(2) 与式＝$(243.77+314.13+10.1)-111.32-221.6-117.08=568-111.32-221.6-117.08$

111.32 と 221.6 と 117.08 を続けて引くことは，これらの合計を引くことと同じだから，

$568-111.32-221.6-117.08=568-(111.32+221.6+117.08)=568-450=118$

(3) 与式＝$\dfrac{5}{6}\times\left(\dfrac{75}{100}-\dfrac{14}{100}\right)+\dfrac{7}{12}\times\left(2\dfrac{25}{70}+\dfrac{14}{70}\right)=\dfrac{5}{6}\times\dfrac{61}{100}+\dfrac{7}{12}\times2\dfrac{39}{70}=\dfrac{61}{120}+\dfrac{7}{12}\times\dfrac{179}{70}=\dfrac{61}{120}+\dfrac{179}{120}=\dfrac{240}{120}=2$

(4) 13 は 17 の$\dfrac{13}{17}$倍だから，$\left(17+\dfrac{\square}{17}\right)$も 23 の$\dfrac{13}{17}$倍である。したがって，$17+\dfrac{\square}{17}=23\times\dfrac{13}{17}$　　$17+\dfrac{\square}{17}=\dfrac{299}{17}$

$\dfrac{\square}{17}=\dfrac{299}{17}-17$　　$\dfrac{\square}{17}=\dfrac{10}{17}$　　$\square=10$

(5) 右の図から，$(518+ア)+(783+ア)=2017$　　$ア+ア+1301=2017$

$ア+ア=2017-1301$　　$ア+ア=716$　　$ア=716\div2=358$

2017		
518＋ア		783＋ア
518	ア	783

2 $0.225=\dfrac{225}{1000}=\dfrac{9}{40}$だから，分子と分母に 2 ずつ加えたことで，通分すると$\dfrac{9}{40}$になる分数にな

ったとわかる。小数第 4 位を四捨五入して 0.212 になる数は，⑦0.2115 以上，0.2125 未満

の数だから，通分すると$\dfrac{9}{40}$になる分数の分子と分母から 2 ずつ引いた分数を小数で表し，

その値が⑦の範囲にあるかどうかを調べる。右の表から，⑦の範囲にある分数として$\dfrac{25}{118}$が

見つかるから，求める分数は，$\dfrac{25}{118}$

$\dfrac{9}{40}$	→	$\dfrac{7}{38}=0.18\cdots$
$\dfrac{18}{80}$	→	$\dfrac{16}{78}=0.20\cdots$
$\dfrac{27}{120}$	→	$\dfrac{25}{118}=0.2118\cdots$
$\dfrac{36}{160}$	→	$\dfrac{34}{158}=0.215\cdots$
		⋮

3　みかんの個数は，8の倍数より2大きく，11の倍数に3足りない数である。したがって，みかんを2個減らした個数をAとすると，Aは8の倍数で，11の倍数に5足りない数である。11の倍数に5足りない数を小さい方から順に並べて最初に現れる8の倍数を探すと，6，17，28，39，50，61，72，…より，72が見つかる。よって，Aは72だから，求めるみかんの個数は，72＋2＝74（個）

4　0の個数が計算間違いのもとになるので，1250000円＝125万円，3600000円＝360万円，178200000円＝17820万円として計算する。トラックが120台売れると，売上は360×120＝43200（万円）になり，実際よりも43200－17820＝25380（万円）高くなる。1台が自家用車にかわると，売上は360－125＝235（万円）安くなるから，自家用車の売れた台数は，25380÷235＝108（台）

5　㋐xが2倍，3倍，…になるとyも2倍，3倍，…になるから，yはxに比例している。

　㋑xが2倍，3倍，…になるとyは$\frac{1}{2}$倍，$\frac{1}{3}$倍，…になるから，yはxに反比例している。道のりや時間の単位に関係なく，同じ道のりを進むとき速さとかかる時間は反比例の関係にあることは覚えておこう。

　㋒この内容は非常に複雑で考えるのに時間がかかるので，㋒を後回しにして他に反比例の関係が2つ見つからない場合だけ，㋒について確認した方がよい。㋒の確認の仕方は以下のようになる。面積が$x×5$（㎠）の面，面積が$y×5$（㎠）の面，面積が$x×y$（㎠）の面が2つずつあるから，これら3種類の面を1つずつ合わせた面積の和は，$x×5＋y×5＋x×y$（㎠）と表せる。これが50÷2＝25（㎠）にあたる。xとyがこのままだと考えづらいので，xが1のときのyの値と，xが1×2＝2のときのyの値を比べて，yが$\frac{1}{2}$倍になっているかを調べる。$x=1$のとき，$x×5＋y×5＋x×y＝1×5＋y×5＋1×y＝y×6＋5$だから，$y×6＋5＝25$より，$y＝(25-5)÷6＝\frac{10}{3}$となる。$x=2$のとき，$x×5＋y×5＋x×y＝2×5＋y×5＋2×y＝y×7＋10$だから，$y×7＋10＝25$より，$y＝(25-10)÷7＝\frac{15}{7}$となる。したがって，$x$が2倍になっても$y$が$\frac{1}{2}$倍にならないので，$y$は$x$に反比例していない。

　㋓yをxの式で表すと，$y＝20-x$となる。xが2倍，3倍，…になってもyが$\frac{1}{2}$倍，$\frac{1}{3}$倍，…となるわけではないから，yはxに反比例していない（比例もしていない）。

　㋔zがyに比例するということはyがzに比例するということでもある。xが2倍，3倍，…になると，zは$\frac{1}{2}$倍，$\frac{1}{3}$倍，…となるから，zの変化を受けてyは$\frac{1}{2}$倍，$\frac{1}{3}$倍，…となる。つまり，xが2倍，3倍，…になるとyは$\frac{1}{2}$倍，$\frac{1}{3}$倍，…になるから，yはxに反比例している。

　よって，㋑と㋔が反比例の関係にあるとわかる。

6　⑽　112m地点をかめが通過するのは，出発した112÷8＝14（分後）である。この12分前の，出発した14－12＝2（分後）にうさぎが112m地点を通過したから，うさぎの速さは，分速（112÷2）m＝分速56m

　⑾　うさぎの寝た時間が2分30秒（2.5分）短ければ，うさぎとかめは同時にゴールできた。このことから，スタートからゴールまでにかかる時間の差は，1時間10分（70分）よりも2.5分短い，67.5分とわかる。かめとうさぎの速さの比が8：56＝1：7だから，同じ距離を走るのにかかる時間の比は，速さの逆比に等しく，$\frac{1}{1}：\frac{1}{7}＝7：1$である。この比の7－1＝6が，かかる時間の差の67.5分にあたるから，かめがゴールするまでにかかった時間は，$67.5×\frac{7}{6}＝78.75$（分）となる。よって，求める距離は，8×78.75＝630（m）

7 (12) ②〜⑧の７つを，左から順に並べていけばよい。このとき，左端（ひだりはし）は７通りの選び方があり，左から２番目は左端に選んだものを除いた６通り，左から３番目はその残りの５通り，左から４番目はその残りの４通り，左から５番目はその残りの３通り，左から６番目はその残りの２通り，右端は最後に残った１通りの選び方になる。よって，全部で，$7×6×5×4×3×2×1＝5040$（通り）

(13) 決勝戦で①と③が対戦するには，②が「あ」か「い」か「う」に入り，③が「え」か「お」か「か」か「き」に入ればよい。②が「あ」に入り，③が「え」に入る場合，残り④〜⑧の５つの並び方を考えればよいから，(1)の解説と同様に考えると，この場合の入れ方は$5×4×3×2×1＝120$（通り）となる。②の入れ方が３通りあり，③の入れ方が４通りあるため，②と③の入れ方は$3×4＝12$（通り）あり，そのそれぞれに残りの入れ方が120通りあるから，条件にあう入れ方は全部で，$120×12＝1440$（通り）

8 右のように，２教科の合計点の平均点のマスを追加して，㋔にあてはまる数を調べる。

	合格者の平均点 (200人)	不合格者の平均点 (600人)	受験者の平均点 (800人)
算数	㋑	38	㋒
国語	69		60
２教科	135		㋔

㋑$＝(135×200−69×200)÷200＝135−69＝66$，
㋒$＝(66×200+38×600)÷800＝16.5+28.5＝45$ となるから，㋔$＝(45×800+60×800)÷800＝45+60＝105$

9 右の図のように，正方形に記号をおく。

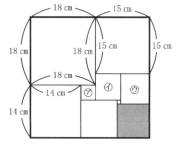

正方形㋐の１辺の長さは，$18−14＝4$ (cm)

正方形㋑の１辺の長さは，$(18−15)+4＝7$ (cm)

正方形㋒の１辺の長さは，$15−7＝8$ (cm)

太線の長方形の縦の長さは$18+14＝32$(cm)だから，影のついた正方形の１辺の長さは，$32−15−8＝9$ (cm)

10 (16) 右の図のように記号をおく。

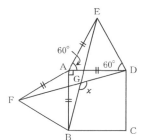

三角形ＡＢＥはＡＢ＝ＡＥの二等辺三角形であり，角ＢＡＥ$＝90+60＝150$（度）だから，角ＡＥＢ$＝(180−150)÷2＝15$（度）である。したがって，角ＤＥＧ$＝60−15＝45$（度）となる。また，三角形ＡＦＤは三角形ＡＢＥと合同な二等辺三角形だから，角ＡＤＦ＝角ＡＥＢ$＝15$度であるため，角ＥＤＧ$＝60+15＝75$（度）となる。三角形の１つの外角は，それととなり合わない２つの内角の和に等しいから，三角形ＥＧＤにおいて，角$x＝45+75＝120$（度）

(17) 「あ」が通過する部分は，右の図の太線部分である。

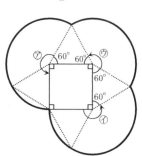

㋐と㋑の角度は$360−60−90＝210$（度）であり，㋒の角度は$360−90−60−60＝150$（度）である。このため，求める長さは，半径が３cmの円の周の長さの，$(210+210+150)÷360＝\dfrac{19}{12}$（倍）に等しい。

よって，求める長さは，$(3×2×3.14)×\dfrac{19}{12}＝9.5×3.14＝29.83$ (cm)

11 (18) 最も大きい立体は，右の図アの太線の立体である。この立体は，三角形ＩＥＦを底面とする，高さがＥＨ＝10 cmの三角柱である。よって，求める体積は，（10×10÷2）×10＝500（cm³）

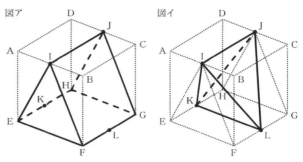

図ア　図イ

(19) 辺ＩＪをふくむ立体は，右の図イの太線の立体である。この立体は，図アの太線の三角柱から，合同な四角すいＩ-ＥＦＬＫと四角すいＪ-ＧＨＫＬを除いてできる図形である。ＥＫ＝10÷2＝5（cm）だから，四角すいＩ-ＥＦＬＫの体積は，（5×10）×10÷3＝$\frac{500}{3}$（cm³）であるため，求める体積は，$500-\frac{500}{3}×2=\frac{500}{3}=166\frac{2}{3}$（cm³）

12 右のように作図する。ＡとＥ，ＢとＤがＯＣについて対称だから，ＡＥとＢＤはＯＣに垂直に交わるとわかる。○印の角は120度の角を4等分しているから，○印1つは120÷4＝30（度）を表す。このため，角ＡＯＧ＝30×2＝60（度）である。一方，三角形ＯＢＦにおいて，角ＯＢＦ＝180-90-30＝60（度）となるから，三角形ＡＯＧと三角形ＯＢＦは合同とわかる。したがって，三角形ＡＯＧと三角形ＯＢＦの面積は等しく，これらの三角形は三角形ＯＧＨを共有しているため，それぞれから三角形ＯＧＨを除いた残りの部分(四角形ＢＦＧＨと三角形ＡＯＨ)の面積も等しい。同様に，三角形ＥＯＧと三角形ＯＤＦの面積が等しいことから，求める面積は，半径が6 cmで中心角が30度のおうぎ形2つの面積に等しいとわかる。よって，求める面積は，（6×6×3.14×$\frac{30}{360}$）×2＝18.84（cm²）

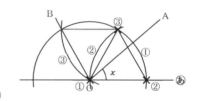

13 解答例以外に，以下のような作図も考えられる。

40＋80＝120だから，直線㋐と直線ＯＢのつくる角が120度になるように，直線ＯＢを作図する。120度は正三角形を2つとなり合わせれば作図できるから，同じ半径の円の一部①，②で1つ目の正三角形を作図する。続けて，同じ半径の円の一部①，③で2つ目の正三角形を作図する。円の一部①，③の交わる点と，Ｏを通る直線を直線ＯＢとすれば，直線㋐と直線ＯＢのつくる角が120度になるので，直線ＯＡと直線ＯＢのつくる角が80度になる。

平成 28 年度 解答例・解説

=== 《解答例》 ===

1 (1)130 (2)2 (3)72 (4)206550 (5)0.0355

2 (6)140

3 (7)18 (8)A. 8 B. 5 C. 7 D. 6

4 (9)16 (10)24

5 (11)$\frac{4}{11}$ (12)ア. 11 イ. 24

6 (13)25

7 (14)320 (15)69000 (16)370000

8 (17)2.24／長い

9 (18)14

10 (19)65 (20)80

11 (21)作図…右図

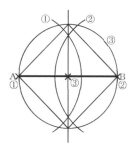

説明…2点A，Bから同じ長さにある点は，A，Bをそれぞれ中心とし，半径が等しい2つの円の交わる2点を通る直線上にある。このため，円の一部①と円の一部②の交わる2点を通る直線を作図すると，対角線ABの真ん中の点が見つかる。正方形の対角線はたがいに真ん中の点で交わるため，対角線ABの真ん中の点を中心とし，半径がABの長さの半分である円③を作図すると，先ほどの直線と交わる2点が作図する正方形の残りの頂点となる。正方形のすべての頂点が決まったので，線で結んで正方形をつくる。

=== 《解 説》 ===

1 (1) 与式＝13×66－13×(54＋2)＝13×66－13×56＝13×(66－56)＝13×10＝**130**

(2) 与式＝$(\frac{16}{17}+\frac{15}{17}+\frac{14}{17}+\frac{13}{17}+\frac{12}{17}+\frac{5}{17}+\frac{4}{17}+\frac{3}{17}+\frac{2}{17}+\frac{1}{17})-(\frac{10}{11}+\frac{9}{11}+\frac{8}{11}+\frac{3}{11}+\frac{2}{11}+\frac{1}{11})=5-3=$**2**

(3) 分速$\frac{5}{3}$m＝秒速$(\frac{5}{3}÷60)$m＝秒速$\frac{1}{36}$m，$2\frac{11}{17}$km＝$\frac{45}{17}$km＝$\frac{45000}{17}$mだから，

与式＝$\frac{3}{2}$m÷秒速$\frac{1}{36}$m＋$\frac{45000}{17}$m÷秒速$\frac{7500}{51}$m＝$(\frac{3}{2}×\frac{36}{1})$秒＋$(\frac{45000}{17}×\frac{51}{7500})$秒＝54秒＋18秒＝**72秒**

(4) 2016から2115までの100個の整数は，1から100までの整数より2015だけ大きい数の集まりだから，求める和は，5050＋2015×100＝5050＋201500＝**206550**

(5) 4つの数それぞれを，整数部分が1けたの数と，10を何回かかけてできる数(千や一億など)との積で表すと，123452＝1.23452×十万，85.2×千＝8.52×一万，0.024×一億＝2.4×百万，0.1×一千万＝1.0×百万となる。このことから，一番小さい数は8.52×一万，一番大きい数は2.4×百万とわかるため，求める値は，(8.52×一万)÷(2.4×百万)＝8.52÷(2.4×百)＝8.52÷240＝**0.0355**

(12)

2 　Aグループの最も多かった年よりもBグループの最も少なかった年のほうが多いことから，40年間の平均入場者数はBグループの最も少なかった年の入場者数よりも少ないとわかる。

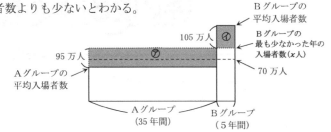

このことから，求める人数をx人として，右のように作図すると，Aグループの入場者数の合計は，x人の35倍よりも色をつけた㋐の部分の人数だけ少なく，$95×35=3325$（万人）少ない。また，Bグループの入場者数の合計は，x人の5倍よりも色をつけた㋑の部分の人数だけ多く，$105×5=525$（万人）多い。したがって，この40年間の入場者数の合計は，x人の40倍より $3325-525=2800$（万人）少ないから，平均入場者数は，x人より $2800÷40=70$（万人）少ない。よって，求める人数は，$70+70=$ **140（万人）**

3 ⑺　1から8までの数字は，和が $1+8=9$ になる4組に分けられるから，合計が $9×4=36$ になる。
　この8つの数字は向かい合う2つの面の頂点に1つずつ入れるから，2つの面の頂点の数の和が36となるため，1つの面の頂点の数の和は，$36÷2=$ **18** である。

⑻　AとCの数の和は $18-1-2=15$ で，Aの方がCより大きい数が入るから，Aが **8**，Cが **7** とわかる。
　また，AとB，CとDの数の和はともに $18-1-4=13$ だから，Bは **5**，Dは **6** に決まる。

4 ⑼　製品Xのたて，横，高さはそれぞれ，製品Yの1辺の長さの $10÷8=\frac{5}{4}$（倍），$7÷8=\frac{7}{8}$（倍），$6÷8=\frac{3}{4}$（倍）だから，製品Xの体積は製品Yの $\frac{5}{4}×\frac{7}{8}×\frac{3}{4}=\frac{105}{128}$（倍）である。このことから，段ボール箱Bに入れた製品Xの個数は，$105÷\frac{105}{128}=128$（個）とわかる。
　段ボール箱Aに入っていた製品Xは，たてに $40÷10=4$（個），横に $42÷7=6$（個）並び，$36÷6=6$（段）に積まれていたから，全部で $4×6×6=144$（個）あった。よって，求める個数は，$144-128=$ **16（個）**

⑽　段ボール箱Bには製品Xと製品Yがぴったり入ったから，段ボール箱Bの各辺の長さは，右の表のようになる。深さが24cmだとすると，製品Yは

たて	8と10の公倍数	（40の倍数）
横	8と7の公倍数	（56の倍数）
深さ	8と6の公倍数	（24の倍数）

$24÷8=3$（段）に積まれていたことになるから，1段に $105÷3=35$（個）並んでいたことになる。
　$35=5×7$ より，このとき，たてに5個，横に7個並べれば，1段に35個並ぶことができ，段ボール箱Bのたてが40cm，横が56cmとなり，右の上の表の条件にあう。このため，求める深さは **24cm** となる。
　なお，製品Xの向きが段ボール箱Aのときと異なる場合も考えられるが，深さが最も小さくなるのは24cmの場合のみである。

5 ⑾　約分して $\frac{1}{4}$ と $\frac{2}{3}$ になる前の分子は同じだから，分子を同じ数にそろえて，$\frac{2}{8}$ と $\frac{2}{3}$ で考える。
　約分する前の分子を②とすると，ある整数をたしたときの分母は⑧，ある整数を引いたときの分母は③となる。したがって，ある数は $(⑧-③)÷2=②.5$ となるから，約分する前の分母は $⑧-②.5=⑤.5$ となる。求める分数は，分子と分母の数の比が $②:⑤.5=4:11$ の分数のうち，分母が最も小さいものだから，$\frac{4}{11}$ である。

⑿　$83=83×1$ と考えると，83にかける数が1大きくなるごとに，余りは7ずつ大きくなる（ただし，38をこえる場合は38をこえた分だけが余りになり，その値が再び7ずつ大きくなる）。このことから，$83×11$ を38で割った余りは $8-7=1$ になるとわかる。このときの商は $26-2=24$ になるから，**11** と **24** は，アとイに当てはまる数として適する。なお，38で割るときの余りは $0〜37$ の38通りあるから，$83×11$ の次に38で割ったときの余りが1になるのは，$83×(11+38)=83×49$ のときである。$24+2×38=100$ より，$83×49$ を38で割ったときの商は明らかに3桁の整数になるから，49は，アに当てはまる整数として適さない。

6　↓に進めないことと，1度通った道を通れないことから，←に進むのは右の図1の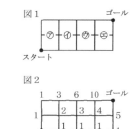
⑦〜㋓のいずれかで，←に進む回数は0〜4回の5種類になる。

←に進む回数が0回の場合，その進み方はスタートからゴールまでを最短で進む方法
となる。最短で進む方法を調べるときは，出発地点に近い方の交差点から順に，各交
差点までの行き方が何通りあるかを調べていく。1つの交差点への行き方は，直前に
いる交差点までの行き方の和として求められるから，右の図2のようになるため，
この場合の進み方は 10＋5＝15（通り）ある。

また，←に進む回数が1回以上のとき，最初の←の直前は↑，最後の←の直後
も↑に進む。このため，図1の⑦〜㋓のうちのどこを←に進むかで，進み方が
1通りに決まる。したがって，←の回数と進み方は右の表のようになるから，
ゴールする方法は，全部で 15＋4＋3＋2＋1＝25（通り）ある。

←の回数	通る場所	進み方
1回	⑦，⑦，⑦，㋓	4通り
2回	⑦⑦，⑦㋓，㋓㋓	3通り
3回	⑦⑦⑦，⑦㋓㋓	2通り
4回	⑦⑦⑦㋓	1通り

7　⒁　57億6540万÷30万＝576540÷30＝19218（秒）かかるから，19218÷60＝320.3　より，求める時間はおよそ
320分となる。

　⒂　3462×24＋2＝83090（時間）で57億6540万km進んだから，57億6540万÷83090＝6.93…　より，1時間に
およそ6.9万km＝**69000km**進む。

　⒃　求める距離は，1時間に69000km進む割合で320分に進む距離にあたる。
320分＝(320÷60)時間＝$\frac{16}{3}$時間だから，69000×$\frac{16}{3}$＝368000　より，およそ**370000km**である。

8　たて，横に1回ずつ折ったから，半径6cmの円をかいた図は，元の長方形の$\frac{1}{2}×\frac{1}{2}＝\frac{1}{4}$にあたる。このた
め，影のついた部分は，元の長方形に2×4＝8（個）ある。したがって，影のついた部分1か所について，
直線部分と2つの曲線部分の長さの差がわかれば，周の長さが何cm変化したかがわかる。
影のついた部分1か所について，右の図のように作図できるから，2つの曲線部分はどちらも
半径が6cmで中心角が90−60＝30（度）のおうぎ形の曲線部分となる。影のついた部分の周のう
ち，直線部分の長さは6cm，曲線部分の長さは6×2×3.14×$\frac{30}{360}$＝3.14（cm）だから，
直線部分の長さよりも2つの曲線部分の長さの和の方が3.14×2−6＝0.28（cm）長い。
よって，できた図形の周の長さは，はじめの長方形の周の長さよりも0.28×8＝**2.24（cm）長い**。

9　直角三角形の3辺をそれぞれ直径とする3つの半円の面積について，下の図1のことがらが成り立つから，
1つの直角三角形の周りにできる2つの三日月型の面積は，下の図2のように，中の直角三角形の面積に等しい。

図1

図2

このため，求める面積は右の図3で色をつけた3つの直角三角形の面積に等しい。
正方形の三等分点は，それぞれ正方形の辺を6÷3＝2（cm）ずつに分けているから，
求める面積は，2×2÷2＋2×4÷2＋4×4÷2＝**14（cm²）**

図3
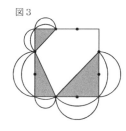

10　⒆　高さが等しい三角形の面積の比は底辺の長さの比に等しいから，
　　　　AB：DA＝（三角形ABCの面積）：（三角形DACの面積）＝1：（2−1）＝1：1
　　　　となる。したがって，DA＝AB＝ACだから，三角形DACはAC＝ADの二

等辺三角形とわかる。角ＤＡＣ＝180－130＝50(度)だから，求める角度は，角Ｄ＝$\frac{180-50}{2}$＝**65**(度)

⑳ 辺ＡＢと辺ＥＢが重なるときよりも角⑦が大きくなると，点Ａは三角形ＥＢＣの外側になる。辺ＡＢと辺ＥＢが重なるとき，角⑦＝180－50×2＝80(度)だから，点Ａが三角形ＥＢＣの内側でなくなるのは，角⑦を**80度以上**にしたときである。

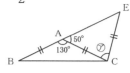

11　正方形の対角線は互(たが)いを垂直に二等分するから，はじめに対角線ＡＢの真ん中の点を見つける。次に，正方形の４つの頂点は，対角線の交わる点から等しい長さにあるから，対角線ＡＢを直径とする円をかけば，残りの頂点が見つかる。

平成 ㉗ 年度　解答例・解説

《解答例》

1　(1)右図　(2)2.5　(3)1.2　(4)$4\frac{1}{12}$　(5)$1\frac{5}{8}$

2　(6)2，10　(7)42　(8)$\frac{9}{11}$　(9)9

3　(10)402，40，8　(11)52，75，2

4　(12)⑦10　⑦6　(13)24

5　(14)18　(15)9，12

6　(16)右図　(17)8　(18)5，40

7　240

8　242

1(1)の図
2 cm

6(16)の図

9の図

9　作図…右図

作図のしかたの説明…① 点Ａを中心に半径がＣＤの長さに等しい曲線をかく。

② 点Ｄを中心に半径がＡＣの長さに等しい曲線をかき，①と②の交わる点をＥとし，点Ｅと点Ｂを結ぶ。Ｂ側の川岸とＢＥが交わる点をＦとする。

③ 点Ｂを中心に半径がＣＤの長さに等しい曲線をかく。

④ 点Ｃを中心に半径がＢＤの長さに等しい曲線をかき，③と④の交わる点をＧとし，点Ｇと点Ａを結ぶ。Ａ側の川岸とＡＧが交わる点をＨとすると，新しい橋はＦとＨの位置につくればよい。

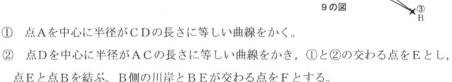

1 (1)　$\dfrac{2}{5}$cm＝2cm×$\dfrac{1}{5}$と考えれば，2cmを5等分したうちの1マスをぬりつぶせばよい。

(2)　2時間46分40秒は，60×60×2＋60×46＋40＝10000(秒)であり，

1時間6分40秒は，3600×1＋60×6＋40＝4000(秒)だから，与式＝10000÷4000＝**2.5**

(3)　1kL＝1m³より，600000kL＝600000m³，1ha＝10000m²より，5ha＝50000m²

与式＝600000m³÷50000m²×10m＝12m×10m＝120m²，100m²＝1aより，120m²は120÷100＝**1.2(a)**

(4)　与式＝$\dfrac{1}{4}$＋$\left\{\dfrac{16}{5}×\dfrac{1}{4}-\dfrac{1}{7}×\left(\dfrac{25}{30}-\dfrac{18}{30}\right)\right\}$×5

＝$\dfrac{1}{4}$＋$\left(\dfrac{4}{5}-\dfrac{1}{7}×\dfrac{7}{30}\right)$×5＝$\dfrac{1}{4}$＋$\left(\dfrac{24}{30}-\dfrac{1}{30}\right)$×5＝$\dfrac{1}{4}$＋$\dfrac{23}{30}$×5＝$\dfrac{1}{4}$＋$\dfrac{23}{6}$＝$\dfrac{3}{12}$＋$\dfrac{46}{12}$＝$\dfrac{49}{12}$＝**4$\dfrac{1}{12}$**

(5)　$\dfrac{1}{\frac{1}{2}+1}$＝1÷$\left(\dfrac{1}{2}+1\right)$＝1÷$\dfrac{3}{2}$＝1×$\dfrac{2}{3}$＝$\dfrac{2}{3}$，$\dfrac{1}{\frac{2}{3}+1}$＝1÷$\left(\dfrac{2}{3}+1\right)$＝1÷$\dfrac{5}{3}$＝1×$\dfrac{3}{5}$＝$\dfrac{3}{5}$，

$\dfrac{1}{\frac{3}{5}+1}$＝1÷$\left(\dfrac{3}{5}+1\right)$＝1÷$\dfrac{8}{5}$＝1×$\dfrac{5}{8}$＝$\dfrac{5}{8}$より，与式＝$\dfrac{5}{8}$＋1＝**1$\dfrac{5}{8}$**

2 (6)　中部国際空港と那覇空港の実際の距離は26×5000000＝130000000(cm)であり，130000000÷100÷1000＝

1300(km)になる。この距離を分速10kmの飛行機で行くのに，1300÷10＝130(分)，つまり**2時間10分**かかる。

(7)　出席番号41番の生徒がグループの中の4人目になった次のグループで，1番から4番までが再び1つの

グループとなる。41と4の最小公倍数は164より，164÷4＝41(番目)のグループは，38番から41番までの

4人となる。よって，再び出席番号が1番から4番までのグループが当番の仕事をするのは**42番目**のグル

ープである。

(8)　最初にもっているお金を1とすると，最初に使った金額は1×$\dfrac{2}{13}$＝$\dfrac{2}{13}$で，残った金額は，1－$\dfrac{2}{13}$＝$\dfrac{11}{13}$

最後に残る金額は，最初に使った金額に等しく$\dfrac{2}{13}$だから，残った金額から$\dfrac{11}{13}$－$\dfrac{2}{13}$＝$\dfrac{9}{13}$を使ったことになる。

これは残った金額の$\dfrac{9}{13}$÷$\dfrac{11}{13}$＝**$\dfrac{9}{11}$**にあたる。

(9)　20と30と40の最小公倍数は120だから，この畑を耕すために必要な仕事の量を120とする。

1日あたりの仕事の量は，機械Aが120÷20＝6，機械Bが120÷30＝4，機械Cが120÷40＝3になる。

機械Aと機械Cが12日間仕事をすると，(6＋3)×12＝108の仕事をするから，機械Bがした仕事の量は

120－108＝12になる。これは機械Bの12÷4＝3(日分)の仕事の量だから，機械Bは12－3＝**9(日)**使え

なかった。

3 (10)　第1コースは，コースの内側のラインから120÷2＝60(cm)外側を走ることになる。

第1コースを走るところについて，曲線部分は，直径が38×2＋0.6×2＝77.2(m)の半円であり，直線部

分は80mである。曲線部分と直線部分を2つずつ走るから，求める長さは，77.2×3.14÷2×2＋160＝

402.408(m)であり，**402m40cm8mm**になる。

(11)　コースが1つ外側になると，曲線部分の半円の半径は120cm＝1.2m増えるから，第1コースと第8コー

スの曲線部分の直径の差は1.2×(8－1)×2＝16.8(m)になる。

第1コースと第8コースの走るところの1周の長さの差は，曲線部分の長さの差に等しく，

(77.2＋16.8)×3.14－77.2×3.14＝(77.2＋16.8－77.2)×3.14＝16.8×3.14＝52.752(m)であり，

52m75cm2mmになる。

4 ⑿　人数の合計は 40 人だから，㋐＋㋑の値は，40－4－10－8－1－1＝16

　　　クラスの平均点が 6.25 点で，クラスの合計得点が 6.25×40＝250（点）だから，8 点の生徒と 3 点の生徒の
得点の合計は，250－10×4－7×10－5×8－2×1－0×1＝98（点）になる。

　　　8 点の生徒が 0 人で，3 点の生徒が 16 人とすると，この 16 人の得点の合計は 3×16＝48（点）になり，実際の
得点より 98－48＝50（点）少なくなる。3 点の生徒 1 人を 8 点にすると，得点の合計は 8－3＝5（点）上が
るから，8 点の生徒は 50÷5＝10（人）で，3 点の生徒は 16－10＝6（人）とわかり，㋐＝**10**，㋑＝**6** となる。

⒀　右表のように分類する。得点が 5 点の生徒には，第 1 問と第 2 問を正解した生徒
と，第 3 問だけを正解した生徒の 2 通りがあることに注意する。

得点	10	8	7	5	3	2	0
第1問	○	×	○	○	×	○	×
第2問	○	○	×	○	○	×	×
第3問	○	○	○	×	×	×	×
人数	4	10	10	8	6	1	1

　　　得点が 5 点の生徒 8 人のうち，1 問だけ正解した生徒は，11－6－1＝4（人）だか
ら，第 3 問だけを正解した生徒は 8－4＝4（人）になる。

　　　よって，3 問のうちちょうど 2 問正解した生徒の人数は 10＋10＋4＝**24（人）**である。

5 ⒁　はじめ 1800 人の行列があり，そこから 12×30＝360（人）が行列に加わった。4 つの入り口で 30 分間に
1800＋360＝2160（人）が通ったから，1 つの入り口を 1 分間に 2160÷4÷30＝**18（人）**ずつ通る。

⒂　9 つの入り口を開けると 1 分間に 18×9＝162（人）が通ることになり，行列は 1 分あたり 162－12＝
150（人）ずつ減っていくことになる。よって，1800 人の行列がなくなるまでに 1800÷150＝12（分間）かかる
から，行列がなくなるのは，**午前 9 時 12 分**である。

6 ⒃　展開図のそれぞれの点に記号をいれると，右図のようになる。

　　　点 P を作図するとき，正方形の対角線の交わった点を使う指示があったので，
注意したい。

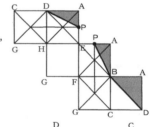

⒄　（8×8×8）÷（4×4×4）＝**8（倍）**

⒅　底面 EFGH から 6 cm の高さまで水を入れたとき，水が入っていない
部分は，底面積が 8×8＝64（cm²）で高さが 8－6＝2（cm）の直方体から，
右図の太線の立体を取り除いたものになる。

　　　⒄より，色のついた三角すいと三角すい P‐ABD の体積の比は 1：8
だから，太線の立体の体積と三角すい P‐ABD の体積の比は（8－1）：8＝7：8 になる。

　　　三角すい P‐ABD の体積が（8×8÷2）×4÷3＝$\frac{128}{3}$（cm³）だから，

太線の立体の体積は $\frac{128}{3}×\frac{7}{8}＝\frac{112}{3}$（cm³）で，水が入っていない部分の体積は 8×8×2－$\frac{112}{3}＝\frac{272}{3}$（cm³）になる。

したがって，水そういっぱいに水を満たすには，あと $\frac{272}{3}÷16＝\frac{17}{3}＝5\frac{2}{3}$（分），つまり，**5 分 40 秒**かかる。

7 ⒆　三重県内から通学している部分の中心角が 15 度だから，名古屋市内から通学している部分の中心角は
15×13＝195（度）になる。また，岐阜県内から通学している部分の中心角は，15 度よりも 10 人分だけ大き
な角度である。円グラフの中心角の大きさの合計は 360 度だから，岐阜県内から通学しているうちの 10 人
と，名古屋市外で愛知県内から通学している 80 人を合わせた 10＋80＝90（人分）の中心角は，
360－15－195－15＝135（度）にあたる。よって，この 1 年生全体の人数は 90×$\frac{360}{135}$＝**240（人）**である。

8 (20) 右図のように作図し，記号を追加する。

ADとBHは平行だから，錯角は等しく，角H＝角FED＝45度

角GFH＝90度より，三角形FGHは直角二等辺三角形であり，

FH＝FG＝13㎝

四角形ACHEは平行四辺形になるから，AC＝EH＝9＋13＝22（㎝）

対角線の長さが22㎝の正方形の面積は，22×22÷2＝**242**（㎠）

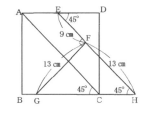

9 (21) 2点を結ぶ線の中で一番短いのは直線だから，橋の長さの分だけ，橋と同じ向きにAかBを移動させ，
もう1つの点と直線で結べば，橋をつくる地点が作図できる。
このとき，平行四辺形の向かい合う辺の長さは等しいことを利用する。

平成 26 年度 解答例・解説

《解答例》

1　(1)2014　(2) 1　(3)12321　(4)3032　(5) 3

2　$\dfrac{1}{12}$

3　13320

4　156

5　9

6　7，30

7　(11)2500　(12) 5，42

8　506

9　76

10　10.75

11　(16)70　(17)920

12　(18) 3　(19)⑦　(20)$\dfrac{1}{3}$

13　作図…右図

説明…ABを点Bの方にのばす。点Bについて点Aと対称（たいしょう）な点を，のばした線上
にとる。この点と点Aと点Cを結ぶと正三角形ができるように，点Cをとる。点C
と，点A，点Bをそれぞれ結ぶ。

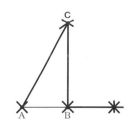

《解　説》

1 (1)　与式＝9×8×7×1×4－3＋2－1＝2016－3＋2－1＝**2014**

(2)　与式＝$\dfrac{3}{2}$×{ 4 －$\dfrac{5}{36}$÷($\dfrac{10}{24}$－$\dfrac{9}{24}$)}＝$\dfrac{3}{2}$×(4 －$\dfrac{5}{36}$×24)＝$\dfrac{3}{2}$×($\dfrac{12}{3}$－$\dfrac{10}{3}$)＝$\dfrac{3}{2}$×$\dfrac{2}{3}$＝**1**

(3)　与式＝111×6×111×6－111×7×111×5＝111×111×(6×6－7×5)＝12321×(36－35)＝**12321**

(4)　与式＝10.017兆×$\dfrac{36}{35}$＝10.3032兆＝10兆**3032**億

(5)　与式より，$\dfrac{11}{4}$－□÷6＝$\dfrac{9}{20}$×5　□÷6＝$\dfrac{11}{4}$－$\dfrac{9}{4}$　□＝$\dfrac{1}{2}$×6＝**3**

2 (6)　分母ではなく分子をそろえても分数の大小はくらべられるので，分子を，5つの数の分子の最小公倍数の30に
そろえると，$\dfrac{1}{12}$＝$\dfrac{30}{360}$，$\dfrac{15}{179}$＝$\dfrac{30}{358}$，$\dfrac{3}{32}$＝$\dfrac{30}{320}$，$\dfrac{5}{62}$＝$\dfrac{30}{372}$，$\dfrac{6}{71}$＝$\dfrac{30}{355}$

分子が等しければ，分母が大きいほど小さい分数だから，これらを小さい順に並べると

$\dfrac{30}{372}$, $\dfrac{30}{360}$, $\dfrac{30}{358}$, $\dfrac{30}{355}$, $\dfrac{30}{320}$ より，2番目に小さいものは，$\dfrac{1}{12}$

3 (7) 3 kg＝3000 g，3000÷220＝13 余り 140 より，220 g 入りを 13 パック買うと 140 g 少なくなる。1 パックを 220
g 入りから 240 g 入りにかえると，合計の量は 240－220＝20（g）多くなるから，240 g 入りを

140÷20＝7（パック），220 g 入りを 13－7＝6（パック）買えばよい。

よって，金額は，960×7＋1100×6＝**13320（円）**

4 (8) 座席数は，整数だから，50 以上 60 未満の 9 の倍数の 54 である。よって，定員数は，54×$\dfrac{26}{9}$＝**156（人）**

5 (9) 2 数の積の変化を考える問題なので，縦が点数，横が回数の右のよう
な面積図で考える（昨日までに受けたテストの回数を x 回とする）。

図の 2 つの太線の長方形の面積の和は 68 点×（x＋1）回と等しいので，

2 つの色をつけた長方形の面積が等しいとわかる。また，x 回がもっと

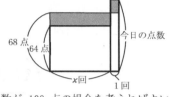

も多くなるのは色をつけた長方形の面積がもっとも大きいときだから，今日の点数が 100 点の場合を考えればよい。

2 つの色をつけた長方形の縦の長さの比は（68－64）：（100－68）＝1：8 だから，横の長さの比は 8：1 である。し

たがって，x＝1×$\dfrac{8}{1}$＝8 だから，今日までに受けたテストの回数はもっとも多くて 8＋1＝**9（回）**である。

6 (10) グラフを図形として考えると，右図の 2 つの色をつけた三角形は大きさが異
なる同じ形の三角形で，対応する辺の長さの比が

25：（60－45）＝25：15＝5：3 だから，ア：イ＝5：3 とわかる。

したがって，ウ：エも 5：3 となるから，求める時間にあたるエは

（45－25）×$\dfrac{3}{5＋3}$＝7.5（分），つまり**7 分 30 秒**である。

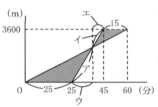

7 1 列目の数は 1 行目から順に連続する奇数であり，各行の n 列目の数は，1 列目の数に 12×（n－1）を足した数
になっている。

(11) 6 行目の 20 列目の数は 11＋12×（20－1）＝239 である。a から b まで等間隔で増える連続する c 個の数の和は
$\dfrac{(a＋b)×c}{2}$ の計算で求められるから，求める和は，$\dfrac{(11＋239)×20}{2}$＝**2500**

(12) 501÷12＝41 余り 9 より，501＝9＋12×（42－1）だから，501 は**5 行目の 42 列目**の数である。

8 (13) 右図のように 7 つの長方形の面積を記号で表す。

ウ：カ＝エ：キ＝72：96＝3：4 だから，カ＝ウ×$\dfrac{4}{3}$＝32（cm²）

（オ＋カ＋キ）：（長方形ABCD）＝オ：（ア＋オ）＝48：（90＋48）＝

8：23 だから，長方形ABCDの面積は，（オ＋カ＋キ）×$\dfrac{23}{8}$＝**506（cm²）**

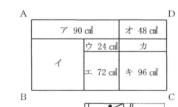

9 (14) 対頂角は等しいことから，右図で同じ記号をつけた角は大きさが等しいと
わかる。

したがって，●＝180－90－62＝28（度）だから，角イ＝（180－28）÷2＝**76（度）**

10 (15) 右図の⑦の部分が，直角二等辺三角形ABC（⑦＋⑨）とACを直径とする
半径 5 cm の半円（⑦＋⑨）に共通する部分であることに注目すれば，⑦の部分
と⑦の部分の面積の差は，直角二等辺三角形ABCの面積と半径 5 cm の半円
の面積の差に等しいとわかる。よって，求める面積の差は，

10×10÷2－5×5×3.14×$\dfrac{1}{2}$＝**10.75（cm²）**

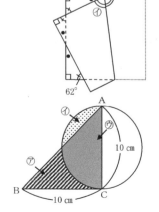

11 (16)　最短距離で行く場合，ある格子点(線と線が交わっている点)までの行き方
　　　の数は，その格子点の左の点までの行き方の数と下の点までの行き方の数を
　　　合計すると求められる。
　　　　右図は，面ＡＢＣＤ上のそれぞれの格子点までの行き方の数を表したもので
　　　ある。ＣからＦまで最短距離で行く行き方は1通りだから，ＡからＦまで最
　　　短距離で行く行き方はＡからＣまで最短距離で行く行き方と等しく**70通り**で
　　　ある。

　　(17)　ＡからＦまで，面ＢＥＦＣを通って最短距離で行く行き
　　　方は，右図より495通りである。面ＣＦＧＤを通る場合も
　　　同様に495通りの行き方がある。これら2つの場合では，
　　　点Ｃを通って行く70通りの行き方が共通しているので，
　　　ＡからＦまで最短距離で行く行き方は $495 \times 2 - 70 = $**920(通り)**
　　　ある。

12 (18)(19)　展開図は右図のようになる。
　　(20)　正八面体を2等分する断面は正方形になるから，四角形ＡＤＦＢは右下図のよう
　　　になる。ＡＦとＢＤの交わる点，ＡＩとＢＤの交わる点をそれぞれＪ，Ｋとする
　　　と，点ＪはＢＤの，点ＫはＢＪの真ん中の点となるから，
　　　ＢＫ：ＤＫ＝1：3である。
　　　図で色をつけた2つの三角形は大きさが異なる同じ形の三角形だから，
　　　ＢＩ：ＤＡ＝ＢＫ：ＤＫ＝1：3より，ＢＩ＝ＤＡ $\times \frac{1}{3} = \frac{1}{3}$(cm)

13 (21)　3つの角の大きさが $30°$，$60°$，$90°$ である直角三角形は，正三角形を半分にした
　　　三角形であることを利用する。

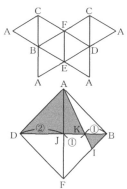

平成 25 年度　解答例・解説

《解答例》

1　(1)23　　(2)$\frac{16}{17}$　　(3)4500　　(4)2.3　　(5)4.7　　(6)$\frac{29}{30}$　　(7)$4\frac{1}{6}$　　(8)744　　(9)5　　(10)94.2

2　(11)(あ)，(う)，(お)　　(12)135

3　(13)72　　(14)イ. ②　ウ. 1

4　(15)2.355　　(16)$\frac{5}{6}$

5　(17)青…2　赤…1　　(18)43

6　(19)20　　(20)1390

7　(21)880

　(22)求め方…百の位の数が2だから，下2けたの数に $8 - 2 = 6$ を選ぶことはできない。

　　　　　　残りの0，2，4，8から，たして8にならない2つの数を選んで組み合わせを作ると，

　　　　　　$(0, 0)(0, 2)(0, 4)(2, 2)(2, 4)(2, 8)(4, 8)(8, 8)$ が考えられる。

　　　　　　よって，どの位の数を2つ選んでも，たして8になることがない数は，200, 202, 220, 204, 240, 222,

　　　　　　224, 242, 228, 282, 248, 284, 288 の13個となる。

答え…13

(23)51

8 (24)

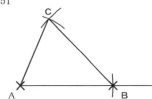

※注：図は実物大ではなく，紙面の都合上，縮小したものである。

――――――――――――《解　説》――――――――――――

1 (2)　与式＝$\frac{1}{6}+\frac{1}{3}+\frac{1}{2}-\frac{1}{17}=\frac{1}{6}+\frac{2}{6}+\frac{3}{6}-\frac{1}{17}=1-\frac{1}{17}=\frac{16}{17}$

(3)　1時間＝60分，1分＝60秒より，1時間15分＝75分＝(75×60)秒＝**4500秒**

(4)　1 L＝1000mL，1 dL＝100mLより，□dL＝1230mL－1 L＝1230mL－1000mL＝230mL＝2.3dL

　　よって，□にあてはまる数は，**2.3**

(6)　与式＝$(\frac{2}{3}+\frac{3}{10}-\frac{1}{5}-\frac{1}{10})\times\frac{6}{5}+\frac{1}{6}$

　　　　＝$(\frac{2}{3}+\frac{3}{10}-\frac{1}{10}-\frac{1}{5})\times\frac{6}{5}+\frac{1}{6}=(\frac{2}{3}+\frac{1}{5}-\frac{1}{5})\times\frac{6}{5}+\frac{1}{6}=\frac{2}{3}\times\frac{6}{5}+\frac{1}{6}=\frac{4}{5}+\frac{1}{6}=\frac{24}{30}+\frac{5}{30}=\frac{29}{30}$

(7)　与式より，$(10-□)\times\frac{2}{7}=2-\frac{1}{3}$　　$10-□=\frac{5}{3}\times\frac{7}{2}$　　$□=10-\frac{35}{6}=10-5\frac{5}{6}=$**$4\frac{1}{6}$**

(8)　500万＝0.05億＝0.05×1億と考え，かけ算と割り算は順番を入れかえても計算結果は同じになることから，

　　与式＝93億÷0.05億×$\frac{2}{5}$＝(93×1億)÷(0.05×1億)×$\frac{2}{5}$＝93÷0.05×$\frac{2}{5}$＝93÷$\frac{1}{20}$×$\frac{2}{5}$＝93×20×$\frac{2}{5}$＝**744**

(9)　与式より，$\frac{1}{2}\times(\frac{3}{□}+\frac{2}{5})=\frac{5}{6}-\frac{1}{3}$　　$\frac{3}{□}+\frac{2}{5}=(\frac{5}{6}-\frac{2}{6})\times2$　　$\frac{3}{□}=1-\frac{2}{5}$　　$□=3\times\frac{5}{3}=$**5**

(10)　与式＝3.14×16＋2.2025×14＋$\frac{15}{16}$×2×7

　　　　＝3.14×16＋2.2025×14＋0.9375×14

　　　　＝3.14×16＋(2.2025＋0.9375)×14＝3.14×16＋3.14×14＝3.14×(16＋14)＝3.14×30＝**94.2**

2 (11)　100枚注文した方が得になるのは，ほしい枚数を注文するときの金額が，ちょうど100枚注文するときの合計金額 20×100＝2000(円)をこえるときである。逆に考えると，ほしい枚数を注文する方が得になるのは，合計金額が2000円をこえない金額となる場合である。2000÷24＝83余り8より，枚数が83枚以下のとき(84枚未満のとき)は，合計金額が2000円をこえないから，そのままの枚数を注文する方が得になる。そして，枚数が84枚以上のとき(83枚をこえたとき)は，合計金額が2000円をこえるから，100枚注文する方が得になる。以上のことから，正しいことを述べているのは，**(あ)(う)(お)**の3人とわかる。

(12)　160枚注文した方が得になるのは，ほしい枚数を注文するときの金額が，ちょうど160枚注文するときの合計金額(24×160)×(1－0.3)＝2688(円)をこえるときである。2688÷20＝134余り8より，ほしい枚数が**135枚**以上のときは160枚注文する方が得になる。

3 (13)　正五角形の1つの内角の大きさは，180×(5－2)÷5＝108(度)

　　三角形ABEはAB＝AEの二等辺三角形だから，角ABEと角AEBの大きさはともに，

　　(180－108)÷2＝36(度)

　　三角形BCAと三角形ABEは合同な二等辺三角形であり，対応する角の大きさは等しいから，角BCAの大きさは36度。

　　角CBFの大きさは，108－36＝72(度)　　三角形BCFにおいて内角の大きさの和より，ア＝180－36－72＝**72(度)**

(14)　(13)より，三角形BCFはBC＝CFの二等辺三角形とわかる。つまり，CF＝BC＝AB＝1㎝

　　また，CとEを結ぶと，三角形ABFと三角形CEFは大きさの異なる同じ三角形となり，対応する辺の長さの比は等しく，AF：CF＝AB：CE　　よって，□に適するのは②となる。

また，b：1＝1：a より，等しい比の内側2つと外側2つのかけ合わせた積は等しいから，

　　a×b＝1×1＝**1**

4 (15) 頂点Aを共有する面が並ぶようにかいた立方体の展開図で，ひもの先が動くことが

できる部分に色をぬると右図のようになる。この図から，求める面積は半径が1㎝で

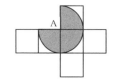

中心角の大きさが270度のおうぎ形の面積に等しいとわかり，

$$1×1×3.14×\frac{270}{360}=2.355(㎠)$$

(16) (15)と同様に展開図を考え，それぞれのひもの先が動くことができるはん囲に色をぬると，それぞれ下図のように

なる。

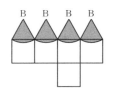 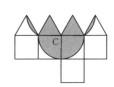 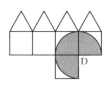

これらの図から，ひもの先が動くことができるはん囲の面積は，

頂点Bのは，半径1㎝で中心角の大きさが60×4＝240(度)のおうぎ形の面積，

頂点Cのは，半径1㎝で中心角の大きさが60×2＋180＝300(度)のおうぎ形の面積，

頂点Dのは，半径1㎝で中心角の大きさが270度のおうぎ形の面積にそれぞれ等しいとわかる。

おうぎ形の面積は中心角の大きさに比例するから，これらの中で1番大きい面積となるのは，Cの場合であり，

その面積は半径1㎝の円の面積の$\frac{300}{360}=\frac{5}{6}$(倍)である。

5 (17) 22÷12＝1余り10，10÷5＝2より，赤いビーズの袋は**1袋**，青いビーズの袋は**2袋**買えばよい。

(18) 5の倍数の一の位の数は5か0だから，一の位の数を決めて買うことができる1番少ない個数を考えれば，買

うことができない1番多い個数を見つけることができる。

一の位の数が1の個数のうち，5＋12×3＝41(個)以上は買うことができるから，買うことができない個数は31

個以下とわかる。

以下，同じようにして買うことができる個数とできない個数を考える。

一の位の数が2の個数のうち，12個以上は買うことができるから，買うことができないのは，2個。

一の位の数が3の個数のうち，5＋12×4＝53(個)以上は買うことができるから，買うことができないのは，43

個以下。

一の位の数が4の個数のうち，12×2＝24(個)以上は買うことができるから，買うことができないのは，

14個以下。

一の位の数が5の個数のうち，5個以上は買うことができるから，買うことができない個数は，ない。

一の位の数が6の個数のうち，12×3＝36(個)以上は買うことができるから，買うことができないのは，

26個以下。

一の位の数が7の個数のうち，5＋12＝17(個)以上は買うことができるから，買うことができないのは，7個。

一の位の数が8の個数のうち，12×4＝48(個)以上は買うことができるから，買うことができないのは，

38個以下。

一の位の数が9の個数のうち，5＋12×2＝29(個)以上は買うことができるから，買うことができないのは，19

個以下。

よって，買うことができない個数のうち，1番多いのは**43個**となる。

6 (19) 5＋3＝8より，遊覧船は東川を時速8㎞の速さで下るから，遊覧船は10分間で東川を$8×\frac{10}{60}=\frac{4}{3}$(㎞)下るこ

とができる。遊覧船が出発した 10 分後に東町を出発する貨物船は，$9+3=12$ より，時速 12 km の速さで東川を下るから，遊覧船が東川にいる間に貨物船が追いつくとすると，$\frac{4}{3}\div(12-8)=\frac{1}{3}$（時間）で追いつく。

遊覧船が中湖に入るのは，東町を出発した $12\div 8=1\frac{1}{2}$（時間後），つまり 1 時間 30 分後だから，貨物船が遊覧船に追いつくのはどちらも東川にいる間で，貨物船が東町を出発した $\frac{1}{3}$ 時間後＝**20 分後**となる。

⑳ 貨物船は西町に 10 分間とまった後，同じルートで東町に向かうから，西町を出発するのは，遊覧船が東町を出発した $\frac{10}{60}+12\div 12+3\div 9+1\div(9+1)+\frac{10}{60}=1\frac{23}{30}$（時間後）である。

$9-1=8$ より，貨物船は西川を上るのに $1\div 8=\frac{1}{8}$（時間）かかるから，貨物船が西川から中湖に入るのは東町を出発した $1\frac{23}{30}$ 時間 $+\frac{1}{8}$ 時間後 $=1\frac{107}{120}$ 時間後である。

遊覧船は，東川を下るのに $1\frac{1}{2}$ 時間かかり，中湖に入ってから西川に出るまでに $3\div 6=\frac{1}{2}$（時間）かかる。これらのことから，遊覧船が中湖から西川に出るのは，東町を出発した $1\frac{1}{2}$ 時間 $+\frac{1}{2}$ 時間 $=2$ 時間後である。

以上より，遊覧船が西川に出るよりも先に貨物船が中湖に入るから，2 せきの船が出会う場所は中湖となる。貨物船が中湖に入るまでに，遊覧船は中湖の中を $1\frac{107}{120}$ 時間 $-1\frac{1}{2}$ 時間 $=\frac{47}{120}$ 時間進むから，貨物船が中湖に入ったとき，2 せきの船は $3-6\times\frac{47}{120}=\frac{13}{20}$（km）はなれている。中湖では，2 せきの船は 1 時間あたり $9+6=15$（km）近づくから，これらが出会うのは，貨物船が中湖に入った $\frac{13}{20}\div 15=\frac{13}{300}$（時間後）となる。出会う地点は，西川から中湖に入って $9\times\frac{13}{300}=0.39$（km）のところだから，西町から $1+0.39=1.39$（km）のところ，つまり **1390m** のところである。

7 ㉑ 3 けたの数で，どこかの 2 つの位の数をたすと 8 になる数のうち，1 番大きいものを考えるのだから，百の位の数が 8 に決まり，下 2 けたも最大となればよいのだから，求める数は，**880** となる。

㉓ ㉒と同じように，百の位の数を決めてから，下 2 けたの数に選ぶことができる 2 つの数を考えればよい。

百の位の数が 4 のとき，下 2 けたに選ぶことができる 2 つの数の組み合わせは，

$(0,0)(0,2)(0,6)(2,2)(2,8)(6,6)(6,8)(8,8)$ が考えられるから，12 個ある。

百の位の数が 6 のとき，下 2 けたに選ぶことができる 2 つの数の組み合わせは，

$(0,0)(0,4)(0,6)(4,6)(4,8)(6,6)(6,8)(8,8)$ が考えられるから，13 個ある。

百の位の数が 8 のとき，下 2 けたに選ぶことができる 2 つの数の組み合わせは，

$(2,2)(2,4)(2,8)(4,6)(4,8)(6,6)(6,8)(8,8)$ が考えられるから，13 個ある。

よって，全部で $13+12+13+13=$ **51（個）** となる。

8 ㉔ ＜作図の手順＞

1．コンパスを AB の長さに合わせ，解答らんの頂点 A に針をさして半径が AB に等しい円をえがけば，直線と交わる点が頂点 B に決まる。

2．コンパスを AC の長さに合わせ，解答らんの頂点 A に針をさして半径が AC に等しい円をえがく。

3．コンパスを BC の長さに合わせ，解答らんの頂点 B に針をさして半径が BC に等しい円をえがく。

4．2 と 3 でえがいた円の交わる点が頂点 C に決まるから，残りの辺を結ぶ。

理 科

平成 ③① 年度 解答例・解説

《解答例》

1　[1]ヒマワリ…え　ダイズ…う　　[2]い，お　　[3]あ，お　　[4]あ，え

　　[5]条件…適当な温度　ちがい…高かった。　　[6]受粉させる花…あ，お，き

　　受粉させない花…あ，か，き　　[7]ヒマワリ　　[8]たんぱくしつ〔別解〕ししつ

2　[9]う，お　　[10]あ，う，お　　[11]右図

3　[12]水　　[13]あ．×　い．×　う．○　え．×　お．×　か．×　　[14]あ

　　[15]う　　[16]い　　[17]お　　[18]電子てんびんを水平なところに置く。　　[19]い　　[20]34.0　　[21] 1

　　[22]あ．0.96　い．1.03

　　[23]あ．赤　い．黄　う．青

4　[24]え　　[25]E　　[26]い　　[27]い

5　[28]右グラフ　　[29]右図

　　[30]いああうああああう　　[31]40

　　[32]う　　[33]え　　[34]－　　[35]あ

　　[36]あ，え　　[37]う，え　　[38]い，う

　　[39]弱くなる。

2[11]の図

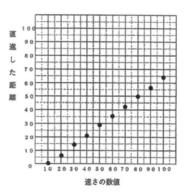

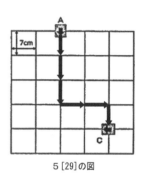

5[29]の図

《解　説》

1　[1]　ヒマワリは「え」，オクラは「お」，ダイズは「う」，マリーゴールドは「い」である。

　[4]　あ～う．はじめの 2 枚の葉が子葉，新しい葉が本葉である。ダイズのたねには胚乳（はいにゅう）がなく，発芽するのに必要な栄養分は子葉に入っていて，栄養分が使われるとだんだん小さくなっていく。え．ヒマワリ，オクラ，マリーゴールドも子葉が 2 枚で，双子葉類（そうしようるい）というなかまに分類される。

　[5]　発芽するために必要な条件は，空気，水，適当な温度の 3 つであることが多い。空気，水，適当な温度のうち，時期によって変化し，それが発芽に影響（えいきょう）をあたえると考えられるのは，適当な温度である。

　[6]　アサガオは花が開くまでに自家受粉するので，つぼみのうちに，おしべを全部取り去る必要がある。また，受粉させるか受粉させないかという条件だけを変えるために「お」と「か」を変えるから，それ以外の「あ」と「き」は同じにしなければならない。このように条件を 1 つだけ変えて結果を比べる実験を対照実験という。

　[7]　枝豆が熟したものがダイズである。枝豆では，さやが実で，種子はその中に入っている豆として食べる部分である。これに対し，ヒマワリのたねは，種子が実の中に入っている状態のもので，まいたのは実である。

　[8]　ダイズにはたんぱく質や脂質（ししつ）が多くたくわえられ，イネにはでんぷん（炭水化物）が多くたくわえられている。

2　[11]　上から 2 つ目から 8 つ目までの節が，ダンゴムシのむねである。

3　[13]　あ～う．表の一番右のごま油のらんの結果と同じ結果になる。え～か．ごま油とサラダ油はどちらも油だから，サラダ油と同じ結果になる。

(24)

[14]〜[17]　A．酢（あ）は，つんと鼻をさすようなにおいがする。料理用の酒（う）は，アルコール特有のにおいがする。B．あわが出てくるのは二酸化炭素がとけている炭酸水（い）である。C．とろみが出て茶色になったのは，さとう水（お）である。このままさらに加熱して水分を 蒸 発させると，さとうがこげて黒くなる。なお，食塩水（え）を加熱すると食塩の固体が出てくるが，加熱を続けても食塩の色は変化しない。

[19][20]　メスシリンダーの目もりを読むときは，目の高さを液面と同じにして，液面の中央部分の低くなっているところを最小目もりの $\frac{1}{10}$ まで目分量で読み取る。

[21]　水の重さが1.00 gだから，1 mL あたりの重さを表していると考えられる。[18]の表の値で1 mL あたりの重さを求めると，酢は $\frac{108}{100}=1.08$（g），水は $\frac{150}{150}=1.00$（g）となり，[21]の表の数値と等しくなる。

[22]　[18]の表の値で1 mL あたりの重さを求めると，サラダ油は $\frac{115}{120}=0.958\cdots\rightarrow0.96$ g，100%オレンジジュースは $\frac{206}{200}=1.03$（g）となる。

[23]　濃い食塩水ほど，1 mL あたりの重さは重く，下に移動しやすい。したがって，[23]の図のようにするには，最も濃い食塩水「う」を入れて，次に「い」，最後に最もうすい食塩水「あ」をそそげばよい。水の重さが同じであれば，とかした食塩の重さが重いほど濃い食塩水になる。[22]の表で，Aの食塩水の水の重さをBとCに合わせて100 gで考えると，Aの食塩水は100 gの水に10 gの食塩をとかしたことになるので，最も濃い食塩水「う」はBで青，次に濃い食塩水「い」はCで黄，最もうすい食塩水「あ」はAで赤となる。

4　[24]　火山灰がたい積してできた岩石をぎょうかい岩といい，岩石をつくるつぶは角ばっている。流れる水のはたらきによってたい積してできた岩石をつくるつぶは丸みをおびており，つぶの大きさによって区別される。つぶの大きさが最も小さいのがでい岩，次に小さいのが砂岩，最も大きいのがれき岩である。地層にふくまれるつぶを説明した文より，Aはぎょうかい岩，BとDは砂岩，CとFはでい岩，Eはれき岩の層である。

[25]　流れる水の速さが速いほど運ぱんするはたらきが大きくなるから，小さいつぶは流されてしまい，たい積しない。よって，流れる水の速さが最も速いときにたい積したのは，つぶの大きさが最も大きいEの層である。

[26]　川を流れてきたつぶが河口から海へ流れこむとき，小さいつぶほど海岸からはなれた深い海底にたい積する。Cはでい岩，Bは砂岩の層だから，たい積するつぶが最も小さいどろから次に小さい砂に変わっている。よって，海底がもち上げられたことなどによって，海の深さが急に浅くなったと考えられる。

[27]　つぶが大きい方が先に沈んでたい積するから，1回目に流しこんだ砂やどろは，砂→どろの順にたい積し，その上に2回目に流しこんだ砂やどろが，砂→どろの順にたい積する。よって，4つの層は下から，砂→どろ→砂→どろの順になっている。

5　[29]　プログラム④の「あ」は「7 cm直進＝1マス直進」し，「い」と「う」は，図Ⅰのように，それぞれ「左に90度回転」，「左に270度回転」するということである。よって，「あああ」で3マス直進し，「い」で左に90度回転し，「ああ」で2マス直進し，「う」で左に270度回転し，「あ」で1マス直進し，「う」で左に270度回転して，Cの矢印の状態になる。

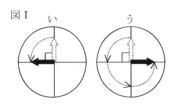
図Ⅰ　い　う

[30]　はじめに左に90度回転し（い），2マス直進し（ああ），左に270度回転し（う），4マス直進し（ああああ），左に270度回転する（う）。

[31]　「あああ」では7×3＝21（cm）直進する。表1より，直進した距離が21 cmになるのは，速さの数値が40の

ときである。

[32]　図6の斜線の磁石の内側に方位磁針のN極が引きつけられているから，内側がS極である。よって，この磁石の外側がN磁になっているから，外側の○のところに方位磁針を置くと，S極が引きつけられて「う」のようになる。

[33]　図8の鉄しんの上下に置いた方位磁針の針の向きから，鉄しんの上がN極，下がS極になっていることがわかる。よって，Ⓐのところに方位磁針を置くと，上にある鉄しんのN極に方位磁針のS極が引きつけられて「え」のようになる。

[34]　[32]解説より，斜線の磁石の内側がS極だから，図9の電磁石の左側がS極になると，S極とS極が反発し合って，矢印の方向へ回転する。コイルの巻く向きに着目すると，図8と同じ向きに電流が流れれば，図9の電磁石の左側がS極になるから，電磁石のエナメル線の右はしから電流が流れてくるように，右はしを＋極，左はし（はしB）を－極につなげればよい。

[35]　電磁石は棒磁石と同様に両はしで磁石の力が強くなるから，「あ」のように両はしにクリップがたくさんつく。

[36]～[38]　条件が1つだけ異なる2つの実験を比べると，その条件が結果にどのような影響をあたえているか（または影響をあたえていないか）を調べることができる。この実験では，「エナメル線の巻き数」，「エナメル線の太さ」，「乾電池」の3つの条件について，電磁石についたクリップの数を比べている。よって，[36]で，巻き数のちがいによる電磁石の強さ（ついたクリップの数）について調べたければ，エナメル線の巻き数だけが異なる「あ」と「え」を比べればよい。同様に考えて，[37]ではエナメル線の太さだけが異なる「う」と「え」，[38]では電流の強さ（乾電池が新しいか古いか）だけが異なる「い」と「う」を比べればよい。なお，このように比べることで，「エナメル線の巻き数を多くする」，「エナメル線の太さを太くする」，「エナメル線に流れる電流を強くする」ことで電磁石が強くなることがわかる。

=== 《解答例》 ===

1 [1]ア. アンモニア水　イ. 炭酸水　ウ. 塩酸　エ. 石灰水　オ. 食塩水　　[2]イ　　[3]イ，ウ　　[4]イ，エ
　 [5]ウ

2 [6]下グラフ　　[7]ウ　　[8]エ　　[9]ウ　　[10]ア

3 [11]2　　[12]ア　　[13]オ　　[14]A. イ　B. 2　　[15]ア，イ

4 [16]オ　　[17]エ　　[18]太陽電池〔別解〕光電池　　[19]①反対　②吹きこむ　③同じ　④右側　　[20]エ
　 [21]ア　　[22]ア. 2　イ. 2　ウ. 2　エ. 1　オ. 3　カ. 1

5 [23]360　　[24]5　　[25]つるす糸…C　引く糸…F　　[26]引く力…45　引く長さ…40　　[27]325
　 [28]ア，オ，カ

6 [29]A. イ　B. ア　　[30]43mA　　[31]イ　　[32]下図　　[33]下図　　[34](マイケル・)ファラデー

7 [35]ヒアリ　　[36]食物連さ　　[37]やく〔別解〕花粉のう　　[38]病原体　　[39]ウ，オ

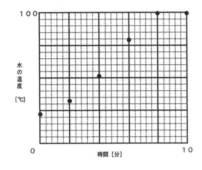

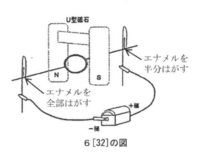

6[32]の図

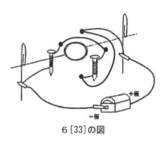

6[33]の図

=== 《解　説》 ===

1 [1]　実験1で，においがしたアとウは塩酸かアンモニア水のどちらかである。実験2で，白い物が残ったエとオは食塩水か石灰水のどちらかである。実験3で，赤色のリトマス紙の色が変化したアとエは，アルカリ性のアンモニア水か石灰水のどちらかである。以上のことから，においがしたアルカリ性のアがアンモニア水，もう1つのにおいがしたウが塩酸，白い物が残ったアルカリ性のエが石灰水，もう1つの白い物が残ったオが食塩水だとわかり，残りのイが炭酸水である。
　[2]　水溶液から出ているあわは，水にとけている気体が出ていくものである。気体がとけている水溶液はア，イ，ウで，アンモニアや塩酸中の塩化水素は水に非常にとけやすいためあわとなって出ていかないが，炭酸水中の二酸化炭素は水に少ししかとけないためあわとなって出ていく。
　[3]　青色リトマス紙の色を赤色に変化させるのは酸性の水溶液である。したがって，イ，ウが正答となる。なお，オの食塩水は中性で，どちらのリトマス紙も変化させない。
　[4]　石灰水に息(二酸化炭素)をふきこむと白くにごることから，イとエが正答となる。
　[5]　塩酸に，鉄やアルミニウムなどの金属がとけると，水素が発生する。

2

［6］　グラフは，水の温度が25℃ごとに，時間が2分ごとに，それぞれ太線になっていることに注意しよう。

［7］　水は約100℃でふっとうし始めると，すべての水が水蒸気に変化するまでは，温度が上がらない。実験1の結果で，8分と10分の温度がどちらも同じ99℃になっているので，このとき水がふっとうしていると考えられる。水の体積を小さくしてもふっとうし始める温度は変化しないので，ウかエのどちらかが正しい。ウとエのちがいは，温度が一定になり始める(ふっとうし始める)時間であり，水の体積を小さくすれば実験1より早くふっとうし始めるので，ウが正答となる。

［8］　ガスこんろの火の大きさを小さくすると，ふっとうし始めるのがおそくなるので，エが正答となる。

［9］　実験2で，ふくろに液体がたまったこと，ビーカーの中に残った液体の量が減っていたこと，実験3で，ふくろにたまった液体を蒸発させたときに何も残らなかったことから，あわは水が姿を変えて水蒸気になったもので，ミョウバンはふくまれていないことがわかる。

［10］　水溶液のこさは，水溶液全体の重さに対するとけている物の重さの割合である。［9］より，ビーカーから出ていったのは水だけなので，その分だけ水溶液全体の重さは小さくなるが，とけている物の重さは変化しないので，こさは熱する前よりこくなっている。

3

［11］　インゲンマメの種子の発芽に必要な条件は，空気(酸素)，水，適当な温度である。条件1では水，条件3では水と適当な温度，条件4では適当な温度が不足しているため，発芽しない。

［12］　条件1と2は，だっし綿がかわいているか水でしめっているかのちがいがある。このちがいによって，条件1では発芽せず，条件2では発芽するので，発芽するには水が必要であることがわかる。

［13］　条件3と4ではどちらも発芽しないので，発芽するのに必要な条件(不要な条件)についてわかることはない。

［14］　［13］解説のとおり，発芽したものがなければ，発芽するのに必要な条件について比べることができない。したがって，発芽した条件2と，条件2に対して日光が当たるということだけが異なる条件を比べればよいので，水でしめらせただっし綿をしく。

［15］　空気がない条件や肥料がある条件で比べる実験を行っていないので，条件1～4と［14］の結果だけでは空気や肥料が必要な条件かどうかはわからない。

4

［16］　台風は，赤道付近の海上でできることが多い。

［17］　静止衛星は，地上から見たときに常に空の同じ点にとどまっている人工衛星である。地球が回転しているので，この回転に合わせて静止衛星も地球のまわりをまわっている。

［19］　右図参照。

［20］　図の台風情報より，この台風は40km/h(時速40km)で北東に進んでいることがわかる。この台風情報が発表された16日19時の420(km)÷40(km/h)＝10.5(h)後の17日5時30分に横浜市に最も近づくと考えられる。

［21］　台風は，海面から水蒸気が供給されることでエネルギーが大きくなる。海水の温度が高いときほど蒸発がさかんで水蒸気が多く供給される。

［23］　輪軸(りんじく)は，てこと同じように時計回りと反時計回りに回転させるはたらき〔引く力×輪の半径〕が等しくなるとつりあう。Dを引く力を□gとすると，180(g)×10(cm)＝□(g)×5(cm)が成り立ち，□＝360(g)となる。

［24］　輪が回転する角度はすべて等しいので，糸が動く長さは半径に比例する。したがって，$10(cm)×\frac{5}{10}＝5(cm)$が正答となる。

［25］　［23］解説より，おもりが輪軸を回転させるはたらきを小さくするには，輪の半径を小さくすればよいので，おもりはCにつるす。また，引く力を小さくするには輪の半径を大きくすればよいので，Fの糸を引く。

[26] Fの糸を引く力を□gとすると、180(g)×5(cm)=□(g)×20(cm)が成り立ち、□=45(g)となる。また、Fの半径はCの20÷5＝4(倍)なので、[24]解説より、糸を引く長さは10(cm)×4＝40(cm)である。

[27] 輪軸を反時計回りに回転させるはたらきが 100(g)×20(cm)＋250(g)×5(cm)＝3250 なので、Eを引く力は 3250÷10(cm)＝325(g)である。

6 [29] 電池の＋極につながった導線は電流計の＋端子につなぐ。また、電池の－極につながった導線は電流計の－端子につなぐが、電流の大きさがわからないときは最も大きい値まで測定できる5Aの端子につなぐ。

[32] エナメル線の表面をおおっているエナメルは電気を通さない。モーターが回転するには電流が流れなければならないが、常に電流が流れているとうまく回転しない。半回転ごとに電流が流れるようにすれば回転し続けるので、一方はエナメルを全部はがし、もう一方はエナメルを半分はがせばよい。

[33] 図4より、円形コイルをはさむ磁石の極が異なる極になればよいので、2つの電磁石に流れる電流の向きが逆向きになるように導線をつなぐ。

7 [35][36] ヒアリの他に、オオクチバス(ブラックバス)、ミシシッピアカミミガメ(ミドリガメ)、セイヨウタンポポなども外来生物である。外来生物は、日本には天敵がいなかったり、繁殖能力が高かったりすると、日本にもともとある生態系に大きな影響をおよぼすことになる。

[37] 花粉は、おしべ(お花)のやく(花粉のう)で作られる。

平成29年度 解答例・解説

《解答例》

1 [1]イ　[2]しん食　[3]③カ　④オ　[4]ウ　[5]金環日食　[6]3500　[7]エ
　[8]⑧2　⑨こぐま　⑩おおぐま　[9]オ

2 [10]オ　[11]ア. 空気　イ. 軽く　ウ. 上　[12]ア. 21　イ. 17
　[13]1つめ…二酸化炭素　2つめ…一酸化炭素　3つめ…水蒸気　[14]すきま／さんそ

3 [15]オ　[16]下グラフ　[17]26　[18]27　[19]エ　[20][A]…ア　ミョウバン…ウ

4 [21]①オ, カ, サ　②ケ　[22]ウ, カ, コ

5 [23]C. だいちょう　D. かんぞう　[24]①イネ　②ダイズ　[25]エネルギー
　[26]E. はい　F. じんぞう　[27]下図　[28]日光　[29]キ→イ→エ

6 [30]下図　[31]ウ, オ, キ

7 [32]ア　[33]けん　[34]カ

8 [35]2　[36]イ　[37]イ　[38]15　[39]ぜんまいばね　[40]フーコー

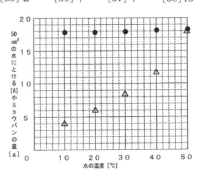

5 [27]の図

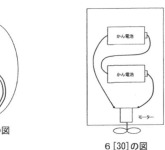

6 [30]の図

================================ 《解　説》 ================================

1　［1］　夕焼けは太陽がしずむ西の方角に見える。

　　［2］　水が岩石をけずりとるはたらきをしん食という。

　　［3］　下から上に向かってふく風を上昇（じょうしょう）気流といい，上から下に向かってふく風を下降気流という。

　　［6］　地球から見える太陽と月の大きさはほぼ同じである。地球から月までの距離は地球から太陽までの距離の約400分の1だから，太陽の直径が140万kmのとき，月の直径はその400分の1の $1400000 \times \dfrac{1}{400} = 3500$（km）となる。

　　［7］　地球は北極と南極を結ぶ線を回転じく（地じくという）として，1日に1回自転している。地じくを北極側に延長した付近に北極星があるので，北極星はほぼ動かない。したがって，エが正答となる。

　　［8］　北極星は2等星である。北極星はこぐま座の尾の部分の星，北斗七星はおおぐま座の尾の部分の7つの星である。

　　［9］　図1と図2の星の位置を比べると，右図のA～Cの星が20万年の間にそれぞれ矢印の方向へ動いたと考えられる。したがって，20万年後にはさらに同じ方向に動くと考えられるので，オが正答となる。

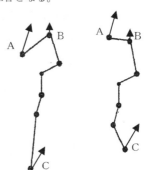

2　［10］　ろうそくは，ろうの固体が加熱されて液体になってしんをのぼり，しんの先で気体になったものが燃えている。したがって，オが正答となる。

　　［11］　炎のまわりの空気があたためられて上にあがり，その分を補うように別の空気が流れこむので，空気の流れによってろうそくの炎は先の方が細くなる。

　　［13］　この実験では，ろうそくが燃えて発生する二酸化炭素と水の他に，酸素が不足した状態で燃えることで一酸化炭素が発生すると考えられる。

3　［15］　Aは水の温度によるとける量がほとんど変わらない。食塩は水の温度によってとける量がほとんど変わらないが，砂糖とホウ酸は水の温度が高くなるととける量が多くなり，二酸化炭素は水の温度が高くなるととける量が少なくなる。また，片栗粉は水にほとんどとけない。したがって，オが正答となる。

　　［17］　水の量に関わらず，同じ温度でのとけるだけとかした水よう液の濃さは等しい。30℃の水50gに食塩は18.0gとけるので，$\dfrac{18.0}{50+18.0} \times 100 = 26.4 \cdots \rightarrow 26\%$ となる。

　　［18］　20℃の水150gにミョウバンは $6.0 \times \dfrac{150}{50} = 18$（g）までとけるので，$45 - 18 = 27$（g）のけっしょうが出てくる。

4　［21］①　地面近くで葉を広げた状態（ロゼット）で冬を越すのはハルジオン，タンポポ，ゲンゲである。　②　サザンカは冬に花をさかせる植物である。冬には昆虫が少なく，サザンカの花粉は鳥によって運ばれる。

　　［22］　コマツナと同じアブラナ科の植物を選ぶ。アブラナ，キャベツ，ダイコンはアブラナ科の植物である。

5　［23］　Aは胃，Bは小腸である。だいちょう（大腸）は小腸で吸収しきれなかった水分を吸収する。また，吸収された養分の一部はかんぞう（肝臓）へ運ばれてたくわえられる。

　　［26］　Eは気体の交かんを行うはい（肺），Fは不要物や不要な水分をこし出して排出するじんぞう（腎臓）である。

　　［27］　ヒトの骨の背骨やろっ骨にあたる骨をかく。断面の図では，背骨はほぼ中央の位置にあり，頭から尾までつながっている。また，ろっ骨にあたる骨は内臓を守るための骨で，アジの内臓は背骨よりも下の部分にあるから，背骨から下へ内臓をおおうような形の骨をかく。

　　［28］　それぞれの食べ物のもとを順にたどってみると，植物にたどりつく。植物は日光があたると光合成を行って養分をつくる。

6 [30]　かん電池2個を直列つなぎにすると，かん電池1個のときや2個の並列つなぎのときよりも，モーターに流れる電流が大きくなり，車がもっとも速く走る。

[31]　検流計は小さな電流でも計測することができる測定器で，大きな電流が流れると危険である。ウは検流計と上の電池だけの回路ができるので，検流計に電流が流れすぎて危険である。また，オは2つの電池の向きが反対だから，2個の電池とその間の導線だけに電流が流れる回路になって危険である。また，キは電池2個の並列つなぎで，検流計に電流が流れすぎて危険である。

7 [32]　図1は作用点が力点と支点の間にあるてこである。せんぬきは，作用点が力点と支点の間にあり，くぎぬきは支点が作用点と力点の間にあり，糸きりばさみは力点が作用点と支点の間にある。したがって，アが正答となる。

[34]　うでを曲げるとき，力を加える点(力点)は筋肉がついているけんの部分である。この部分を上向きに引くことで，作用点である手の平の部分で上向きの力がはたらく。したがって，カが正答となる。

8 [35]　メトロノームでは，ぼうが右と左のはしにくるときに音が鳴るので，60回音が鳴るときの往復の回数は60÷2＝30(回)である。したがって，1分→60秒間に30回往復するので，ぼうが1回往復するのにかかる時間は60÷30＝2(秒)となる。

[36]　表で，距離が小さくなるほど，めもりの表示が大きくなっているので，1往復するのにかかる時間は短くなる。

[37]　てこでは〔ものの重さ×支点からの距離〕が左右(上下)で等しくなるときにつり合う。メトロノームでは，支点の上のかたむけるはたらきが小さいほど，1往復にかかる時間が短くなるので，おもりをとりはずすと，1往復にかかる時間は最も短くなる。したがって，イが正答となる。

[38]　支点から上のおもりまでの距離を□cmとすると，10×□＝50×3より，□＝15(cm)となる。したがって，15cm以上はなすと，ぼうがかたむいたままもどらなくなる。

=《解答例》=

1 ［1］ウ 　［2］ウ 　［3］ベガ／アルタイル／デネブ 　［4］オリオン 　［5］ア 　［6］6 　［7］ウ
　［8］ア 　［9］北 　［10］大地…カ 青空…エ

2 ［11］①エ ②ウ ③エ 　［12］タービン 　［13］ウ
　［14］①N ②S ③S ④N 　［15］S

3 ［16］右グラフ 　［17］36 　［18］ア．短い イ．長い 　［19］83.3
　［20］5400

4 ［21］①クマゼミ ②アブラゼミ 　［22］エダナナフシ 　［23］シャク
　［24］ミカン 　［25］①ウ ②オ ③エ ④5 　［26］右図
　［27］①エ ②イ ③コ 　［28］A．ウ B．イ C．エ D．カ
　［29］E．キ F．ク G．ケ 　［30］H．セ I．サ K．ツ 　［31］38

5 ［32］①安全眼鏡 ②ピペット 　［33］20 　［34］塩素 　［35］ウ 　［36］赤
　［37］塩酸 　［38］①酸性 ②ウ 　［39］①赤 ②炭酸水 　［40］ア

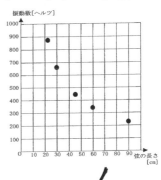

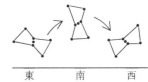

=《解 説》=

1 ［3］ こと座のベガ，わし座のアルタイル，はくちょう座のデネブの3つの星を結んでできる三角形を夏の大
　　三角という。

［5］ 南の空に見える星座は，東の地平線からのぼり，1時間で約15度，右図の
　　矢印の向きに動きながら，南の空で最も高くなって，その後，西の地平線に
　　しずんでいく。また，同じ星座を同じ場所で同じ時刻に観察すると，1日で約
　　1度，右図の矢印の向きに動いた位置に見える。これらのことから，8月1
　　日の午前4時に①の位置に見えたオリオン座は，その日の午後9時(午前4時の17時間後)には
　　15×17＝255(度)動いた位置にあり，8月1日の約90日後の11月1日の午後9時にはさらに90度動いて，
　　①の位置から255＋90＝345(度)動いた位置に見える。したがって，アが正答となる。

［6］ 1等星は6等星より100倍明るい。

［7］ シドニーでは，南の空の星座は1時間で約15度時計回りに回転した位置に見える。したがって，午後8時
　　の2時間後の午後10時には，約30度回転したウの位置に見える。

［8］ 同じ日に見える月の月齢(新月からの日数)は，地球上のどの地点で観察しても同じである。したがって，
　　日本で満月を観察した日には，シドニーでも満月を観察できる。なお，満月や新月以外の日では，北半球と
　　南半球で向きが異なることに注意する必要がある。

［9］ 月は，北半球では東の地平線からのぼり，南の空で最も高くなって，西の地平線にしずんでいくが，南半球では東の地平線からのぼり，北の空で最も高くなって，西の地平線にしずんでいく。満月は夕方に地平線からのぼり，真夜中に最も高くなり，明け方に地平線にしずんでいくので，北が正答となる。

［10］ 北半球では，新月の右はしから少しずつ光って見える部分が大きくなって満月になり，その後，右はしから少しずつ欠けた部分が大きくなって再び新月になる。したがって，満月を観察した8月1日の3日後の8月4日には，日本では右側が少し欠けた「カ」のような月が見え，シドニーでは左側が少し欠けた「エ」のような月が見える。

2 ［11］ 方位磁針の針が振れる向きはエナメル線に流れる電流の向きと方位磁針を置く位置によって決まり，針が振れる大きさはエナメル線を流れる電流の大きさによって決まる。①は例1と比べて大きな電流が流れるので，エのようになる。②は例1と比べて電流の向きが反対になるので，ウのようになる。③は，方位磁針の下を通る電流の向きが例1と同じで，上を通る電流の向きが例2と異なるので，それぞれの方位磁針におよぼす力が強め合うので，エのようになる。

［14］ リニアモーターカーの磁石より前にある①と③は引きつけるように，後ろにある②と④は反発するようになっていれば，前に進むことができる。

3 ［17］ 弦の長さの値と振動数の値の積がすべて19800になっていることから，①にあてはまる値は19800÷550＝36である。

［19］ 右はしを持ち上げるのに必要な力と左はしを持ち上げるのに必要な力の比と，支えようとする点の両はしからの距離の比が逆になるような点の位置を求めればよい(右図)。「こと」の長さは180 cmなので，左はしから $180 \times \dfrac{2.5}{2.5+2.9} = 83.33 \cdots \to 83.3$ cmのところを支えればよい。

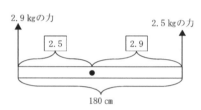

［20］ 「こと」の重さは右はしと左はしのそれぞれを少し持ち上げるのに必要な力の和である。したがって，2.5＋2.9＝5.4(kg)→5400 gである。

4 ［25］ ④卵からふ化したばかりの幼虫を1齢として，脱皮(だっぴ)するごとに2齢，3齢…となる。アゲハチョウの幼虫は4回脱皮して5齢になると，緑色になる。

［27］ ②ヒトの卵の大きさは約0.14 mmである。これをμmで表すと，0.14×1000＝140(μm)となる。 ③アゲハチョウの卵の大きさは約1 mmなので半径は約0.5 mm，ヒトの卵の大きさは約0.14 mmなので半径は約0.07 mmである。卵を球とすると，球の体積は $\left[\dfrac{4 \times 3.14 \times \text{半径} \times \text{半径} \times \text{半径}}{3}\right]$ で求めることができるので，アゲハチョウの卵の体積はヒトの卵の体積の $\dfrac{0.5 \times 0.5 \times 0.5}{0.07 \times 0.07 \times 0.07} = 364.4 \cdots \to 364$ 倍である。したがって，この値に最も近い350のコが正答となる。

5 ［33］ 10倍にうすめるとは，A液に水を加えて全体の体積を10倍にするということである。したがって，2 mLのA液を10倍にうすめるには，全体の体積を2×10＝20(mL)にすればよい。

［36］ ムラサキキャベツ液の色とpHのおよその関係は右表の通りである。なお，pHは7のときが中性で，値が小さいほど酸性が強く，値が大きいほどアルカリ性が強い。

色	pH
濃い赤色	0〜2
うすい赤色	3〜4
むらさき色	5〜7
青色	8〜9
緑色	10〜12
黄色	13〜14

［37］ C液は強い酸性の水溶液で，水酸化ナトリウム水溶液と混ぜ合わせると食塩水ができるので，塩酸だとわかる。なお，この反応のように，酸性の水溶液とアルカリ性の水溶液がたがいの性質を打ち消し合う反応を中和という。

［38］ ①雨水には空気中の二酸化炭素が溶けているため，弱い酸性を示す。 ②池の水には空気中の二酸化炭素

や池の中の生物の呼吸によって発生した二酸化炭素が溶けている。

[39] 蒸留水に直接息をふきこむと，雨水や冬の池の水よりも二酸化炭素が多く溶けこみ，炭酸水の酸性は強くなる。

[40] 植物は光を受けると，水と二酸化炭素を材料にしてでんぷんと酸素をつくりだす。植物のこのはたらきを光合成という。夏はイカダモやクンショウモが光合成をさかんに行い，水中に溶けている二酸化炭素を材料として使うため，pH の値が冬よりも大きくなる。

平成㉗年度 解答例・解説

━━━━━━━━━━━━━━ 《解答例》 ━━━━━━━━━━━━━━

1　[1]①エ　②ア　　[2]ウ　　[3]①卵のから　②イ　　[4]①緑色　②ウ
　　[5]ア　　[6]ア→オ→イ→ウ→エ→カ　　[7]①完全変態　②C
　　[8]右図

2　[9]塩酸／アンモニア水　　[10]塩酸／炭酸水／アンモニア水
　　[11]食塩水／石灰水　　[12]①塩酸／石灰水　②イ　　[13]ア　　[14]C　　[15]石灰水…B　食塩水…D

3　[16]54.6　　[17]物質…ホウ酸, 2.6　　[18]29.8

4　[19]カ→オ→エ→ア→イ→ウ　　[20]でい岩　　[21]イ　　[22]湖〔別解〕河口

5　[23]エ　　[24]ウ　　[25]右図　　[26]イ　　[27]ア
　　[28]A．海　B．高地〔別解〕陸　C．クレーター

6　[29]0.6　　[30]1.8　　[31]ふりこの長さ／4分の1に　　[32]オ　　[33]2.1

7　[34]60　　[35]39

8　[36]右図　　[37]右図のうち1つ

5 [25]の図

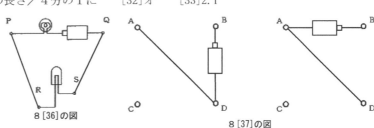

8 [36]の図　　　8 [37]の図

━━━━━━━━━━━━━━ 《解　説》 ━━━━━━━━━━━━━━

1　[1]モンシロチョウは，キャベツなどのアブラナ科の植物の葉に卵を産みつける。卵からかえった幼虫は卵のからを食べ，その後キャベツの葉を食べる。なお，アゲハの卵は①のウのような形をしており，アゲハはカラタチなどのミカン科の植物の葉に卵を産みつける。　　[2]卵の色は，白色からオレンジ色に変化する。これは，卵から出てくる幼虫がオレンジ色をしていて，卵の中で幼虫の体が少しずつできていることを表している。[3]②手でつまむと弱ってしまうので，幼虫を移動させるときは，葉の切れはしにのせたまま行う。　　[5]モンシロチョウが皮をぬぐときは頭の方からぬぎはじめる。したがって，アが正答となる。　　[8]こん虫のからだは頭，胸，腹の3つの部分に分けられる。6本のあしはすべて胸についている。

2　[10]塩酸は水に塩化水素をとかしたもの，炭酸水は水に二酸化炭素をとかしたもの，アンモニア水は水にアンモニアをとかしたものである。　　[11]とけているものが固体であれば，水を蒸発させると，とけていたものが出てくる。食塩水は水に食塩をとかしたもの，石灰水は水に水酸化カルシウムをとかしたものである。[12]②出た気体は水素である。　　[13]金属が水溶液にとけると，もとの金属とは異なる物質になる。　　[14]赤

(34)

色リトマス紙を青色に変化させ，さらに青色リトマス紙を赤色に変化させる水溶液はない。赤色リトマス紙が青色になったBがアルカリ性，青色リトマス紙が赤色になったAが酸性，どちらのリトマス紙にも変化がなかったDが中性の水溶液である。　　[15]石灰水はアルカリ性，食塩水は中性である。なお，塩酸と炭酸水は酸性，水は中性，アンモニア水はアルカリ性である。

3　[16]物質がとける重さは水の体積に比例する。食塩は 40℃の水 50mL に 18.2 g までとけるので，その3倍の 150mL の水には 18.2×3＝54.6（g）までとける。　　[17]食塩とホウ酸を同じ水にとかしたときに，それぞれの物質がとける限度の重さはたがいに影響がないことがわかる。20℃の水 50mL にホウ酸は 2.4 g までしかとけないので，はじめにとかした 5.0 g のうち，5.0－2.4＝2.6（g）が出てくる。　　[18]ホウ酸は 50℃の水 50mL に 5.7 g までとけるので，3.4 g のホウ酸をとかす $50×\frac{3.4}{5.7}＝29.82…→29.8$mL の水を蒸発させればよい。

4　[19]地層ではふつう，下にある層ほど古い時代にたい積したものである。地層のずれ（断層）が火山灰の層より上にはないことから，小石，砂，ねん土の順にたい積した後，地層がずれて地面がけずられ，その後，火山灰の層がたい積したと考えられる。　　[20]でい岩に対し，砂のつぶが固まってできた岩石を砂岩，小石のつぶが固まってできた岩石をれき岩という。　　[21]小石の層のつぶがまるみをおびているのは，流れる水のはたらきによって，つぶが川底や他の石とぶつかったことで角がとれたためである。　　[22]シジミの化石のように，その化石をふくむ層ができた当時の環境がわかる化石を示相化石という。

5　[23]右図参照。南の空で右半分が光って見える月（上弦の月）は午後6時ごろに観察できる。　　[25]上弦の月よりも満月に近い形に見える。左半分の欠けた部分を上弦の月よりも小さくすればよい。[26]右図参照。日が西にあるときの時刻は午後6時ごろで，このとき東に見える月は満月である。満月を観察できるのは上弦の月からおよそ7日後である。　　[27]二十七夜の月は，新月になる少し前の月で，三日月と同じように光って見える部分が細い月である。この月は，日の出の少し前の東の空に見える。

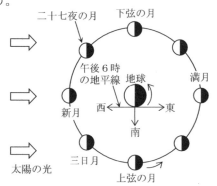

6　[29][30]表より，1往復の時間はおもりの重さやおもりの高さとは関係がなく，ふりこの長さのみに関係することがわかる。したがって，ふりこの長さが同じであれば，他の条件が異なっても1往復の時間は変わらない。　　[31]①と②を比べる。1往復の時間が 1.2 秒から 0.6 秒へと半分にするには，ふりこの長さを 40 cm から 10 cm へと4分の1にすればよい。　　[32]ふりこのふれはばはおもりの高さによって変わるので，ふりこのふれはばも1往復するのにかかる時間には関係がない。　　[33]くぎの左半分はふりこの長さが 160 cm で動き，釘の右半分はふりこの長さが 160－70＝90（cm）で動く。1往復にかかる時間が 160 cm のときに 2.4 秒，90 cm のときに 1.8 秒であることから，2.4÷2＋1.8÷2＝2.1（秒）が正答となる。

7　[34]支点の左右で，おもりの重さと支点からおもりまでの距離の積が等しくなると，棒は水平につり合う。棒が水平につり合っている図7と比べ，支点からおもりまでの距離が2分の1になったので，おもりの重さを2倍にすれば棒は水平につり合う。したがって，30（g）×2＝60（g）が正答となる。　　[35]右図参照。棒の重さ 60 g は棒の中心（左はしから 30 cm，支点から左に 10 cm の位置）にかかる。支点から 100 g のおもりをつるした位置までの距離を□cm とすると，10（g）×30（cm）＋60（g）×10（cm）＝100（g）×□（cm）が成り立ち，□＝9（cm）となる。したがって，30＋9＝39（cm）が正答となる。

8　[36]発光ダイオードは＋極と－極を正しくつないだときだけ光る。長いほうのRをかん電池の＋極に，短い

ほうのSをかん電池の一極につなげばよい。

平成 ㉖ 年度 解答例・解説

═══ 《解答例》 ═══

1　[1]右図　　[2]お花　　[3]ア，ウ，オ　　[4]A．こん虫　B．風
　　C．めしべ　　[5]子ぼう　　[6]イ，エ　　[7]右図　　[8]ア，ウ，ク
　　[9]ア，エ

2　[10]エ　　[11]酸素　　[12]灰　　[13]二酸化炭素　　[14]4：1
　　[15]21　　[16]109　　[17]84　　[18]17　　[19]ビンの中の酸素が，燃える
　　ために必要な量を下回ったから。　　[20]イ

3　[21]わし　　[22]右図　　[23]ア　　[24]ウ，ア，イ　　[25]白　　[26]エ
　　[27]オ　　[28]エ　　[29]月…ア，ウ，オ，カ　太陽…イ，エ，オ，カ

4　[30]ア　　[31]イ　　[32]ウ，イ，ア　　[33]①化石燃料　②太陽電池
　　A．カ　B．イ　C．エ

5　[34]下グラフ　　[35]11.1　　[36]300　　[37]4.1

6　[38]ウ　　[39]イ

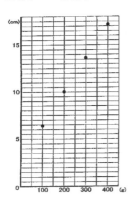

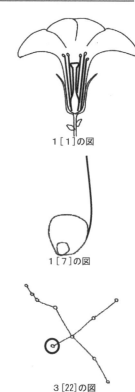

1 [1]の図

1 [7]の図

3 [22]の図

═══ 《解　説》 ═══

1　[1]根もとがふくらんだめしべが1本とめしべよりも長くのびたおしべが5本ある。　　[2]お花に対して，めしべ
だけの花をめ花という。また，このようにおしべやめしべのどちらか一方だけをもつ花を単性花という。　　[3]ツル
レイシ，カボチャ，ヘチマ，キュウリなどのウリ科の植物は単性花であるものが多い。　　[4]ツルレイシのようにこ
ん虫によって花粉が運ばれるものを虫媒花，トウモロコシのように風によって花粉が運ばれるものを風媒花という。
トウモロコシやイネ，エノコログサなどのイネ科の植物は風媒花である。

2　[10]空気とふれないように加熱することで炭にすることができる。このような方法をむし焼き（乾留）という。
[11]酸素にはものが燃えるのを助けるはたらきがある。　　[13]石灰水が白くにごったことから考える。
[15]1 g（1000 mg）のろうそくを燃やすと3 g（3000 mg）の酸素が使われることから　$3000 \text{ mg} \times \frac{7 \text{ mg}}{1000 \text{ mg}} = 21 \text{ mg}$　が正答と
なる。　　[16]ろうそくを燃やす前のビンの空気の体積のうち　$500 \text{mL} \times \frac{1}{5} = 100 \text{mL}$　が酸素の体積である。このときの酸
素の重さは，1 L（1000mL）のとき 1.3 g（1300 mg）であることから，$1300 \text{ mg} \times \frac{100 \text{mL}}{1000 \text{mL}} = 130 \text{ mg}$　である。したがって，
130 mg－21 mg＝109 mg　の酸素が残っている。　　[17]$1000 \text{mL} \times \frac{109 \text{mg}}{1300 \text{mg}} = 83.8\cdots \to 84 \text{mL}$　　[18]$\frac{84 \text{mL}}{500 \text{mL}} \times 100 = 16.8 \to 17\%$

[20]実験③では，酸素がないのでしんは燃えない。炭素に電流が流れると炭素が蒸発し，このときに光を発する。

3 [22]Bはデネブである。 [23]天の川はベガとアルタイルの間を流れるように，また，はくちょう座が天の川をとんでいるように見える。 [27]満月から次の満月になるまでに約1ヶ月かかる。また，月は新月→三日月(右側が細く光る)→上弦の月(右側半分が光る)→満月→下弦の月(左側半分が光る)→新月…の順に形を変えるので，8月21日の18日前の8月3日の月の形は，下弦の月から新月に変わっていくとちゅうの形(オ)である。 [28]望遠鏡の視野は上下左右が反対に見えるので，目で見ると実際の月はエのように見える。

4 [31]発光ダイオードの方が少ない電力で光る。 [32]流れる電流が強くなるほど，ハンドルの手ごたえが重くなる。

5 [35]地球で1380gのおもりは，月では $1380g \times \frac{1}{6} = 230g$ の重さになる。このばねは100gで3.6cmのびるので，もとの長さが $6.4cm - 3.6cm = 2.8cm$ だとわかり，230gでは $3.6cm \times \frac{230g}{100g} = 8.28cm$ のびる。したがって，$2.8cm + 8.28cm = 11.08 \rightarrow 11.1cm$ が正答となる。 [36]月では300gのおもりの重さが50gになるが，300gの分銅の重さも50gになるため，300gの分銅とつりあう。おもりそのものの量のことを質量といい，質量は場所が変わっても変化しない。上皿天びんは質量をはかるための器具である。 [37]ばねを半分に切ると，ばねののび方も半分になる。半分に切ったばね($2.8cm \times \frac{1}{2} = 1.4cm$)に150gのおもりをつるすと $3.6cm \times \frac{1}{2} \times \frac{150g}{100g} = 2.7cm$ のびるので，$1.4cm + 2.7cm = 4.1cm$ が正答となる。

6 光は虫めがねを通ると折れ曲がり(屈折という)，1点に集まる。この点を焦点といい，[38]のように焦点よりも遠くにあるものを見るときはウのように反対に見え，[39]のように焦点よりも近くにあるものを見るときはイのように見える。

平成 25 年度 解答例・解説

《解答例》

1 [1]1とB／3とB [2]右図

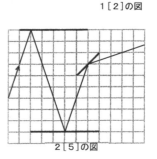

1[2]の図

2 [3]345 [4]1.1 [5]右下図 [6]E, F, G, H [7]ア, イ

3 [8](4)／支点から遠ざける。〔別解〕(5)／支点に近づける。 [9]ウ
[10]イ [11]イ [12]ア [13]ア [14]イ [15]イ, ウ [16]8.3
[17]11.5 [18]イ

4 [19]a.空全体 b.0から8 [20]地面からの高さ
[21]日の出 [22]日食

5 [23]a.ア b.イ c.ウ [24]エ
[25]a.気管 b.肺 c.食道 d.乳

6 [26]東 [27]オ

7 [28]ウ [29]右図

8 [30]東 [31]キ [32]ク

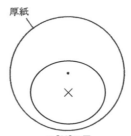

厚紙

7[29]の図

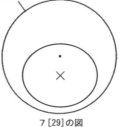

2[5]の図

《解 説》

1 [1]並列につながれた乾電池や豆電球は1個分のはたらき，直列につながれた乾電池や豆電球はつながれた数分のはたらきをもつ。図1は，1個の乾電池で2個の豆電球を光らせていると考えることができる。 [2]回路に流れる

電流の量を少なくするようにつなげる。電池は並列にすることで長持ちするが，豆電球は直列にすることで，電流の流れにくさ(抵抗という)が大きくなり，乾電池を長持ちさせることができる。両はし以外はビニールでおおわれているので，導線の真ん中に別の導線をつながないようにしよう。

2 ［3］表より，温度が5℃上がると1秒間に音が進む距離が3m長くなることがわかるので，22.8℃では20℃のときよりも $3(m) \times \dfrac{2.8(℃)}{5(℃)} = 1.68(m)$ 長くなる。したがって，$343.5(m) + 1.68(m) = 345.18 ≒ 345(m)$ が正答となる。

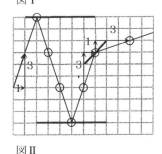

図Ⅰ

［4］愛さん(南山中学女子部)と優さん(南山大学)の距離は
$14.9(秒) - 11.6(秒) = 3.3(秒)$ で音が進む距離だけはなれている。熱田神宮，南山中学女子部，南山大学の順に並んでいるので，$345 \times 3.3 = 1138.5(m)$ より，$1.1385(km) ≒ 1.1(km)$ が正答となる。　　［5］図Ⅰのように，縦と横のマス目を数えながら通るべき点(○で囲まれた交点)を意識して作図しよう。
［6］窓の右はしと左はしで［5］と同様の作図をして見える範囲を決める以外に，図Ⅱのように，窓に映った像(窓でおり返した位置にある)とAを直線で結び，その線が窓と交わるかどうかで，見える，見えないを判断する方法もある。

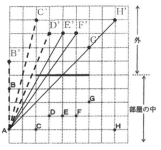

図Ⅱ

［7］光が異なる物質に進むときに折れ曲がる現象を，屈折という。プールで足が短くなるように見えるのは水と空気の境目で，アとイでは空気とガラスの境目で屈折が起こるからである。

3 ［8］てこでは，左右でおもりの重さと支点からの距離の積が同じになるとつり合う。　　［9］水をこおらせると体積は増えるが，重さは変わらない。　　［10］金の方が同じ体積あたりの重さ(密度という)が重い。　　［11］スチールウールに酸素が結びつくので重くなる。　　［12］エタノールにふくまれる炭素や水素が酸素と結びつき，二酸化炭素や水蒸気となって空気中に出ていくため軽くなる。　　［13］電磁石にできる極の向きは右図の通りである。A側がS極となるので，磁石のN極と引きつけ合う。　　［14］電流の向きを変えるとA側がN極になり，磁石のN極と反発する。　　［15］右ききの人が操作するとき，自分で変化させるものを右の皿にのせる。この操作では砂糖の重さを調べたいので，砂糖は左の皿にのせたまま，右の皿にのせる分銅を調整する。

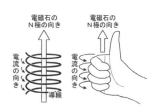

［16］〔水よう液の濃さ(%)＝$\dfrac{とけている物質の重さ(g)}{水よう液全体の重さ(g)} \times 100$〕で求める。$\dfrac{18(g)}{200(g) + 18(g)} \times 100 = 8.25 ⋯ ≒ 8.3(%)$ となる。水よう液の重さが，水と砂糖の重さの合計であることに注意しよう。　　［17］砂糖水Cには，100gの水と9gの砂糖がふくまれている。濃さを17%にするためには，水と砂糖の比を83:17にすればよい(水83gで砂糖17gのときに濃さが17%になるので)。ここでは，水の重さが変わらないので，水100gに対し濃さを17%にするのに必要な砂糖の重さは $17 \times \dfrac{100(g)}{83} = 20.48 ⋯ ≒ 20.5(g)$ となる。もともと9gの砂糖がふくまれていたので，加える砂糖の重さは $20.5 - 9 = 11.5(g)$ となる。　　［18］同じ50mLでは，砂糖水Dの方が砂糖を多くふくむ。物質を水にとかしたときの体積が増える割合は，重さが増える割合よりも小さいので，同じ物質をとかした水よう液であれば，濃い水よう液ほど重くなる。

4 ［19］雲の量が0から8なら「晴れ」，9，10なら「くもり」となる。「雨」は，雲の量にかかわらず雨が降っているかどうかで決まる。なお，「晴れ」をさらに分けると，雲の量が0，1で「快晴」，2から8で「晴れ」となる。

[22]2012年5月21日にみられた金環日食(きんかん)は，太陽，月，地球の順で一直線に並んだときにみられる非常にめずらしい現象である。このとき，皆既日食(かいき)になるか金環日食になるかは地球と月の距離によって決まり，金環日食になるときの方が地球と月の距離がはなれている。

5　[24]ジャイアントパンダの生まれてくるときの重さは100gから200gで，受精後のヒトの子どもの重さの平均は12週目で20.7g，19週目で265gなので，最も近いエが正答となる。　[25][d]ヒト，ゴールデンハムスター，ジャイアントパンダなどのほ乳類は，生まれた後，しばらくは栄養として乳(ちち)を口から取り入れる。ヒトの女性が出す乳を特に母乳という。

6　[26]月や太陽，その他の天体が地平線からのぼってくるのは東の空である。　[27]太陽，地球，月の位置が右図のようになると，正午ごろに図14の形の月が地平線からのぼってくる。

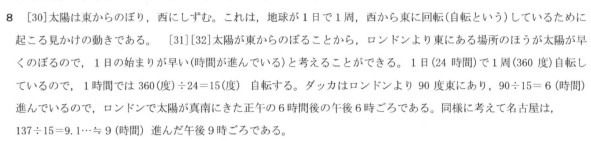

7　[28]星座早見では，とめ金部分に北極星があり，ここを支点として窓の位置が回転するため，とめ金からはなれるほど，窓の中にある時間が短くなる。　[29]頭の真上(天頂(てんちょう)という)は，窓の中心になる。

8　[30]太陽は東からのぼり，西にしずむ。これは，地球が1日で1周，西から東に回転(自転という)しているために起こる見かけの動きである。　[31][32]太陽が東からのぼることから，ロンドンより東にある場所のほうが太陽が早くのぼるので，1日の始まりが早い(時間が進んでいる)と考えることができる。1日(24時間)で1周(360度)自転しているので，1時間では360(度)÷24＝15(度)　自転する。ダッカはロンドンより90度東にあり，90÷15＝6(時間)進んでいるので，ロンドンで太陽が真南にきた正午の6時間後の午後6時ごろである。同様に考えて名古屋は，137÷15＝9.1…≒9(時間)　進んだ午後9時ごろである。

社 会

=== 《解答例》 ===

1 問1. (1)う. 高知県　お. 静岡県　(2)ウ　　問2. オ　　問3. ウ　　問4. オ　　問5. (1)ユネスコ　(2)下田
　　問6. 減反政策　　　問7. 後継者不足　　　問8. ア　　　問9. (1)黒潮〔別解〕日本海流　(2)A. はつ　B. もどり
　　問10. (1)イ　(2)エ　(3)とれるもの…イワシ　用途…肥料　(4)伊能忠敬

2 問1. ①ア　②イ　　問2. エ→ア→イ　　問3. ウ　　問4. 首里城　　問5. ア→ウ→オ　　問6. 貿易
　　問7. イ　　問8. 北海道／台湾　　問9. (1)家族ごとに手りゅう弾が配られた場面。　(2)強制　　問10. ロシア
　　問11. イ　　問12. 沖縄県以外の米軍基地の面積の減少割合が, 沖縄県の減少割合より高い

3 問1. A. エ　E. オ　　問2. オ　　問3. ア　　問4. エ　　問5. 未婚の女性の割合が増えたから。

4 問1. ア　　問2. イ　　問3. (1)イ　(2)エ　　問4. (ア)環境省　(イ)経済産業省　(ア)と(イ)は順不同
　　問5. (1)リデュース…ウ　リユース…ア　リサイクル…イ　(2)リデュース

=== 《解　説》 ===

1 カード1 は「2018 年4月に…世界ジオパークとして認定」から伊豆半島のある静岡県, カード2 は「大みそかの
夜に～厄払いをする(ナマハゲ)」から男鹿半島のある秋田県, カード3 は「1914 年の噴火…火山島」から桜島のあ
る鹿児島県, カード4 は「四万十川」「坂本龍馬や板垣退助, 岩崎弥太郎…を輩出」から高知県, カード5 は「北
東部の 66 kmに渡る長い海岸」から九十九里浜のある千葉県である。

問1(1)　「う」は, なすの生産量が多いから高知県である。残った4県のうち,「あ」は肉用牛とブロイラーの飼
育頭数が多いから鹿児島県,「い」はねぎの生産量が多いから千葉県,「え」は米の生産量が多いから秋田県なので,
「お」は静岡県となる。　　　(2)　ウ. 落花生は, 千葉県が生産量日本一なのでZである。茶は, 静岡県と鹿児島県
の生産量が全体の半分以上を占めるのでY, みかんはXとなる。

問2　静岡県では自動車や自動車部品の生産が盛んだから, 輸送用機械の割合が高いオを選ぶ。アは秋田県, イは
千葉県, ウは鹿児島県, エは高知県である。

問3　ウ. 伊豆半島の形である。アは薩摩半島, イは房総半島, エは男鹿半島の形である。

問4　オ. 昼夜間人口比率は, 昼間の人口が夜間の人口より少なくなるほど値が小さくなるので, 千葉県を選ぶ。
千葉県は東京都に昼間人口が流出するため, 昼夜人口比率の値が最も小さくなる。

問5(1)　ユネスコ(国連教育科学文化機関)は世界ジオパークの審査や認定のほか, 世界遺産の採択なども行う。
(2)　日米和親条約が結ばれて, 下田のほか, 函館(箱館)が開港された。

問6　カード2 には八郎潟の干拓が書かれている。減反政策とは田の作付面積を減らすことをいう。日本では長らく,
田の面積を減らし, 畑の面積を増やす転作が奨励されてきたが, 農家の自立を目指すことを目的に, 2018 年に減
反政策を終了した。

問7　「男鹿のナマハゲ」は, 人口減や少子高齢化のための後継者不足が深刻化している。

問8　アが誤り。液状化現象は, 砂を多く含む地盤が地震のゆれによって液体のようになることなので, 噴火との

関連性はない。

問9(1) 日本近海の海流については右図参照。 (2) 黒潮に沿って，初夏に北上するのが「初鰹（はつがつお）」，秋に南下するのが「戻り鰹（もどりがつお）」である。

問10(1) イが正しい。海岸に沿った浅い海底の一部が，地盤の隆起や海面の低下によって地上にあらわれて形成された地形を，海岸平野と呼ぶ。

(2) エが正しい。九十九里浜周辺の地域では，標高が高い場所は宅地，低い場所は水田というように，水害対策としての土地利用がされている。

(3) 鰯を干して乾燥させた後に固めて作った肥料のことを干鰯（ほしか）という。

(4) 伊能忠敬は，日本全土の実測結果をもとに大日本沿海輿地全図（えんかいよち）の作成にとりかかったが，完成を見ずに死去し，高橋景保が受けついで，正確な日本全国図を完成させた。

2 問1① 縄文土器のアを選ぶ。イは弥生土器である。 ② イが誤り。沖縄がヤコウガイを中国に輸出していたのは中世以降である。

問2 エ．唐の滅亡(10世紀)→ア．平等院鳳凰堂の建立(11世紀)→イ．鎌倉幕府の成立(12世紀)。ウの鑑真の来日は8世紀，オの元寇は13世紀の出来事である。

問3 ウ．琉球王国は，輸入した商品をほとんどそのままの状態で他国へ輸出する中継貿易で栄え，日本の銀などを中国へ，中国の陶磁器などを東南アジアへ，こしょうなどの南方の珍しい産物を東アジアへ運んだりした。

問5 琉球王国の統一は1429年，薩摩藩による征服は1609年なので，ア．応仁の乱(1467年)→ウ．キリスト教の伝来(1549年)→オ．長篠の戦い(1575年)となる。イの南北朝合一は1392年，エの大阪の陣は1615年の出来事である。

問6 琉球王国は薩摩藩に服属する一方で，中国に朝貢し，貿易を行った。

問7 イ．Yのみ誤り。第1回衆議院議員総選挙は沖縄や北海道ではおこなわれなかった。

問8 「学術人類館」では，沖縄の琉球民族や北海道のアイヌ，台湾の高山族などのほか，朝鮮や清国の人々も見せ物とされた。

問9(2) 問いの「死ぬよりほかに選択肢のない状況に追い込まれた」から「強制」を導く。

問10 第二次世界大戦終結後，ソ連を中心とする社会主義陣営とアメリカを中心とする資本主義陣営で，実際の戦火をまじえない冷戦(冷たい戦争)が始まった。冷戦時，日本はアメリカ側の西側陣営に加わった。

問11 ベトナム戦争についての記述なので，イを選ぶ。アは台湾，ウはマレーシア，エはミャンマー，オはインド。

3 問1 Aはエ，Eはオである。Aは急激な人口の増加(人口爆発)が進むアフリカ，Bは人口の増減がほとんどないから少子高齢化の進むヨーロッパと判断する。Bは南アメリカ，Cはアジア，Dは北アメリカである。

問2 オ．日本では少子高齢化が進んでいるから，人口の割合において，2000年以降に増えているBを65歳以上，逆に減っているCを0～14歳と判断する。

問3 愛知県の自動車工場では多くのブラジル人が働いていて，その子供たちの数も多いから，生産年齢人口(15～64歳)と年少人口(0～14歳)の多いアと判断する。イは韓国人，ウは中国人である。

問4 エ．図1の雇用者の人数では，Aは「医療・福祉」が多いから「女」，Bは「製造業」が多いから「男」，図2では，Xは正規と非正規で約半々となるから「女」，Yは正規の方が多いから「男」と判断する。

問5 図1で，女性の働く割合が，多くの女性が出産や育児をする30～34歳で低くなっていることを読み取り，図2で，平成27年の未婚率が，昭和60年より10%近く高くなっていることに結び付けて考える。

4 問1 ア．XもYも正しい。制限されるまでの中国では，ヨーロッパ諸国やアメリカ，日本などからプラスチックごみを資源として大量に輸入し，衣類や文房具などを作るのに利用していた。

問2　イ．Yのみ誤り。マイクロプラスチックは有害物質であるため，海に大量に流入するプラスチックごみから，海洋生物を経て人間の体内に入り，健康に悪影響を与えることが問題視されている。

問3　「京都議定書」では，世界で最も二酸化炭素を多く排出する中国に排出量削減の義務が課せられなかったことや，世界で2番目に二酸化炭素を排出するアメリカが離脱したことなどの課題を残したため，2016年発効の「パリ協定」では，すべての国で，地球温暖化の抑制に向けた具体的な数値目標を掲げることが求められているが，アメリカがパリ協定からの離脱を発表したため，今後の動向に注目したい。

問4　温暖化ガスの削減では，排出上限を課して超えた分を取引するしくみや炭素税の導入を求める環境省と，これに慎重な経済産業省との間で意見が対立した。

問5　リデュースはごみの発生を抑制することだからウ，リユースはそのままの形体で繰り返し使用することだからア，リサイクルは資源として再び利用することだからイがあてはまる。これら3Rを進め，新たな天然資源の使用を減らす社会を「循環型社会」と呼ぶ。

平成 30 年度 解答例・解説

《解答例》

1 問1．エ　　問2．バラク・オバマ／マララ・ユスフザイなどから1つ　　問3．オ　　問4．非政府

問5．イギリス／フランス／中国／インド／パキスタンのうち1つ　　問6．ア

問7．日本はアメリカの核の傘の下にあり，アメリカをはじめとする核保有国がこの条約に反対しているから。

2 問1．廃藩置県　　問2．稲作のさかんな北陸や，陸上，海上交通の拠点となる地域。　　問3．1947，5，3

問4．沖縄返還　　問5．イ　　問6．条例　　問7．a．東京都　b．千葉県　　問8．⑴い　⑵愛知県

問9．一通り目…①鹿児島県　②桜島　　二通り目…①静岡県　②富士山

3 問1．エ　　問2．ア　　問3．イ　　問4．蚕　　問5．a．ろくろ　b．茶

問6．豊臣秀吉が伏見城を築いた京都府の地名。　　問7．ウ　　問8．2番目…C　4番目…B

問9．a．羊　b．湿度　c．加工　　問10．ウ

問11．安価な中国製の焼き物が大量に輸入されるようになったから。　　問12．カ　　問13．ウ　　問14．ア

問15．ウ　　問16．エ　　問17．2番目…A　4番目…D　　問18．寺子屋　　問19．ウ　　問20．エ

問21．権力　　問22．3つの都府県が1か所に交わる点

《解　説》

1 **問1** 世界の国(約200国)の6割は，200×0.6＝120となるので，一番近い122のエを選ぶ。

問2 過去にノーベル平和賞を受賞した個人や団体には，解答例の他，ワンガリ・マータイ，アウン・サン・スー・チー，EU(欧州連合)，国際連合などもよい。

問3 アのバルセロナはスペイン，イのパリはフランス，ウのウィーンはオーストリア，エのストックホルムはスウェーデンにある都市である。

問4 非政府組織(NGO)とは，地球規模の問題の解決に取り組んでいる民間団体のことで，国境なき医師団のように多くの国にまたがって活動することが多い。

問5 国連安全保障理事会で常任理事国を務めるアメリカ，ロシア，イギリス，フランス，中国が核兵器を保有していることを覚えておこう。核兵器不拡散条約(NPT)により，これらの5か国には核兵器を保有することが認められている。

問6 第二次世界大戦終結後，ソ連を中心とする社会主義陣営とアメリカを中心とする資本主義陣営で，実際の戦火をまじえない冷戦(冷たい戦争)が始まった。冷戦時，朝鮮半島を北緯38度で分け，ソ連は北側(北朝鮮)を，アメリカは南側(韓国)を支援したため，韓国と北朝鮮の間で対立が激化し，1950年北朝鮮が韓国に突如侵攻して朝鮮戦争が始まった。

問7 核兵器禁止条約では，核廃絶に向けて，核兵器の開発や保有，使用などを法的に禁止したが，これに対して，核兵器を保有するアメリカ，ロシア，中国などが反対し，日本もアメリカの核の傘に守られる安全保障政策などを理由に賛成しなかった。

2 問1　1869 年，中央集権の国家を目指して版籍奉還が行われ，藩主(大名)から天皇に領地や人民が返還された。しかし，版籍奉還の後も彼らがそのまま藩内の政治を担当したため，目立った効果が上がらなかった。これを改善しようと，1871 年に明治政府は廃藩置県を実施した。これによって，政府から派遣された役人(県令や府知事)がそれぞれの県を治めることとなり，江戸幕府の支配のしくみが完全に解体された。

問2　表を見ると，稲作がさかんな石川や新潟などで人口が多かったことがわかる。さらに，日本海側の都市と大阪を結んだ西廻り航路付近の愛媛や兵庫などや，五街道の通る愛知などで人口が多かったことから，交通の発達した地域で人口が多かったことを導き出せる。

問3　日本国憲法は 1946 年 11 月 3 日に公布され，その半年後の 1947 年 5 月 3 日に施行された。現在，11 月 3 日は文化の日，5 月 3 日は憲法記念日として祝日になっている。

問4　太平洋戦争が終結し，日本がサンフランシスコ平和条約で独立を回復した後も，沖縄は 1972 年に返還されるまでアメリカによって占領されていた。アメリカに占領されていた沖縄では，ドル紙幣が流通し，車は右側を走るなど，日本本土とは異なったルールが適用されていた。

問5　イが正しい。ア．知事と国会議員の兼職は法律で禁じられているので誤り。　ウ．知事は，住民が直接選挙で選ぶので誤り。　エ．知事の再選は認められているので誤り。　オ．知事は特定の政党に所属することができるので誤り。

問6　条例は，地方議会が法律の範囲内で制定し，その地方公共団体にのみ適用される。

問7　増加率には，自然増加率(出生率と死亡率の差)と社会増加率(流入数と流出数の差)の 2 種類があるが，沖縄県は自然増加率が高く，大都市である東京や，東京のベッドタウンとして千葉県や埼玉県では社会増加率が高い。

問8(1)　小売業は，デパートやショッピングセンターなどの商品を消費者に販売する業務だから，人口の集中する東京や大阪で出荷額が高い。よって，「い」が正解となる。

(2)　工業出荷額は，自動車や自動車部品の生産がさかんな愛知県で高い。

問9　空欄前後から手がかりになる文言をそれぞれ見つけよう。(①)は「水はけのよい台地」「茶の栽培がさかん」から，鹿児島県や静岡県だとわかる。(②)は「火山」「観光資源」から，鹿児島県の桜島や，静岡県の富士山などを導き出す。

3 問1　エ．竪穴住居は，草や木の枝などでつくった草ぶきの屋根でおおわれたので誤り。

問2　ア．古墳は各地を支配した豪族の墓であり，濃尾平野の古墳については被葬者が未詳のものもあるため誤り。

問3　イ．源氏は清和天皇を先祖に持つので誤り。

問4　蚕（かいこ）は桑の葉を食べて成長し，さなぎになるとき繭（まゆ）をつくる。この繭からとれる生糸が絹糸の原料になる。

問5　空欄前後から手がかりになる文言をそれぞれ見つけよう。(a)は「古墳時代」「朝鮮半島」「回転」から，ろくろを導き出す。(b)は「鎌倉時代」「大陸」「湯」から，茶を導き出す。

問6　織田信長が安土城を，豊臣秀吉が伏見(桃山)城を築いたことから，信長と秀吉が政権を握った時代を安土桃山時代という。

問7　ウ．とろろ葵は，主に製紙用の糊（のり）にするために使用されるが，木綿糸をつくる際には使用されないので誤り。

問8　E．徴兵令が出される(1873 年)→C．西南戦争開始(1877 年)→D．第 1 回帝国議会が開かれる(1890 年)→B．日清戦争開始(1894 年)→A．日露戦争開始(1904 年)

問9　空欄前後から手がかりになる文言をそれぞれ見つけよう。（ａ）は「毛織物」「動物」「飼育」から，羊を導き出す。（ｂ）は「高い」「日本の気候」から，湿度を導き出す。

問10　ウが正しい。ア．伝統的産業は，外国人観光客へ売りこみをしているので誤り。　イ．伝統的産業には，最新の技術や外国産の原料を取り入れているものもあるので誤り。　エ．伝統工芸品の宣伝には，インターネットも使われているので誤り。

問11　日本の窯業・土石製品出荷額の減少の背景には，バブル経済（1980年代後半〜1990年代初頭）崩壊後の長期的な経済低迷や，中国製など海外から安価な焼き物が大量輸入されるようになったことによる，焼き物生産の行き詰まりがある。

問12　それぞれの説明文から，川の特徴を表す文言を見つけよう。Ｙは「清流」から長良川，Ｚは「川の上流は〜ヒノキ材の産地」から木曽川だとわかるので，残ったＸが揖斐川となり，カが正解である。

問13　ウが正しい。オランダ人のヨハネス・デ・レーケは，明治期代に日本の治水や砂防工事に貢献した人物である。木曽川の他に，淀川の改修なども行った。　ア．宝暦治水のとき，薩摩藩には多額の借金があり財政が苦しかったので誤り。なお，宝暦治水では工事の進行が遅れ，その責任をとって自決する薩摩藩士もいた。　イ．濃尾平野は水はけが悪い状態で，輪中の堤防が壊れやすく，洪水がおこればすべてが流されて人々は苦しんでいたので誤り。エ．日本最大の稲作地帯は，濃尾平野ではなく越後平野なので誤り。

問14　アが正しい。イ．満潮と干潮の差が小さい日本海側では揚げ浜式の塩田があったので誤り。　ウ．塩の道は，内陸からは木材や山の幸を運んだので誤り。　エ．塩の道は，現在も整備された形で物流の主要なルートとして残っているので誤り。

問15　ウ．用水路も高低差を利用して流すため，等高線にそうように流れていないので誤り。

問16　アは1月の平均気温が低いことから，北に位置する秋田だとわかる。イは年間降水量が少ないことから，瀬戸内の気候の岡山だとわかる。残った2つのうち，エの方が6〜8月の降水量の割合が高いことから，夏の南東季節風の影響を受け夏の降水量が多い名古屋だとわかるので，ウは鳥取となる。

問17　Ｂ．桶狭間の戦い（1560年）→Ａ．長篠の戦い（1575年）→Ｅ．刀狩り（1588年）→Ｄ．朝鮮侵略（文禄・慶長の役1592年〜1598年）→Ｃ．関ヶ原の戦い（1600年）

問18　絵の中で，子どもたちが書物や筆を使用していることに着目すると寺子屋が導き出せる。江戸時代の中ごろに商業が発達してくると，百姓や町人の子どもなど庶民の間で教育がさかんになった。町や村には多くの寺子屋が開かれ，文字の読み方や書き方，そろばんを学ぶ人がたくさんいた。

問19　ウ．自由民権運動家の内藤魯一は，「大日本憲法草案」を地域新聞に発表したが，憲法づくりには参加していなので誤り。

問20　エが正しい。1945年8月6日に広島，8月9日に長崎に原子爆弾が投下されたことを覚えておこう。ア．1932年に海軍の青年将校が犬養毅首相を暗殺し（5・15事件），1936年に陸軍の青年将校が大臣を殺傷した（2・26事件）ことで軍部の政治的な発言力は強まったが，天皇が政治家をやめさせたという事実はないので誤り。　イ．1937年に首都の南京を占領した日本軍は，多くの中国人を虐殺した（南京事件）ので誤り。　ウ．日本は国際連盟から追放されたのではなく，自ら脱退したので誤り。リットン調査団の報告を受けた国際連盟が満州国の建国を認めなかったため，1933年，日本は国際連盟に対して脱退を通告し，1935年に正式に脱退した。

問21　空欄前後の「大きな」「抵抗」から，8ページ文中3行目の「権力」を導き出そう。

問22　8ページ文中の2段落に「愛知・岐阜・三重の三県にまたがる濃尾平野」とあることを手がかりにまとめよう。

平成 29 年度 解答例・解説

《解答例》

1 　問1．ウ　　問2．ア　　問3．ア→ウ→イ→エ

　　問4．イギリス…エ　イタリア…ウ　オーストラリア…イ　マレーシア…ア

　　問5．(1)マラッカ　(2)ウ　(3)中国　(4)礼拝　(5)油ヤシ農園開発のため，熱帯林が大量に伐採されていること。

　　問6．(1)西ドイツ　(2)戦争の原因になっていた資源を共同管理して，二度とヨーロッパで戦争を起こさないように
　　すること。　(3)ウ

2 　問1．オ　　問2．2800　　問3．コンテナ　　問4．(1)志賀島　(2)奴　　問5．ウ　　問6．遣唐使の中止

　　問7．防人　　問8．(1)集団　(2)領地

3 　問1．右図　　問2．ひのき　　問3．ア　　問4．強制労働をさせられた

　　問5．イ　　問6．エ　　問7．団結　　問8．ア　　問9．ウ

　　問10．ウ→エ→ア→イ→オ

4 　問1．イ　　問2．エ，オ　　問3．原子力発電所　　問4．ア　　問5．イ，オ

　　問6．消費税が増税される(。)　　問7．原子力発電所が事故を起こしたから。

　　問8．電力

《解 説》

1 　**問1**　北緯 40 度線は，スペインのマドリード・中国のペキン・日本の秋田や岩手・アメリカのニューヨーク付近
を通る。また，日本の標準時子午線である東経 135 度の経線が兵庫県明石市を通ることから，東経 140 度の経線は
兵庫県より東側にあると判断できる。よって，ウが正答となる。

　問2　ロンドンは，1 年を通して気温と降水量の変化が小さい西岸海洋性気候に属するから，アが正答となる。イ
は，夏に乾燥し，冬にまとまった雨が降る地中海性気候の特徴を示しているからローマである。ウは北半球と季節
が逆なので，南半球に位置するシドニーである。エは，夏の降水量が多い太平洋側の気候の特徴を示しているから
名古屋である。

　問3　日本→ロシア(ア)→ブラジル(ウ)→オーストラリア(イ)→インドネシア(エ)→日本の順に通過する。

　問4　アは液化天然ガスが 1 位だからマレーシア，イは資源類が上位だからオーストラリア，ウはバッグ類・衣類
が上位だからイタリア，残ったエはイギリスとなる。イタリアやフランスからは，バッグ類・衣類などのブランド
品を多く輸入している。

　問5(1)　「教会の立つ丘からは，海峡が見えました」の海峡はマラッカ海峡のこと。

　(2)　フランシスコ・ザビエルが日本を訪れたのは 16 世紀の戦国時代だったから，ウが正答となる。アは平安時代，
イは室町時代初期，エは江戸時代の都について述べた文である。

　(3)　東南アジアには，中国から移住した華僑・華人が多くみられる。華僑は中国籍のままの中国人，華人は移住
先の国籍を取得した中国人をさす。

　(4)　イスラム教徒は 1 日 5 回，メッカの方角に向かって祈りをささげる。東南アジアのうち，マレーシア・インド
ネシアはイスラム教徒，タイは仏教徒，フィリピンはキリスト教徒の多い国として知られる。

(46)

(5)　東南アジアでは，油ヤシ農園の開発・日本向けのえびの養殖場の建設などのため，熱帯林(マングローブ)が大量に伐採され，環境破壊が起こっている。森林の生態系が崩れるなどの解答でもよい。

問6(1)(2)　ＥＣＳＣ(ヨーロッパ石炭鉄鋼共同体)の設立目的は，「フランスとドイツ(西ドイツ)の間で二度と紛争が起こらないようにすること」である。ＥＣＳＣで管理された資源は，石炭・鉄鉱石である。

(3)　かつてオーストラリアはイギリス(A)の植民地になっていたため，イギリスとの結びつきが強かったが，1973年にイギリスがＥＣ(ヨーロッパ共同体)に加盟し，ヨーロッパ諸国との結びつきを強めると，オーストラリアもまた地理的に近いアジアの国々との結びつきを強めるようになり，1980年代には日本(B)が最大の輸出相手国となった。近年は，中国(C)の経済発展が著しく，中国が最大の輸出相手国になっている。以上より，ウが正答となる。

2　問1　「はかた」駅から見て，市役所(◎)は西の方向にある。

問2　縮尺50000分の1の地形図なので，5.6×50000＝280000(㎝)＝2800(m)となる。

問3　コンテナを利用すれば，船から鉄道・トラックにそのまま荷物を積み替えることができる。

問4　志賀島で発見された漢委奴国王と刻まれている金印は，1世紀に後漢の皇帝から奴国の王に授けられたものと考えられている。

問5　水稲耕作が確認された板付遺跡は弥生時代の遺跡なので，ウが正答となる。アは旧石器時代，イは縄文時代，エは古墳時代の説明である。

問6　「9世紀末」に着目する。鴻臚館(こうろかん)は，大宰府の外交施設であり，博多湾岸に置かれた。894年に遣唐使が中止された後は，外国人の検問や貿易の場としても用いられた。

問7　防人とは，北九州の警備についた兵士のことをいう。当初は手当てや補償もなく，民衆にとって重い負担となった。山上憶良の和歌では「防人」を「崎守」と表記している。

問8(2)　将軍は，御恩として御家人らの以前からの領地を保護したり，新たな領地を与えたりした。御家人は，奉公として京都や幕府の警備についたり，命をかけて戦ったりした。土地を仲立ちとしたこのような主従関係を封建制度という。

3　問2　日本三大美林として有名な，青森ヒバ・木曽ひのき・秋田すぎを覚えておこう。

問3　蚕(かいこ)は桑の葉を食べて成長し，さなぎになるとき繭(まゆ)をつくる。この繭からとれる生糸が絹糸の原料になる。綿糸は綿花を原料とする糸で，生糸とは別物である。

問4　長崎県の軍艦島(端島)では，かつて石炭の採掘が行われていた。韓国(朝鮮半島)が日本の植民地であったころ，石炭を採掘するための労働力として，朝鮮人の強制労働が行われていたとする韓国の主張により，軍艦島の世界遺産登録事業は難航した。最終的に，「その意思に反して一部資産に連れて来られ，厳しい環境で働かされた」徴用工がいたとする文言を盛り込むことにより，日韓の間での調整がはかられ，軍艦島の世界文化遺産登録が決定された。

問5　足尾銅山が閉鎖されたのは1970年代のことなので，イは誤り。

問6　労働基準法は外国人労働者も対象となるので，アは誤り。イについて，男女問わず，子どもが1歳になるまでの間，仕事を休むことができる。ウについて，会社は労働者の健康が損なわれないように配慮する必要がある。

問7　労働者には，労働基本権として，団結権・団体行動権・団体交渉権が認められている。

問8　1930年代には，中国の東北部に建設された満州国に多くの人が移住したので，アが正答となる。

問9　身長は栄養が十分に取れていると伸び，栄養不足だとあまり伸びない。したがって，戦争が激化していなかった1939年はまだ食べるものに余裕があったのでB，戦争が終結し，ほとんどの人が貧しい暮らしを強いられていた1948年はあまり身長が伸びなかったのでA，近年の日本で食事に困ることはほとんどないのでCにあてはまる。以上より，ウが正答となる。

問10　アは8月6日，イは8月9日，ウは6月，エは7月，オは8月14日のできごとである。

4　問2　問題文にある通り，「人口が少ない選挙区を近くの選挙区とまとめて1つ」にするとあるので，アの宮城県，イの東京都・神奈川県，ウの静岡県・愛知県，カの福岡県のように，人口の多い県は合区の対象として適さないと判断する。

問3　原子力発電所が設置されている都市には，国から多額の補助金が交付されている。

問4　問題文をみると，「貧困率とは，平均的な所得の半分以下で生活する人の割合」とある。平均的な所得の半分以下で生活する人の割合が増加しているのは，デフレ経済が続く中，子育て世帯の所得低下，母子家庭世帯における多くの母親が非正規雇用であることなど，一部の富裕層と低所得層の二極化が進んでいるからである。よって，アが正答となる。イのように，年々平均的な所得が減っているときは，子どもの貧困率はあまり変化しない。

問5　アは裁判所の仕事，ウとカは内閣の仕事(ウは天皇の国事行為でもある)，エは国民が裁判所に対してもつ権利である。

問6　消費税は1989年に竹下登内閣で導入されたときは3％だったが，1997年，橋本龍太郎内閣で5％に，2014年，安倍晋三内閣で8％に引き上げられた。なお，2019年には10％に引き上げられた。

問7　2011年3月に起こった東日本大震災で福島第一原子力発電所が事故を起こしたため，放射能汚染を恐れた人々は福島県産の農産物を避けるようになり，2012年には大幅に価格を下げた。

═══════════ 《解答例》 ═══════════

1　問1．ウ　　問2．ウ　　問3．ア　　問4．イ

　　問5．石油化学コンビナートは，原料となる石油を輸入するのに便利な臨海部に位置している。

　　問6．イ　　問7．エ　　問8．イ　　問9．ア　　問10．ウ　　問11．イ

2　問1．オ　　問2．ウ　　問3．ア　　問4．イ　　問5．放射線　　問6．ウ　　問7．イ

　　問8．イ　　問9．イ　　問10．エ　　問11．ウ　　問12．イ　　問13．ア

　　問14．毒ガスの製造拠点を戦争の相手国に知られないようにするため。

3　問1．⊥　　問2．ウ　　問3．エ　　問4．30分　　問5．イ　　問6．エ　　問7．肥料や燃料

4　問1．イ　　問2．基本的人権　　問3．地方自治　　問4．ウ　　問5．エ　　問6．イ

═══════════ 《解　説》 ═══════════

1　問1．「日本の原油輸入先第1位の国」はサウジアラビアである。アはシンガポール，イはロシア，エはブラジルについて述べた文である。

　問2．ウ．ビール瓶はガラスからつくられる。ガラスは一般に珪砂（けいしゃ）という砂と石灰からつくられる。

　問3．ア．伝統的工芸品の伝統マーク　イ．安全な製品のめやすとなるSGマーク　ウ．日本工業規格に適合していることを示すJISマーク　エ．妊娠していることを周囲に知らせるマタニティマーク

　問4．ア．ハイブリッドカーであっても二酸化炭素は排出する。　ウ．電気自動車は充電スタンドが少ない・充電に時間がかかるなどのデメリットが目立ち，あまり普及していない。　エ．全自動運転車は研究が進められているが，2016年2月時点では実用化されていない。

　問5．石油化学コンビナートは，横浜港・名古屋港など，大きな港湾の近くに立地している。

　問6．ア．江戸時代　イ．室町時代　ウ．平安時代　エ．奈良時代　／問7．エは大正時代の説明文である。

　問8．イ．2011年3月11日に東日本大震災の影響で福島第一原子力発電所が事故を起こし，その後全国の原子力発電所が稼働を停止してからは，原子力の割合は大きく減っている。

　問9．ア．陸奥宗光ではなく小村寿太郎ならば正しい。陸奥宗光は1894年に領事裁判権の撤廃に成功した。

　問10．「繊維」が上位に来ているアとエは1960年時点のものである（原料の割合が高いアは1960年の主要な輸入品，製品の割合が高いエは1960年の主要な輸出品）。イとウで，日本は海外から原料や燃料となる石油・液化ガスなどを主に輸入しているから，ウが正答。イは2014年の主要な輸出品である。

2　問1．オ．大東亜共栄圏は日本が唱えていたスローガンであり，日本は大東亜共栄圏を守ろうとした。

　問2．瀬戸内地方に位置する広島市は，夏の南東から吹く季節風が四国山地の南側に雨を降らせ，冬の北西から吹く季節風が中国山地の北側に雪を降らせるため，1年を通して乾いた風が吹き，降水量が少ない。よって，ウが正答。アは冬の降水量が多い日本海側の気候の富山市，イは冬の気温が低く，梅雨がない北海道の気候の根室

市，エは１年を通して温暖で雨が多い南西諸島の気候の那覇市の気温と降水量のグラフである。

問３．ア．ナチスは，アドルフ・ヒトラーを党首とするドイツの政党である。ポーランドにつくられたアウシュ
ヴィッツ強制収容所では，ユダヤ人が迫害された。

問４．穀物には米・麦・トウモロコシ・豆・ソバなどが含まれ，ジャガイモに代表されるイモ類は含まれない。

問６．朝鮮戦争は 1950 年にはじまった。ウの沖縄返還は 1972 年のできごとである。　ア．1956 年　イ．1951 年
エ．1950 年代後半

問７．ア．函館五稜郭　ウ．京都の金閣　エ．宇治の平等院鳳凰堂

問８．イ．一本釣り漁に比べ，まき網漁は操業日数が多いため，鮮度を保つためにいったん冷凍される。

問10．ア．聖徳太子は，豪族の蘇我氏とともに政治を行った。　イ．冠位十二階を定めて，家柄や出身地によ
らず，功績や手柄に応じて役人を取り立てることにした。　ウ．十七条の憲法は役人の心構えを示したもので，
国民の義務や権利については示されていない。　エ．正しい。「仏教の教えを広めるための本」に法華義疏がある。
オ．小野妹子は男性である。また，聖徳太子との血縁関係はない。

問11．ウ．鑑真が失明した原因は，海賊に目をつぶされてしまったからではなく、眼病に侵されていたからで
ある。また，「非暴力主義」はガンディーの教えであり，鑑真とは何ら関連しない。

問12．ア．平氏は西，源氏は東で勢力をのばした。　ウ．源頼朝は平清盛と敵対する関係にあり，頼朝が清盛
に「おじご」と言ってなついていたことはない。　エ．生まれた子どもを三代つづけて天皇に建てたのは藤原道
長である。安徳天皇(高倉天皇と平徳子の子)以外に，平清盛の孫で天皇の地位についた者はいない。　オ．平清
盛は 1181 年に病死した。

問13．ア．アメリカ合衆国では，国内の雇用状況がさらに悪化したり賃金の上昇が抑えられたりするなどとし
て，ＴＰＰに反対する声が根強く残っている。

問14．毒ガスの製造拠点が交戦国に知られてしまうと，たとえば空爆などでその拠点が破壊されてしまい，戦
争を続けていくうえで不利になると考えられる。

3 問２．ア．☼　イ．⚓　エ．☼　オ．⊶ など

問３．エ．DからEの間に桑畑の地図記号(Ⴤ)はない。

問４．縮尺 25000 分の１だから，実際の距離は 10×25000＝250000(cm)＝2500(m)＝2.5(km)である。したがって，
時速５キロメートルで歩いた場合にかかる時間は，2.5÷５＝0.5(時間)より，30 分である。

問５．イ．通常，地図は上が北を指す。

問６．エ．日本全国の田の面積がほぼ倍に増えたのは，18 世紀前半に徳川吉宗によって享保の改革が進められた
ときのことである。したがって，「江戸時代初め」は時期が合わない。また，江戸時代の後半以降は商品作物栽
培がさかんになっていたが，それのために田が減るということはなく，ため池がなくなったということもない。

問７．草木灰が肥料として用いられるようになったのは鎌倉時代以降のことである。江戸時代に草木は肥料・燃
料・飼料などとして用いられた。

4 問１．イ．国会開設を望む声が高まると政府はさまざまな法律を定めて，演説会や集会に警察官を立ち会わせ
たり強制的に集まりを解散させたりして，彼らの動きを妨害した。

問２．基本的人権の尊重は，国民主権・平和主義と並ぶ日本国憲法の三大原則の一つである。

問３．地方自治を通して民主政治のあり方を学べることから，「地方自治は，民主主義の学校である」といわれ
ており，これはイギリスの学者・政治家Ｊ・ブライスの言葉である。

問４．ウ．ランドセルを購入する際には消費税がかかる。

問5．エ．戦争が始まると，食糧配給・防空演習・相互監視のため人々は隣組を組織させられた。

問6．イ．全国水平社がつくられたのは大正時代のことである。

平成 ㉗ 年度 解答例・解説

=== 《解答例》 ===

1 問1．ア　　問2．自衛　　問3．イ　　問4．エ　　問5．日中戦争　　問6．ウ

※問7．⑶ドイツ　⑷イタリア　※⑶と⑷は順不同　　問8．a．持たず　b．つくらず　c．持ちこませず

問9．自分の国が攻撃されていなくても，密接な関係にある国が攻撃されたとき，共同して防衛にあたる権利。

問10．ア　　　問11．エ

2 問1．ウ⇒ア⇒イ⇒エ　　問2．水俣市には，工場の関係者が多くいた　　問3．エ　　問4．国民主権

問5．女の子　　問6．ア．×　イ．○　ウ．×　エ．○　　問7．国分寺　　問8．明智光秀

問9．床の間　　問10．ウ　　問11．浮世絵

3 問1．コートジボワール／カメルーン／アルジェリア／ガーナ／ナイジェリアのうち3つ

問2．クロアチア〔別解〕ボスニア・ヘルツェゴビナ　　問3．チリ　　問4．イラン　　問5．エ

問6．マナウス／クイアバ　　問7．ア　　問8．経済格差

4 問1．⑴ウ　⑵6　　問2．⑴✧　⑵卍　　問3．ウ　　問4．1000　　問5．a．高知　b．徳島

問6．エ　　問7．イ

=== 《解 説》 ===

1 問1．ア．1931年，奉天郊外の南満州鉄道の線路が爆破された。この事件を柳条湖事件といい，満州事変のきっかけとなった。

問2．7段落目に「この決定は，自衛の権利をより広く考えるものです。」とある。

問3．《 A 》の次行に「1937年7月7日」とあることから，1938年に制定された国家総動員法の内容について言及しているイは不適である。

問5．前段落の内容に着目しよう。「戦争」は指定字数に合わないため，不適である。

問6．ウ．日本が石油を求めてフランス領インドシナを占領すると，アメリカは日本に対して石油の輸出を禁止する措置を取り，イギリスやオランダもこれに同調した。日中戦争の継続が難しくなった日本では，アメリカ・イギリスとの開戦に踏み切るべきだとする強硬派の意見が強まった。

問7．1940年，日本・ドイツ・イタリアの3か国で結ばれた同盟を日独伊三国同盟という。

問8．非核三原則を唱えた佐藤栄作首相は，1974年，ノーベル平和賞を受賞した。

問9．日本が集団的自衛権の対象と考えているのは，主にアメリカである。なお，個別的自衛権（自分の国が攻撃されたときに防衛にあたる権利）については，現在の憲法においても認められるとする説が主流である。

問10．ア．日本国憲法の尊重擁護義務は，国民に課せられているのではなく，国務大臣，国会議員や公務員らに課せられている（憲法第99条）。

問11．eの国はイスラエルである（日本は未承認）。1948年，ユダヤ人国家であるイスラエルが建国されたことで，その地に居住していたパレスチナ人（イスラム教を信仰するムスリムが大半）が故郷を追われ，難民となった。

2 問1．ア．1159年(平治の乱)　イ．1170年代　ウ．11世紀後半〜12世紀前半　エ．1185年

問2．四大公害病の発生地などは右表参照。

市内に工場(チッソ)の関係者が多く居住していた
ため，水俣病患者は声を大にして被害を訴えるこ
とができず，その間にも公害病の患者が増加し続
けた。

公害名	原因	発生地域
水俣病	水質汚濁 (メチル水銀)	八代海沿岸 (熊本県・鹿児島県)
新潟水俣病	水質汚濁 (メチル水銀)	阿賀野川流域 (新潟県)
イタイイタイ病	水質汚濁 (カドミウム)	神通川流域 (富山県)
四日市ぜんそく	大気汚染 (硫黄酸化物など)	四日市市 (三重県)

問3．A．国全体の二酸化炭素排出量が飛びぬけ
て多いわりに，一人当たりの二酸化炭素排出量が少ないことから，人口が世界で最も多い中国である。
B．一人当たりの二酸化炭素排出量が3か国中最も多いことから，人口が3億人を超え，工業が発達している
アメリカである。　C．国全体の二酸化炭素排出量は3か国中最も少ないが，一人当たりの二酸化炭素排出量
は比較的多いことから，日本である。したがって，エが正答。

問4．国民主権は，基本的人権の尊重・平和主義と並ぶ日本国憲法の三大原則の一つである。

問6．ア．邪馬台国の女王卑弥呼に関係する文である。　ウ．藤原道長に関係する文である。

問7．聖武天皇と光明皇后は，仏教の力で国を守るため，国ごとに国分寺・国分尼寺を，都に東大寺を建てた。

問8．1582年，織田信長は明智光秀の謀反にあい，本能寺で自害した(本能寺の変)。

問10．ウ．日露戦争(1904〜1905年)に勝利した日本は，1910年，韓国を併合し，植民地とした。
ア．1870年代(郵便制度の確立：1871年，鉄道の開通：1872年)　イ．1870年代(自由民権運動の始まり：1874
年)　エ．1910年代(米騒動：1918年)

問11．絵は『タンギー爺さん』と呼ばれる作品である。

3 問2．ユーゴスラビア紛争を経て，ユーゴスラビアは，スロベニア，クロアチア，ボスニア・ヘルツェゴビ
ナ，マケドニア，セルビア，モンテネグロに分離独立した。

問3．チリは，世界有数の銅産出国である。

問4．イラン・サウジアラビア・アラブ首長国連邦・クウェートなど，中東の国々では原油が多く産出されて
おり，日本はこれらの国々から原油を多く輸入している。

問5．エ．ブラジルは，日本のほぼ正反対の地点に位置している。正反対の地点は，①緯度は北と南を入れか
える，②経度は180度から引き，東と西をいれかえる，ことで求められる。日本は北緯20〜45度，東経122〜153度
付近に位置しているから，日本の正反対の位置は南緯20〜45度，西経27〜58度である。したがって，エが正答。

問6．資料2中では，西に位置する都市ほど，日本との時差は大きくなる。したがって，マナウス・クイアバ
が正答。

問7．ア．日本は，日露戦争に勝利したものの，賠償金を得られなかったため，農村では多くの人が困窮した。
そのため，ブラジルという新天地に移住し，コーヒー農園などで農業を営もうとする人々もいた。

問8．都市部と農村部の経済格差(所得格差)は，ブラジルのほか，中国などにもみられる。

4 問1．(1)ウ．香川県と岡山県が，瀬戸大橋(本州四国連絡橋の一つ)で結ばれていることから考えよう。
本州四国連絡橋…兵庫県神戸市—徳島県鳴門市を結ぶ明石海峡大橋・大鳴門橋ルート／岡山県倉敷市—香川県
坂出市を結ぶ瀬戸大橋ルート／広島県尾道市と愛媛県今治市を結ぶしまなみ海道ルート
(2)愛知県→岐阜県→滋賀県→京都府→大阪府→兵庫県→岡山県→香川県の順に通過する。

問3．ウ．畑(∨)ではなく水田(Ⅱ)として利用されている。

問4．縮尺25000分の1の地形図だから，4×25000＝100000（cm）＝1000（m）

問5．「土佐紙」・「貼りてあわ（阿波）」から考える。土佐・阿波は，いずれも高知県・徳島県の旧国名である。

問6．エ．瀬戸内海地方は，夏に南東から吹く季節風は四国山地に，冬に北西から吹く季節風は中国山地にさえぎられるため，1年を通して雨が少ない。そのため，ため池をつくって農業用水を確保する試みが古くから行われてきた。

問7．通常，地図は上が北を指す。北東の方向には住宅地が広がり，その向こうには青山がそびえているから，イが正答。

平成 26 年度 解答例・解説

――――《解答例》――――

1 問1．教育科学文化　問2．クール　問3．エ　問4．(1)イ　(2)キャベツ　(3)群馬　(4)高冷地のすずしい気候を利用する抑制栽培により，夏にも生産が行われているから。　問5．イ，キ　問6．イ，エ
問7．(1)アルゼンチン　(2)ウ

2 問1．A．4　B．6　問2．エ　問3．エ　問4．内閣　問5．小売　問6．時間の経っているものを前列に並べたり，値引きしたりしている。　問7．都市　問8．エ

3 問1．ア　問2．エ　問3．エ　問4．(1)かな文字　(2)自分の考えや感情をゆたかに表現できるようになった。　問5．エ，オ　問6．イ，オ　問7．イ　問8．ウ
問9．(1)歌川広重〔別解〕安藤広重　(2)イ　問10．イ　問11．イ

4 問1．エ，オ　問2．五人組　問3．イ　問4．自由民権運動　問5．ア　問6．ぜいたく
問7．アメリカの統治下におかれていた

――――《解　説》――――

1 問2．クールジャパンのクールは，「冷たい」という意味ではなく，「かっこいい」の意味で用いられている。
問3．エ　一汁 三菜…汁一品，おかず三品（なます・煮物・焼き物）なますは，きざんだ野菜などを，生のまま調味料であえた料理のこと。
問4．(1)トマト－主に夏　きゅうり－夏　とうもろこし－夏　おくら－夏　なす－夏～秋　ほうれんそう－冬　いんげん－主に夏　たけのこ－主に春
(2)愛知県・千葉県・神奈川県など，大消費地に近い県での生産量が多いことに着目しよう。これらの県では，新鮮さが必要な農作物（キャベツなど）を生産する近郊農業がさかんである。
(3)キャベツは，レタスやはくさいなどと同じ高冷地野菜である。群馬県の嬬恋村では，涼しい気候を生かして出荷時期を遅らせる抑制栽培がさかんに行われている。
(4)近郊農業で栽培されるキャベツは，春キャベツ・冬キャベツが主である。そのため，7～9月は，大都市近郊の県が上位から消え，高冷地でキャベツを栽培している群馬県・岩手県が上位となっている。(3)の解説も参照。
問5．イ　南部鉄器－岩手県　キ　伊万里焼，有田焼－佐賀県
問6．イ　かつおの養殖はほとんど行われていない。　エ　煮干しとして使われているカタクチイワシは，暖流魚である。

問7．(2)日本は，兵庫県明石市を通る東経135度の経線を標準時子午線としている。アルゼンチンは，世界地図を参考にすると，西経60度の経線が通っていることがわかる。経度差15度で1時間の時差が生じるから，時差は，(135＋60)÷15＝13(時間) 東経180度の経線に近い日本の方がアルゼンチンより時刻が進んでいるから，日本のおよそ13時間前がブエノスアイレスの時刻となる。よって，ウが正答。なお，実際にはアルゼンチンは西経45度の経線を標準時子午線としているため，日本との時差は12時間である。

2 問1．文章3段落目の2～3文目から考える。　A　$12 × \frac{1}{3} = 4$ (ヵ月)　B　$12 × \frac{1}{2} = 6$ (ヵ月)

問2．エ　2013年時点で，農産物の輸入制限を撤廃するＴＰＰ(環太平洋経済連携協定)は結ばれておらず，農産物の輸入制限はなくなっていない。

問3．エ　アジアやアフリカでは，死亡率を出生率が上回っているため，むしろ人口は増加している。

問4．内閣府は内閣に置かれる機関で，内閣の重要な政策等に関する補助を主な役割としている。

問5．小売業者…消費者に対し，直接商品を販売する業者のことで，スーパーマーケットやコンビニエンスストアなどがこれにあたる。

問6．消費者に手に取ってもらえる工夫(前列に並べるほか，ワゴンにまとめる)や，賞味期限間近のものを買いたくなる工夫(値引きや特典)についてまとめよう。

問7．都市に多くのレアメタルがあることをたとえている。

問8．エ　「プライベートブランド」は，消費者に対してより安いものを提供するための商品で，「食の安全・安心」とは必ずしも関連しない。

3 問1．富士山は，静岡県と山梨県にまたがっている。駿河は静岡，甲斐は山梨，信濃は長野の旧国名だから，アが正答。

問2．エ　万葉集がつくられた頃の日本は奈良時代である。　ア・イ　弥生時代　ウ　古墳時代　オ　平安時代

問3．エ　聖徳太子は冠位十二階の制度を制定し，家がらによらず，能力や功績に応じて役人に取り立てた。ア　聖武天皇　イ　聖徳太子は，隋と対等な国の交わりを結ぼうと遣隋使を派遣した。このとき，遣隋使は廃止されていない。ウ　大化の改新のなかで進められた。オ　中大兄皇子

問4．かな文字を用いた主な文学作品に，紫式部の『源氏物語』，清少納言の『枕草子』，紀貫之の『土佐日記』などがある。

問5．ア　足利氏ではなく北条氏。イ　守護と地頭が逆。ウ　集団戦法や火薬兵器を使ったのは元軍である。

問6．イ　歌舞伎ではなく能。歌舞伎は，安土桃山時代に出雲阿国が始めたかぶき踊りが元となった。オ　平安時代の文化について述べた文である。

問7．イ　二毛作が広まったのは，鎌倉時代のことである。

問8．東海道は，東京―神奈川―静岡―愛知―三重―滋賀―京都の順に通過するから，ウが正答。

問9．(2)イ　絵は，景勝地で知られる三保の松原(静岡県)の絵である。立ち並ぶ松や駿河湾の向こうに，富士山が描かれている。

問10．A　1910年　B　1914年　C　1911年　よって，イが正答。

問11．ア　1937年　イ　1939年　ウ　1941年　エ　1933年

4 問1．エ　太閤検地は，公家や寺社の持っていた荘園領主としての権利を否定し，農民が勝手に土地を離れられないようにするために行われたもので，キリスト教の取り締まりとは関連しない。オ　徳川家康ではなく徳川家光。

問3．ア　職業や住む場所も自由に選べた。ウ・エ　女性の地位が本格的に向上し，アイヌの人びとが尊重されるようになったのは，太平洋戦争終結以降のこと。

問4．自由民権運動は，1874年に板垣退助による『民撰議院設立建白書』の提出から始まり，1877年の西南戦争以後に広まった。

問5．ア　第一回衆議院議員選挙では，投票の秘密が守られる秘密選挙ではなく，警官や立会人が投票の様子を監視していた。

問7．沖縄が日本に返還されたのは，1972年のことである。

平成 ㉕ 年度 解答例・解説

《解答例》

1　問1．オ　　問2．ウ　　問3．戦争…日露戦争　作者…与謝野晶子　　問4．新渡戸稲造　　問5．ウ，オ
　　問6．朝鮮半島は日本の植民地になっていたから。　　問7．ア　　問8．戦後　　問9．ウ　　問10．3

2　問1．イ　　問2．記号…B　理由…田植え　　問3．ア　　問4．イ　　問5．ウ　　問6．領地
　　問7．エ　　問8．エ　　問9．中心人物

3　問1．石炭　　問2．エ　　問3．イ　　問4．①エ　②ア　　問5．①イ　②ア　③ウ　いわき市…①

4　問1．米…ア　肉類…エ　　問2．ア　　問3．イ　　問4．牛を育てるには大量の穀物が必要だから。

5　問1．カ　　問2．エ　　問3．ウ　　問4．イ　　問5．X．少ない　Y．大きく

6　問1．温室効果　　問2．オ　　問3．ウ　　問4．ラムサール　記号…エ　　問5．ウ

《解説》

1　問1．オ．A．「ヒトラー」，B．「1964年」より考える。C．韓国の首都。

問2．ア．下関条約では，朝鮮の独立を認めたのみ。また，ロシアではなく中国(清)。イ．中華民国の成立は1912年。エ．イギリスではなくドイツ。

問3．ほかに，幸徳秋水は社会主義の立場から，内村鑑三はキリスト教徒の立場からそれぞれ日露戦争に反対した。

問5．ウ・オ．『新婦人協会』を設立。また，平塚らいてうはこれに先立ち雑誌『青鞜』を発刊していた。イの楠瀬喜多は19世紀末に女性参政権に尽力したが，1928年時点ではすでに故人である。

問6．朝鮮半島は，1910年の韓国併合から，日本が太平洋戦争に敗れる1945年まで，日本の植民地だった。

問7．ア．1940年(日独伊三国同盟)，イ．1937年(盧溝橋事件→日中戦争)，ウ．1945年3月(沖縄戦)，エ．満州国建国1932年，国際連盟脱退1933年。

問10．4段落目「オーストラリアのメルボルン」，5段落目「オーストラリアのシドニー」。2012年時点で，南半球での開催はこの2回のみである。

2　問1．イ．法隆寺は奈良県にある。吉野すぎが知られている。　ア．長野県，エ．大阪府。

問2．B．稲作が伝わったのは弥生時代のこと。鉄器も弥生時代以降に用いられるようになったが，指定字数に合わない。

問5．ウ．藤原道長は，むすめを天皇のきさきとし，天皇と外戚関係になり，自らは摂政・関白となることで権力をにぎった。

問7．ア．寝殿造ではなく書院造。　イ．浮世絵は，江戸時代に発展した絵画。　ウ．室町時代ではなく明治時代のこと(文明開化)。

問8．ア．『蘭学事始』ではなく『解体新書』。　イ．寺子屋ではなく藩校。寺子屋は，庶民の子どもたちのための教育施設。　ウ．「幕府に〜ひそかに」が誤り。　エ．蛮社の獄(1839年)により，渡辺崋山・高野長英らが罰せられた。

3 問1．1960 年代に主要なエネルギーが石炭から石油に移り変わった。このことをエネルギー革命という。

問2．ア．環境省ではなく気象庁。イ．5分ではなく最大で数十秒。　ウ．携帯電話もふくめて連絡に支障をきたした。

4 問1．ア．食生活が多様化する以前は，最も食されていた米。エ．時代とともに食されることが増えた肉類。

イ．豆類，ウ．野菜類，オ．牛乳・乳製品。

問3．イ．①中国・東南アジア・アメリカに着目。②ヨーロッパ・ブラジルに着目。③サウジアラビアに着目。

問4．これと似たものに，仮想水(バーチャルウォーター)がある。これは，輸入される農畜産物や食料品を作るのに

かかった水の量のこと。食料自給率の高い国ほど，この数値は低くなる。

5 問2．エ．歳出は，少子高齢化にともなって社会保障関係費，次いで国債(こくさい)の返還費用(国債費)の割合が高い。

問3．ア．通常国会ではなく特別会(特別国会)。イ．通常国会ではなく臨時臨時会(臨時国会)。エ．天皇に実質的な権

限はなく，すべて国事行為という形でなされる。

問5．たとえば，所得が年 1000 万円のＡさんと年 100 万円のＢさんとでは，同じ 10 万円の消費税でも占める割合は

大きく異なる。

6 問3．ウ．25％ではなく6％。25％は，2009 年に当時の首相であった鳩山由紀夫(はとやまゆきお)が掲げた二酸化炭素の削減目標だ

が，2012 年時点の首相であった野田佳彦(のだよしひこ)により，事実上撤回(てっかい)された。

問4．ア．ワシントン条約，イ．生物多様性条約，ウ．世界遺産条約。

問5．ウ．岡本太郎ではなく平山郁夫(ひらやまいくお)。

■ ご使用にあたってのお願い・ご注意

（1）問題文等の非掲載

著作権上の都合により，問題文や図表などの一部を掲載できない場合があります。

誠に申し訳ございませんが，ご了承くださいますようお願いいたします。

（2）過去問における時事性

過去問題集は，学習指導要領の改訂や社会状況の変化，新たな発見などにより，現在とは異なる表記や解説になっている場合があります。過去問の特性上，出題当時のままで出版していますので，あらかじめご了承ください。

（3）配点

学校等から配点が公表されている場合は，記載しています。公表されていない場合は，記載していません。

独自の予想配点は，出題者の意図と異なる場合があり，お客様が学習するうえで誤った判断をしてしまう恐れがあるため記載していません。

（4）無断複製等の禁止

購入された個人のお客様が，ご家庭でご自身またはご家族の学習のためにコピーをすることは可能ですが，それ以外の目的でコピー，スキャン，転載（ブログ，ＳＮＳなどでの公開を含みます）などをすることは法律により禁止されています。学校や学習塾などで，児童生徒のためにコピーをして使用することも法律により禁止されています。

ご不明な点や，違法な疑いのある行為を確認された場合は，弊社までご連絡ください。

（5）けがに注意

この問題集は針を外して使用します。針を外すときは，けがをしないように注意してください。また，表紙カバーや問題用紙の端で手指を傷つけないように十分注意してください。

（6）正誤

制作には万全を期しておりますが，万が一誤りなどがございましたら，弊社までご連絡ください。

なお，誤りが判明した場合は，弊社ウェブサイトの「ご購入者様のページ」に掲載しておりますので，そちらもご確認ください。

■ お問い合わせ

解答例，解説，印刷，製本など，問題集発行におけるすべての責任は弊社にあります。

ご不明な点がございましたら，弊社ウェブサイトの「お問い合わせ」フォームよりご連絡ください。迅速に対応いたしますが，営業日の都合で回答に数日を要する場合があります。

ご入力いただいたメールアドレス宛に自動返信メールをお送りしています。自動返信メールが届かない場合は，「よくある質問」の「メールの問い合わせに対し返信がありません。」の項目をご確認ください。

また弊社営業日（平日）は，午前９時から午後５時まで，電話でのお問い合わせも受け付けています。

2025 春

株式会社教英出版

〒422-8054　静岡県静岡市駿河区南安倍３丁目 12-28

TEL　054-288-2131　　FAX　054-288-2133

URL　https://kyoei-syuppan.net/

MAIL　siteform@kyoei-syuppan.net

教英出版　2025　30 の 1　南山中女子部７年分

2019 年度

南山中学校女子部　入学試験問題

算　数

【　注意　】

1. 試験開始の合図があるまで，この問題冊子の中を見てはいけません。

　　試験開始まで，この【　注意　】をよく読んでください。

2. 試験時間は５０分です。

3. 解答用紙の受験番号，名前は最初に記入してください。

4. この問題冊子は１０ページで，問題は[1]〜[11]です。

5. 試験開始の合図後，問題冊子や解答用紙に印刷が悪くて見にくいところや汚れなどのある

　　る場合は，だまって手をあげて監督の先生に知らせてください。

6. 答えはすべて解答用紙に書いてください。

7. 計算用紙はありません。各問題の余白で計算してください。

8. 円周率は３．１４とします。

9. 定規は直線を，コンパスは円をかくために使います。

10. 試験終了後は解答用紙のみを提出し，問題冊子は持ち帰ってください。

1

次の計算をしなさい。（4），（5）は□にあてはまる数を入れなさい。

（1）$12+3\times4\times5\div6\times7-8+9$

（2）$\dfrac{2}{57}+\dfrac{7}{95}-\dfrac{1}{114}$

（3）$\{314-159+2\times(65+35)\}\div(89+7-9+3+23)$

（4）$15\,dL+(3.5\,L-2500\,\mathrm{cm^3})\times\dfrac{1}{3}=\boxed{}\,dL$

（5）$1+\left(2-\dfrac{5}{3}\right)\div\left(\dfrac{\boxed{}}{8}-\dfrac{34}{21}\right)=57$

2

（6）$\dfrac{1}{2}+\dfrac{1}{4}=\dfrac{3}{4}$, $\dfrac{1}{2}+\dfrac{1}{4}+\dfrac{1}{8}=\dfrac{7}{8}$, $\dfrac{1}{2}+\dfrac{1}{4}+\dfrac{1}{8}+\dfrac{1}{16}=\dfrac{15}{16}$ です。

このとき，

$1+\dfrac{1}{2}+\dfrac{1}{4}+\dfrac{1}{8}+\dfrac{1}{16}+\dfrac{1}{32}+\dfrac{1}{64}+\dfrac{1}{128}+\dfrac{1}{256}+\dfrac{1}{512}+\dfrac{1}{1024}$ を計算しなさい。

3

以下のように，ある一定のきまりにしたがって図で数を表すことにします。

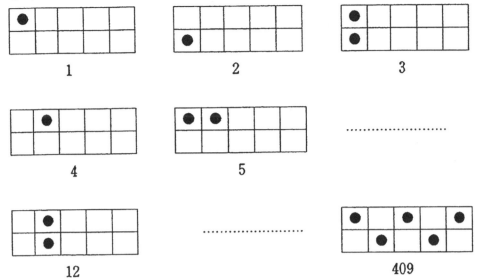

(7) 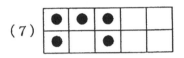 を表す数を答えなさい。

(8) 275 を表す図を解答らんにかきなさい。

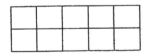

4

　1から7の7個の数が下の約束にしたがって左から一列に並んでいます。

　いちばん左の数は他の6個の数の平均で，真ん中の数より小さいです。また，真ん中の数より左の3個の数の和と 右の3個の数の和は等しくなります。さらに，左から2番目と右から2番目の数の和は，両はしの数の和に等しくなります。

　（9）真ん中の数はいくつですか。

　（10）この7個の数の並びを答えなさい。

2019(H31) 南山中(女子部)
K 教英出版

5

[1,2,3]を1，2，3を並べかえてできるすべての3桁の数の和とします。

つまり，[1,2,3]＝123＋132＋231＋213＋321＋312＝1332

[3,5] は，[3,5]＝35＋53＝88

また，[2,6,9]ならば，[2,6,9]＝269＋296＋692＋629＋926＋962＝3774 です。

このとき，

（11）[2,4,6,8]はいくつですか。

（12）[2,4,6,8]÷[1,3,5,7]を計算しなさい。

6

　職員室の田中先生の机の上に12月1日が日曜日のカレンダーが開いてありました。今日，2018年9月14日は金曜日なので，2018年の12月1日は日曜日ではありません。田中先生のカレンダーは今年のものではありません。よく見てみると，12月にはクリスマス修養会の写真，11月は合唱大会の写真，10月は体育祭の写真……と田中先生が担任した記念のもののようです。2018年，田中先生は教師生活10年目になります。

（13）2018年12月1日は何曜日ですか。

（14）田中先生のカレンダーは西暦何年のものですか。

7

8月10日の10時に「台風13号は南大東島付近にあり，北北東に時速15kmの速さで進んでいます。」と台風情報がありました。400万分の1の地図でみると，南大東島と名古屋の間は直線で30cmでした。台風13号がこの速さでまっすぐ名古屋に来るとすると，8月 ア 日の イ 時になりそうです。

ところが，台風13号は向きを東北東に変えて，8月12日の15時の台風情報は「台風13号は小笠原諸島の父島付近にあり，東北東に時速30kmの速さで進んでいます。」になりました。2000万分の1の地図で見ると，南大東島と父島の間は直線で5.6cmでした。南大東島と父島の間は平均時速は ウ kmで進んだことになりますが，これは時速15kmと時速30kmの平均よりも遅いですね。

（１５）空らんア，イにあてはまる数を入れなさい。

　　　　ただし，イにあてはまる数は24時間表記で答えなさい。

　　　　例えば，午後1時は24時間表記で13時と表します。

（１６）空らんウにあてはまる数を入れなさい。ただし，小数第2位を四捨五入して答えなさい。

（１７）図は３つの正多角形を重ねたものです。図の「あ」の角の大きさを求めなさい。

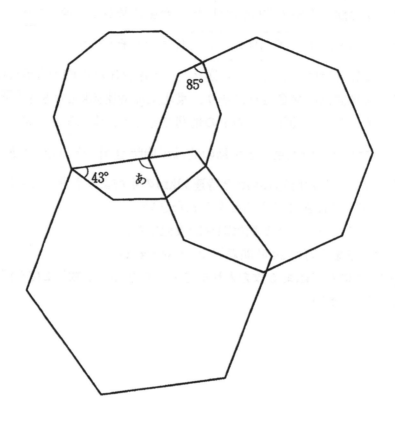

-7-

9

（18）△ABCと△DECは合同です。△CEFの面積は△ABCの面積の何倍
ですか。

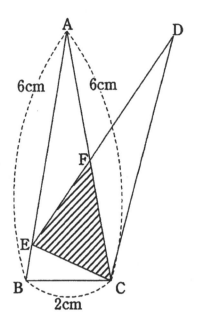

10

直方体の形をした容器に水が入っています。この容器に図1のような円柱の
おもりを円の面が容器の底面につくように入れたところ，図2のように水の深
さは3.5cmになりました。またこのおもりを側面が底面につくように入れたと
ころ，図3のように水の深さは4cmになりました。

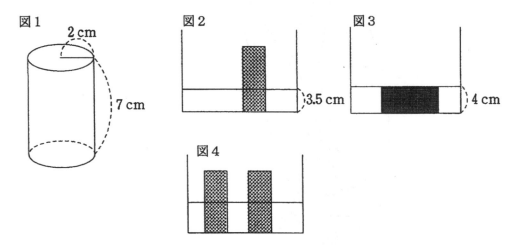

図1
2 cm
7 cm

図2
3.5 cm

図3
4 cm

図4

（19）この容器の底面積を求めなさい。

（20）図4のようにこのおもりを円の面が容器の底面につくように2本入れ
　　　ると，水の深さは何cmになりますか。

（21）解答らんの図に∠COP＝27°の直線OPを作図しなさい。

また，どのように作図したのかも説明しなさい。

ただし，コンパスは4回まで使ってもよい。

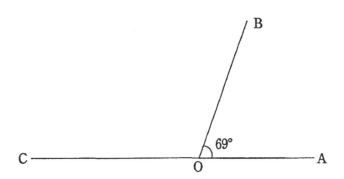

注意

・1番目にかいた円の中心（コンパスの針をさしたところ）に×印とその横に $\boxed{1}$ を
書く。その中心を使ってかいた円または円の一部には①と書く。

・2番目にかいた円の中心に×印とその横に $\boxed{2}$ を書く。その中心を使ってかいた円
または円の一部に②と書く。

・以下，円または円の一部をかくたびに同じように書く。

・同じところに針をさした場合は，×印は1つだけでよいが番号はそれぞれにつけ
ること。

・作図するのに使った線は消さずに残しておくこと。

・定規は直線を引くために用い，目盛りを使用しないこと。

K 教英出版

2019 年度

南山中学校女子部　入学試験問題

理　科

【　注意　】

1. 試験開始の合図があるまで，この問題冊子の中を見てはいけません。
   試験開始まで，この【　注意　】をよく読んでください。

2. 試験時間は５０分です。

3. 解答用紙の受験番号，名前は最初に記入してください。

4. この問題冊子は１５ページで，問題は1〜5です。

5. 試験開始の合図後，問題冊子や解答用紙に印刷が悪くて見にくいところや汚れなどのある場合は，だまって手をあげて監督の先生に知らせてください。

6. 答えはすべて解答用紙に書き，記号で答えるものはすべて記号で答えなさい。

7. 試験終了後は解答用紙のみを提出し，問題冊子は持ち帰ってください。

1　植物の育ち方を調べてみました。

[1]　ヒマワリ，オクラ，ダイズ，マリーゴールドのたねを用意しました。4種類の中からヒマワリとダイズを選んで，育てることにしました。次の**あ〜お**からヒマワリとダイズを選んで記号で答えなさい。ただし，図は実際の大きさとは異なります。

[2]　大きな花だんの一部にたねをまくことにしました。花だんの土は少なくかたくなっていて，草が生えていました。まく場所の準備はどのようにしたらよいですか。次の**あ〜か**から必要なことをすべて選んで，作業する順に記号で答えなさい。

あ　たねをまく場所を決めて，たねをまく場所の草をぬく。

い　たねをまく場所を決めて，たねをまく花だん全体の草をぬく。

う　土をたがやしてから，新しい土をくわえて，平らにならす。

え　土の表面全体に肥料をまいてから，土を水でしめらせる。

お　新しい土と肥料をくわえてから土をたがやし，平らにならす。

か　土の表面に肥料はまかずに，土を水でしめらせる。

[3]　たねのまき方は，ヒマワリとダイズではちがいます。ダイズはどのようにしたらよいですか。次の**あ〜か**から2つ選んで記号で答えなさい。

あ　ゆびなどであなをあけて，その中にたねを2つぶずつまき，土を少しかける。

い　ゆびなどであなをあけて，その中にたねを1つぶずつまき，土を少しかける。

う　土の表面に3つぶずつまき，土を少しかける。

え　土の表面に1つぶずつまき，土を少しかける。

お　ヒマワリのように大きく育たないので，たねとたねの間は15cmくらいでよい。

か　ヒマワリのように大きく育たないが，風通しをよくしなければいけないので，たねとたねの間は50cmくらいにするとよい。

[4]　同じ日にヒマワリとダイズのたねをまきました。何日かして，ダイズが発芽しました。次の日には2枚の葉がみられました。発芽してから1週間後には，はじめの2枚とは形のちがう新しい葉が何枚かみられました。これらの葉について，正しいことを次の**あ〜え**からすべて選んで記号で答えなさい。

あ　はじめの2枚の葉には，発芽するのに必要な栄養分が入っている。

1

い　はじめの２枚の葉は，はじめは中に入っている栄養分を使うので小さくなる
　　が，新しい葉の枚数が多くなると，新しい葉で作られた栄養分が送られてきて
　　大きくなる。

う　新しい葉は子葉とよばれ，日光を使って成長に必要な栄養分をつくる。

え　はじめにみられる葉は，ヒマワリ，オクラ，マリーゴールドも２枚である。

[5]　ダイズが発芽してから，しばらくしてヒマワリもやっと発芽しました。発芽するた
　　めに必要な条件のうち，１つが少しちがったためにヒマワリの発芽がおそくなっ
　　たようです。ヒマワリは，どんな条件がどのようにちがったのでしょうか。

[6]　ダイズもヒマワリもよく育ち，ダイズには花やつぼみができています。実ができる
　　には，受粉が必要であることを実験で確かめようと思い，方法を考えました。しか
　　し，ダイズの花は小さく，実験しにくいので，アサガオを使って実験することにし
　　ました。受粉させる花と受粉させない花の２つのグループに分けて比べようと思
　　います。どのような実験をしたらよいでしょう。受粉させる花と受粉させない花に
　　ついて，次のあ～きからそれぞれ３つ選び，実験する順に記号でこたえなさい。

　　あ　つぼみのうちに，おしべを全部取り去り，ふくろをかける。

　　い　つぼみのうちに，めしべとおしべを全部取り去り，ふくろをかける。

　　う　花が開いたらすぐに，おしべだけ取り去り，ふくろをかける。

　　え　花が開いたらすぐに，めしべとおしべを全部取り去り，ふくろをかける。

　　お　花が開いたらふくろを取り，ほかのアサガオの花粉をめしべの先につけて
　　　　受粉させる。花粉をつけたら，また，ふくろをかける。

　　か　花が開いたらふくろを取り，何もせずに，また，ふくろをかける。

　　き　花がしぼんだらふくろを取る。

[7]　アサガオでは受粉した花だけに実ができました。実の中には種子が入っていまし
　　た。「たね」という言葉は，実を表す場合と種子を表す場合があります。ダイズと
　　ヒマワリのうち，まいた「たね」が実であるのはどちらですか。

[8]　できた「たね」の中には，栄養分がたくわえられています。ダイズのたねを私たち
　　ヒトは食べることで，栄養素をからだに取り入れています。命を保ったり，活動し
　　たり，成長するために必要な五大栄養素のうち，イネでは少ないが，ダイズのたね
　　には多くたくわえられているものは何ですか。ひらがなで答えなさい。

2

2 庭にたくさん雑草が生えてしまったので草刈りをするというおじいちゃんの手伝い
をしました。草刈りしたあと，小さな何かがピョンピョンと飛びはねていたので，近づ
いてよく見てみると，カマキリやバッタでした。カマキリにはにげられてしまいました
が，バッタを何匹かつかまえて観察ケースに入れました。ほかにも虫がいないかさがし
ていたら，木の下に落ち葉があるところにダンゴムシを見つけました。落ち葉をどけて
みると，たくさんのダンゴムシがいたので，何匹かをつかまえて観察ケースに入れまし
た。

　バッタやダンゴムシを観察するときに，虫めがねを使いました。バッタはケースから
出すと，どこかへにげて行ってしまいそうなので，ケースにいれたまま観察しました。
ダンゴムシは動きがおそいので，ケースから出して紙の上にのせて観察しました。

[9]　虫めがねの正しい使い方はどれですか。次のあ～おから２つ選んで記号で答えな
　　さい。
　　あ　手に持てるものを見るときは，虫めがねを見るものに近づけておいて，顔を
　　　　前後に動かして，はっきり見えるようにする。
　　い　手に持てるものを見るときは，虫めがねを目に近づけておいて，顔を前後に
　　　　動かして，はっきり見えるようにする。
　　う　手に持てるものを見るときは，虫めがねを目に近づけておいて，見るものを
　　　　前後に動かして，はっきり見えるようにする。
　　え　手で持てないものを見るときは，虫めがねを見るものに近づけておいて，顔を
　　　　前後に動かして，はっきり見えるようにする。
　　お　手で持てないものを見るときは，虫めがねを目に近づけておいて，顔を前後に
　　　　動かして，はっきり見えるようにする。

[10]　バッタとダンゴムシの体のつくりには，共通することも異なることもありました。
　　次のあ～おは，バッタやダンゴムシの体のつくりの特徴です。バッタには当ては
　　まるが，ダンゴムシには当てはまらない特徴を３つ選んで記号で答えなさい。
　　あ　あしの数は６本である。
　　い　体にもあしにも節があり，体を曲げることができる。
　　う　はねがある。
　　え　目としょっ角が左右にあり，口は腹側にある。
　　お　頭，むね，腹の３つの部分に分かれていて，あしはすべてむねから出ている。

3

[11]　ダンゴムシのスケッチをしました。バッタのむねに当たる部分はどこですか。
　　　　ぬりつぶしなさい。

3 いち子さんは，１００％オレンジジュースに氷を入れて放置しておきました。しばらくすると氷はなくなりオレンジジュースの上に<u>とう明な層</u>ができていました。

　ストローでとう明な層の液体だけを飲んでみるとオレンジジュースの味はほとんどしませんでした。その後，ストローを使ってよくかき混ぜると，オレンジジュースととう明な層の液体は混ざりあい，再び分かれることはありませんでした。

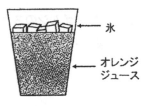
氷
オレンジジュース

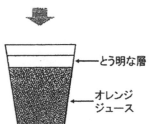
とう明な層
オレンジジュース

[12] とう明な層は主に何でできていますか。

いち子　「お兄さん，昨日，サラダ油と酢でドレッシングを作ったよね。」

けい太　「作ったね。」

いち子　「サラダ油と酢はどれだけかき混ぜても，しばらくするとまた分かれてしまったのに，このオレンジジュースととう明な液体は，混ぜたらきれいに混ざってしまった。何だか，不思議。」

けい太　「ちょっと，台所で実験してみようか。台所にある液体を使って，混ざりあうか調べて表を作ってみよう。混ざりあうときは○，混ざりあわないときは×と記そう。」

いち子　「食塩水やさとう水も用意して調べてみよう。」

	酢	炭酸水	サラダ油	料理用の酒	食塩水	さとう水	ごま油
酢		○	×	○	○	○	×
炭酸水	○		×	○	○	○	×
サラダ油	×	×		×	×	×	○
ごま油	あ	い	う	え	お	か	

いち子　「なるほどね。」

---

[13] 上の表の中のあ〜かに○または×を入れて完成させなさい。

けい太　「うーん。いろいろ実験をしていたら，どれがどの液体かわからなくなって
　　　　　　しまった。」
いち子　「ほんとだ。きちんとラベルをはっておけばよかった。」

　下のあ〜おの5種類の液体を，次の方法で区別しました。[14]〜[17]に当てはまる
液体をあ〜おから選んで記号で答えなさい。

　　　あ 酢　　**い** 炭酸水　　**う** 料理用の酒　　**え** 食塩水　　**お** さとう水

A　においをかいで，[14] と [15] を区別した。
B　液体をいきおいよくかきまぜたら，あわが出たので [16] を区別した。
C　小さななべに入れて，かき混ぜながらゆっくり加熱すると，しだいにとろみが出
　　て茶色になったので [17] を区別した。

けい太　「ところで，サラダ油と酢やサラダ油と料理用の酒をまぜたとき，どちらも
　　　　　　サラダ油が上にあったよね。何でだと思う？」
いち子　「うーん，わからないなあ。」

　次の日，いち子さんは学校の電子天びんを使って4種類の液体の重さをはかってみま
した。いち子さんは液体をビーカーに入れて重さをはかりました。

[18] 電子天びんを使うときの手順はA〜Dになります。①で行うことは何ですか。
　　　２０字以内の文章で答えなさい。
　A　（　①　）。
　B　電子天びんの電源を入れる。
　C　ビーカーをのせて，はかりの数字を0にする。
　D　液体をしずかにビーカーに入れて，数字を読む。

いち子さんがはかった液体の重さは表のとおりです。

液体の名前	重さ	体積
サラダ油	１１５ｇ	１２０ｍL
酢	１０８ｇ	１００ｍL
水	１５０ｇ	１５０ｍL
１００％オレンジジュース	２０６ｇ	２００ｍL

[19] いち子さんはメスシリンダーを使って
体積もはかりました。目もりを読むとき，
正しい読み方は右の**あ～う**のどれですか。

[20] 図のメスシリンダーの目もりを読みなさい。

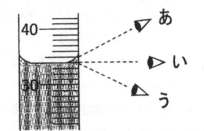

けい太　「しっかりと体積もはかっておいたのはいいことだね。でも，このままだと
比べにくいから同じ体積で比べられるように計算しよう。」

液体の名前	[21] mLの重さ [g]
サラダ油	（ あ ）
酢	1.08
水	1.00
100%オレンジジュース	（ い ）

[21] 表の数値は何mLの重さを表していることになりますか。

[22] 表の**あ**と**い**にあてはまる数値を計算しなさい。答えは四捨五入して小数点第2位
まで求めなさい。

いち子　「同じ体積で比べると液体それぞれで重さが違うことがわかるね。サラダ油
が酢の上にあったのは，重さが理由だったのね。オレンジジュースもそう
なのね。」

けい太　「たとえ，混ざりあうものどうしでも，条件によっては層をつくることがで
きるんだよ。3種類の濃さの食塩水をつくって実験してみようか。この
3種類の食塩水に絵の具で色をつけよう。」

食塩水	色	とかした食塩の重さ [g]	用意した水の重さ [g]	つくった食塩水の体積 [mL]
A	赤	20	200	202.0
B	青	30	100	102.4
C	黄	20	100	101.6

いち子　「じゃあ，順番にそっとコップに入れてみるね。」

7

[23] 表の食塩水A〜Cをある順番でコップへそそぐと
右の図ようにきれいな層ができます。あ〜うの
色を答えなさい。

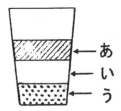

4 山や地面がけずられ，がけができたところでは地面の下のようすを見ることができます。図は，がけに見られた地層の積み重なり方を柱状に表したものです。

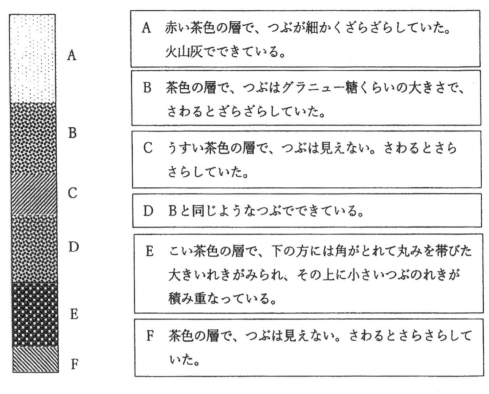

A　赤い茶色の層で、つぶが細かくざらざらしていた。火山灰でできている。

B　茶色の層で、つぶはグラニュー糖くらいの大きさで、さわるとざらざらしていた。

C　うすい茶色の層で、つぶは見えない。さわるとさらさらしていた。

D　Bと同じようなつぶでできている。

E　こい茶色の層で、下の方には角がとれて丸みを帯びた大きいれきがみられ、その上に小さいつぶのれきが積み重なっている。

F　茶色の層で、つぶは見えない。さわるとさらさらしていた。

[24] Cの層はおもに何でできていますか。次の**あ**～**お**から選んで記号で答えなさい。

　　あ れき　　**い** 砂　　**う** 化石　　**え** どろ　　**お** 火山灰

[25] 地層は，流れる水のしん食，運ぱん，たい積のはたらきでできます。地層がいくつもの層に積み重なっているのは，流れる水の速さが何度か変わったことが原因の１つです。Cの層，Dの層，Eの層のうち，たい積したときに流れる水の速さが最も速かった層はどれですか。

[26] 地層がいくつもの層に積み重なっているのは，たい積した当時の海底の深さが変化したことも原因の１つです。Cの層ができた後にBの層がたい積したとすると，Cの層からBの層に変わるとき，海底の深さはどのように変化したと考えられますか。次の**あ**～**え**から選んで記号で答えなさい。

　　あ だんだん浅くなった。　　　　**う** だんだん深くなった。

　　い 急に浅くなった。　　　　　　**え** 急に深くなった。

9

[27] 地層がいくつもの層に積み重なっている理由を確かめるために次のような実験をし
ました。図のような，水そうに板をななめに入れた装置と，砂とどろをまぜたもの
を用意しました。砂とどろをまぜたものの半分をといに置いて水で静かに流し込み
ました。

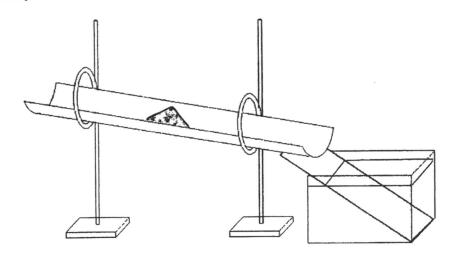

　1回目に流しこんだ砂やどろがしずんだところで，残りの砂とどろをまぜたもの
をといに置いて，2回目も同じように水で流しこみました。2回目に流しこんだ砂
やどろが沈んだところで，見てみると4つの層ができていました。下から3番目の
層は，何でできていたと考えられますか。次のあ〜えから選んで記号で答えな
さい。

あ　どろ

い　砂

う　どろと砂がいちようにまざっている

え　下の方が砂で上のほうがどろ

5 　図1のようなプログラミングができるロボット（車）を組み立てました。
　　プログラミングとはパソコンで「ロボットを動かすための命令をつくる」ことです。

図1

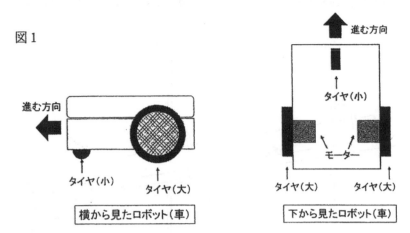

| 横から見たロボット（車） | 下から見たロボット（車） |

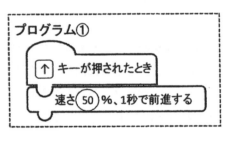

　　プログラム①のように命令のブロックを組み合わせてプログラミングをしました。
　　パソコンのキーボードの ↑ キーを押すとロボットは1秒前進して止まりました。
　　このプログラム①の「速さ◯％」の数値を変えてロボットを動かし，直進した距離をはかったところ，下の表1のようになりました。

表1

速さの数値	10	20	30	40	50	60	70	80	90	100
直進した距離[cm]	0	7	14	21	28	35	42	49	56	63

[28] 上の表を利用して，速さの数値と直進した距離の関係をグラフにかきなさい。
　　　線で結ばず ● でかきなさい。

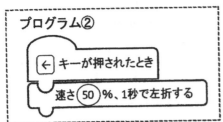

また，プログラム②のプログラミングをして，←キーを押すとロボットはその場で向きを変えます。「速さ◯%」の数値と変化した向きの角度は表2のようになりました。

表2

速さの数値	25	50	75	100
角度〔度〕	90	180	270	360

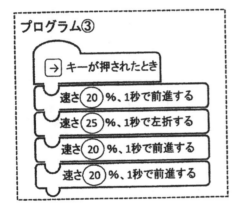

次にプログラム③のプログラミングをして，図2のタイルコースのAからスタートさせたところ，Bのような向きと場所で止まりました。

図2

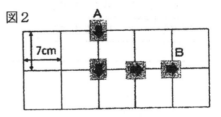

[29] プログラム④のプログラミングをして，図3のタイルコースのAの場所からCの場所と向きになるようにしました。タイルコースをどのように移動したのか，図4にならって矢印を使って表しなさい。

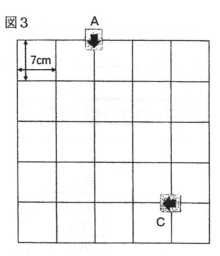

図3

7cm

A

C

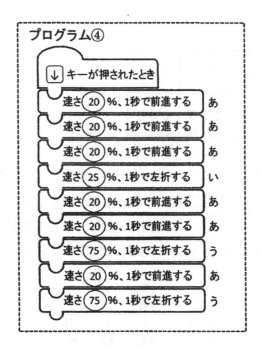

プログラム④

↓キーが押されたとき

速さ(20)%、1秒で前進する　あ

速さ(20)%、1秒で前進する　あ

速さ(20)%、1秒で前進する　あ

速さ(25)%、1秒で左折する　い

速さ(20)%、1秒で前進する　あ

速さ(20)%、1秒で前進する　あ

速さ(75)%、1秒で左折する　う

速さ(20)%、1秒で前進する　あ

速さ(75)%、1秒で左折する　う

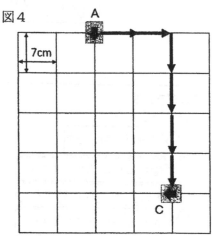

図4

7cm

A

C

[30] プログラム④はあのブロックが6つ，いが1つ，うが2つの合計9つのブロックでできています。この9つのブロックの順番を変えて，図4の矢印のようにロボットを移動させてCの場所と向きにするには，どのようにブロックを並べればよいですか。ブロックの順番をあ，い，うの記号で答えなさい。

[31] プログラム④の最初の3つのあのブロックの命令を「速さ ◯ %，1秒で前進する」ブロック1つで行いたい。「速さ ◯ %」の数値をいくつにすればよいですか。

13

このロボットには，2つのモーターを使っています。モーターは図5のように磁石がついているカバーと電磁石に分解することができます。

図5

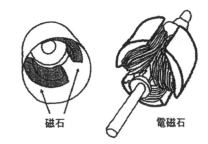

磁石 　　　　電磁石

[32] モーターに使われている磁石と同じ形の磁石の中に方位磁針を入れたところ，図6のように示しました。磁石の外側の○のところに方位磁針を置いたときの針の向きを**あ〜え**から選んで記号で答えなさい。

図6

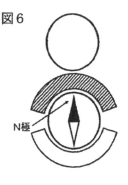

N極

あ　　　**い**　　　**う**　　　**え**

図7のようなモーターの電磁石を簡単にしたものを用意して，電流を流し周りに方位磁針を置いたところ，方位磁針は図8のように示しました。

図8

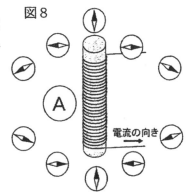

Ⓐ

電流の向き

図7

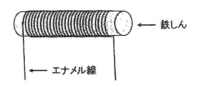

← 鉄しん

← エナメル線

[33] Ⓐのところに方位磁針を置いたときの針の向きを［32］の**あ〜え**から選んで記号で答えなさい。

図9

[34] 　図6の磁石と図7の電磁石を使って，図9のような簡単なモーターをつくりました。磁石の中に置いた電磁石を矢印の方向へ回転させるためには，電磁石のエナメル線のはしBを電池の＋極，－極どちらにつなげればよいですか。

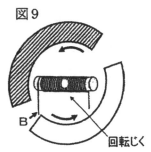

B

回転じく

14

太さのちがうエナメル線とエナメル線の巻き数を変えた電磁石を３種類つくり，新品の乾電池と使い古した乾電池を使って，電磁石の強さを調べる実験をしました。電磁石の強さは，ついたクリップの数でわかります。また，新しい乾電池と古い乾電池では，新しい乾電池のほうが豆電球は明るく光ります。

[35] 電磁石につくクリップのようすを正しく表しているのはどれですか。**あ〜え**から選んで記号で答えなさい。

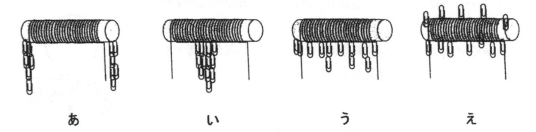

あ　　　　　　い　　　　　　う　　　　　　え

実験は表３のような結果になりました。

表3

	あ	い	う	え
エナメル線の巻き数［回］	50	100	100	100
エナメル線の太さ［mm］	0.7	1.0	1.0	0.7
乾電池	新しい	古い	新しい	新しい
クリップの数［個］	1	5	23	2

[36] 電磁石の強さと巻き数の関係をみることができる実験結果はどれとどれですか。**あ〜え**から選んで記号で答えなさい。

[37] 電磁石の強さとエナメル線の太さの関係をみることができる実験結果はどれとどれですか。**あ〜え**から選んで記号で答えなさい。

[38] 電磁石の強さと電流の関係をみることができる実験結果はどれとどれですか。**あ〜え**から選んで記号で答えなさい。

[39] 電磁石の鉄しんをぬいた状態で電流を流すと電磁石の強さはどのようになりますか。

15

このページには問題がありません。

このページには問題がありません。

2019(H31) 南山中(女子部)
K 教英出版

このページには問題がありません。

2019 年度

南山中学校女子部　入学試験問題

社　会

【　注意　】

1. 試験開始の合図があるまで，この問題冊子の中を見てはいけません。
   試験開始まで，この【　注意　】をよく読んでください。

2. 試験時間は５０分です。

3. 解答用紙の受験番号，名前は最初に記入してください。

4. この問題冊子は１７ページで，問題は 1 ～ 4 です。

5. 試験開始の合図後，問題冊子や解答用紙に印刷が悪くて見にくいところ
   や汚れなどのある場合は，だまって手をあげて監督の先生に知らせてく
   ださい。

6. 答えはすべて解答用紙に書き，記号で答えるものはすべて記号で答えな
   さい。漢字の指定のあるものはかならず漢字で書きなさい。

7. 試験終了後は解答用紙のみを提出し，問題冊子は持ち帰ってください。

1　まもりちゃんは，夏休みに都道府県調べをして，5つの都道府県についてカードにまとめました。

【5つの都道府県の特徴をまとめたカード】

カード1
東海道沿いにあり，気候も温暖で多雨のため，古くから農業や漁業，工業が発達しました。北には日本で最も高い山があり，南にある半島は，ビーチや温泉街で有名です。この半島は2018年4月に，国内9地域目の世界ジオパークとして認定されました。

カード2
日本海に面しており，豊富な水と夏の高温を利用した農業がさかんです。かつて，日本で2番目に大きかった湖で干拓事業が進められました。西に突き出た半島の伝統行事は，大みそかの夜に鬼のような面を着け，わらの衣装に身を包んだ若者が家々を回って厄払いをするというものです。今はそれが県全体で有名となり，観光の宣伝にも使われています。

カード3
東と西はそれぞれ半島になっていて，県庁所在地の対岸にある火山島は今でも非常に活発です。そのため，火山灰の台地が続き，水はけがよく非常にもろいことが特徴です。1914年の噴火で，この火山島は東の半島と陸続きとなりました。

カード4
西部には四万十川が流れるなど，ほかにも多くの清流があります。沖の太平洋を（　　）が流れており，冬の朝などは海面から湯気が立っているのが見えます。坂本龍馬や板垣退助，岩崎弥太郎などの人物を輩出しました。

カード5
大都市の東に位置し，平野と丘陵がほとんどで，最も高い場所で400mほどしかありません。面積の大部分が半島で占められています。半島の北は台地や平野で，北東部の66kmに渡る長い海岸が有名です。西の湾岸は，有数の工業地域となっています。

1

問1　次の表は，カード１〜５の都道府県について，農作物の生産量や，家畜<ruby>畜<rt>かちく</rt></ruby>の飼育頭数を調べたものです。次の問いに答えなさい。

	米 (万t)	ねぎ (千t)	ほうれん草 (千t)	ピーマン (千t)	な す (千t)	肉用牛 (千頭)	ブロイラー (万羽)	X (千t)	Y (千t)	Z (千t)
あ	10.1	8.2	1.7	13.0	2.1	322.0	2664.5	10.9	24.6	－
い	30.6	65.2	34.9	2.6	8.7	38.8	171.4	1.1	－	12.3
う	5.4	3.9	0.7	13.0	38.9	5.1	41.6	7.0	－	－
え	51.5	12.4	1.4	0.5	4.5	18.6	…	…	－	－
お	8.4	10.7	4.3	0.3	2.3	20.7	102.7	121.3	30.7	－
全国	804.4	464.8	248.1	144.8	306.0	2499.0	13492.3	805.1	80.2	15.5

「－」は生産量０や少ないものも含みます。「…」は詳しくわからない，または，公開していないことを示します。
統計年次は2016年。（肉用牛・ブロイラーは2017年2月時点）「データで見る県勢2018」より作成。

（1）表中の「う」と「お」に当てはまる都道府県名をそれぞれ漢字で答えなさい。

（2）表中のX〜Zは，茶，みかん，落花生<ruby>落花生<rt>らっかせい</rt></ruby>のいずれかです。X〜Zに当てはまる組み合わせとして正しいものを次のア〜カから１つ選びなさい。

	ア	イ	ウ	エ	オ	カ
X	茶	茶	みかん	みかん	落花生	落花生
Y	みかん	落花生	茶	落花生	茶	みかん
Z	落花生	みかん	落花生	茶	みかん	茶

問2　次の図は，カード１〜５の都道府県における製造品出荷額<ruby>出荷<rt>しゅっか</rt></ruby>等の割合を品目別に示したものです。カード１の都道府県のものを次のア〜オから１つ選びなさい。

(単位%)

ア		イ		ウ	
電子部品	26.0	石油・石炭製品	25.9	食料品	34.2
食料品	7.9	化学	22.5	飲料・飼料	21.0
化学	6.4	鉄鋼	13.2	電子部品	12.9
木材・木製品	6.4	食料品	9.6	窯業・土石<ruby>窯業<rt>ようぎょう</rt></ruby>	8.9
業務用機械	6.1	金属製品	4.2	電気機械	5.4
その他	47.2	その他	24.6	その他	17.6

エ		オ	
食料品	14.7	輸送用機械	26.2
パルプ・紙	10.9	電気機械	12.7
窯業・土石	10.8	化学	9.4
生産用機械	9.6	飲料・飼料	7.5
鉄鋼	7.3	食料品	7.4
その他	46.7	その他	36.8

統計年次は2014年。
「データで見る県勢2018」より作成。

問3　次の図は，それぞれのカードに登場する半島の形を示したものです。カード1に登場する半島として正しいものを次から1つ選びなさい。縮尺はすべて異なります。

ア　　　　　　　　イ　　　　　　　　ウ　　　　　　　　エ

問4　カード1〜5の都道府県について，昼夜間の人口比率を考えた場合，最も値が小さくなるのはどれか。次から1つ選びなさい。

※昼夜間の人口比率とは，昼間の人口を夜の人口で割った値である。

ア　カード1　　イ　カード2　　ウ　カード3　　エ　カード4　　オ　カード5

問5　カード1について，次の問いに答えなさい。

（1）ジオパークとは「大地の公園」を意味し，地球を学び，丸ごと楽しむことができる場所です。世界ジオパークは，国連の専門機関の支援を受けた団体が審査や認定をしています。教育の向上と文化交流について中心に行う国連の専門機関をカタカナで答えなさい。

（2）この半島の南部に位置し，1854年に日米和親条約で開港された都市名を漢字で答えなさい。

問6　カード2の下線部について，戦争後の食糧を増やすために，干拓が進められました。しかし，干拓が終了した頃には，稲作から畑作に転換させられ，仕方なく農業から離れる人もいました。その理由となった政府の政策を答えなさい。

問7　カード2の伝統行事は，最近存続が非常に難しくなっています。その原因を担い手に注目して答えなさい。

問8　カード3について，火山の噴火に対する行政や住民の備えを述べたものとして，誤っているものを次から1つ選びなさい。
ア　噴火による液状化現象を防ぐために，砂防ダムをつくる。
イ　噴石や火砕流がおよぶ範囲をしるしたハザードマップを作成し，住民に知らせる。
ウ　気象庁が発表している噴火情報をチェックする。
エ　防災意識を高めるため，学校や地域の防災訓練に参加する。

3

問9　カード4について次の問いに答えなさい。

（1）カード4の（　　）に当てはまる海流名を答えなさい。

（2）カード4の都道府県では，一本釣りの鰹（かつお）が有名です。次の文章の（　Ａ　），
（　Ｂ　）にそれぞれ当てはまる語句をひらがなで答えなさい。

　　早春から晩秋にかけて日本列島近海を回遊するため，鰹の美味（おい）しい季節は年に2度あると
されています。初夏の一番早くとれだしたものを「（　Ａ　）鰹」と呼び，秋にとれるもの
を「（　Ｂ　）鰹」と呼びます。

問10　次の地形図は，カード５に登場する海岸の一部です。次の問いに答えなさい。

「茂原」1/25000 原寸

A — B の地形断面図

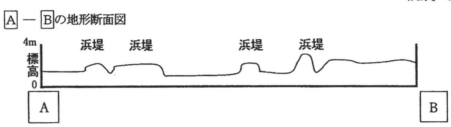

（１）この地域の集落は海岸線と並行して発達しているのがわかります。この海岸の平野がど
　　　のようにつくられたのかを説明したものとして最も適切なものを次から１つ選びなさ
　　　い。

　　ア　遠浅の海底が上昇するか，もしくは海面が上昇した。
　　イ　遠浅の海底が上昇するか，もしくは海面が下降した。
　　ウ　遠浅の海底が下降するか，もしくは海面が上昇した。
　　エ　遠浅の海底が下降するか，もしくは海面が下降した。

5

（2）次の文章は，A—Bの地形がどのように利用されているかを述べたものです。地形
図と地形断面図をみながら，（　X　）～（　Z　）に当てはまる語句の組み合わせとし
て正しいものを下のア～エから１つ選びなさい。

　　A地点からB地点までの地形は，標高でみると少し高い場所と低い場所が交互に続い
ていることが分かります。風や波によってできた小高い砂の丘ができます。その場所
は，浜堤といい，標高が高いので，主に（　X　）や宅地に利用されています。その浜
堤と浜堤の間の低い場所には主に（　Y　）が多いことがわかります。低地で水はけが
（　Z　）ためです。

	ア	イ	ウ	エ
X	水田	畑	水田	畑
Y	畑	水田	畑	水田
Z	良い	良い	悪い	悪い

（3）地形図中の「浜宿納屋」のように，この地域の集落は納屋集落と呼ばれています。納
屋とは，物置小屋のことで，この絵で使われている網をしまったり，留守番として身内が
住んだり，出稼ぎ人の住まいに使われたりしまし
た。この絵は，歌川広重の「六十余州名所図会」
に描かれているこの海岸での地引網漁の様子で
す。この浜で何をとっているところでしょうか。
またそれは主にどのような用途で使われました
か。それぞれ答えなさい。

（4）この地引網漁は，船や網を持つ網主と呼ばれる経営者が，網子と呼ばれる漁民を使って
行いました。この地域の網子の家に生まれた人物で，17 年かけて日本全土の沿岸部を歩
き測量を行い，国土の形を明らかにした人物を漢字で答えなさい。

2 　南山高校女子部では2年生の3月に沖縄研修旅行をおこないます。1年間かけて事前学習
　をおこないます。事前学習と本番の旅行を通して，たくさんのことを学びます。下の文章を
　読み，以下の問いに答えなさい。

　沖縄では古くから人びとが暮らしています。先史時代からすばらしい文化が花開いており，
約8000年前のものと考えられている土器が発見されています。①約4000年前に九州から運ば
れてきた土器も出土しています。
　②沖縄の先史時代の文化を「貝の文化」と呼ぶことがあります。ナイフなどの刃物，うで輪
や首飾りなどの装身具など，さまざまな物が貝でつくられました。沖縄産の貝や貝製品は，全
国各地から発見されています。この文化の時代は長く続き，終わるのは③10世紀から12世紀
頃です。「貝の文化」が続いていた時代を，沖縄の「貝塚時代」とよびます。貝塚時代から日本
と活発に交流していたことが知られています。
　沖縄と日本の交流でよく知られているのが，④琉球王国の貿易です。1429年に沖縄を統一
した琉球王国は，日本を含めたアジアの国ぐにとの貿易で大いに栄えていました。この時期の
遺跡として有名なのが，王の居城であり世界文化遺産にも登録されている（　1　）です。し
かし琉球王国は1609年，薩摩藩に征服されてしまいました。
　江戸時代も終わる頃，薩摩藩や長州藩は，さまざまなことをおこない，藩の政治改革を進め
ていきました。そのため薩摩藩と長州藩が明治維新の改革をおこなう中心となりました。薩摩
藩がおこなったことの中には，琉球王国に中国との（　2　）を盛んにさせて，その利益を奪
ったことがあります。
　明治時代になり，明治政府は，琉球は日本の領土だと主張しました。政府は琉球への圧力を
強めていき，1879年に中国や琉球の人たちの反対をおさえ，琉球王国を滅ぼし，沖縄県を設置
し，日本の一部としました。
　その後沖縄の人たちは，日本に同化させられながら，同時にさまざまな差別的な扱いを受け
ました。沖縄風の名前は日本風に改められました。また⑤1903年に大阪で，日本政府主催の博
覧会が行われましたが，会場周辺には見せ物小屋が立ち並びました。そのうちの一つ「学術人
類館」と称する施設では，日本人と異なる人種であるとみなされた人々が「展示」され，見せ
物とされました。その中には，沖縄から連れてこられた2人の女性も含まれていました。
　その後⑥アジア太平洋戦争の末期，国内で唯一の住民を巻き込んだ大規模な地上戦が行われ
ました。戦後は長らくアメリカの占領下に置かれていました。最近では沖縄にある⑦米軍基地
の問題をよく聞きます。

7

問1　下線部①・②について，それぞれ答えなさい。

① 約4000年前に九州から運ばれてきた土器を，次から1つ選びなさい。

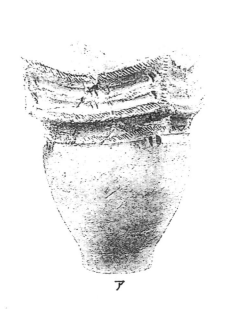
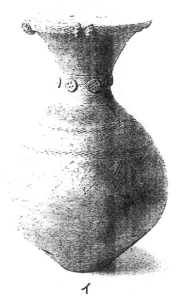

ア　　　　　　　　　　　イ

② 次のA・Bについての説明として，誤っているものを下のア・イから1つ選びなさい。

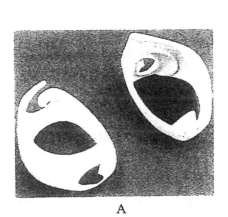

A　　　　　　　　　　　B

ア　Aは山口県にある約1000年前に栄えた弥生時代の遺跡から発見された，貝の腕輪^{うでわ}です。沖縄周辺の海でとれた貝でつくられています。同様の腕輪は全国の弥生時代の遺跡から発見されており，特権階層の装身具と考えられています。

イ　Bは正倉院におさめられていた螺鈿紫檀五絃琵琶^{らでんしたんごげんのびわ}です。装飾にはヤコウガイという貝が使われていますが，それは沖縄から中国へもたらされたものである可能性があります。沖縄産のヤコウガイは工芸品の材料として中国や日本にもたらされました。

問2　下線部③について，10世紀から12世紀にかけての出来事を述べた次の文を，古い時代のものから順番にならべかえなさい。ただし，この時期に当てはまらないものが2つあるので，それらは解答欄に書かないでください。

　ア　藤原道長が大きな権力をふるい，その息子の頼通は平等院鳳凰堂を建てた。
　イ　源氏と平家が戦い，勝利した源氏の棟梁である源頼朝が，鎌倉に幕府を開いた。
　ウ　中国の唐から鑑真というすぐれた僧がやってきた。
　エ　中国では唐が滅び，混乱した時代となった。
　オ　中国の元の大軍が2度にわたり九州北部にせめてきた。

問3　下線部④について，琉球王国が当時の日本から購入したものとして最もふさわしいものを次から1つ選びなさい。
　ア　生糸　　　イ　鉄砲　　　ウ　銀　　　エ　銅銭

問4　本文中（　1　）にあてはまる語句を漢字で答えなさい。

問5　琉球王国の統一から薩摩藩に征服されるまでの時期について，当時の出来事を述べた次の文を，古い時代のものから順番にならべかえなさい。ただし，この時期に当てはまらないものが2つあるので，それらは解答欄に書かないでください。
　ア　応仁の乱が起こり，本格的な戦国の世がはじまった。
　イ　足利義満により，南北朝が合一された。
　ウ　フランシスコ＝ザビエルにより，日本にキリスト教が伝えられた。
　エ　徳川家康が，大阪の豊臣氏を滅ぼした。
　オ　長篠の戦いで織田信長が大量の鉄砲を用いて，武田氏の騎馬隊を打ち破った。

問6　本文中（　2　）にあてはまる語句を本文中から抜き出して答えなさい。

問7　琉球王国が滅んだ後の沖縄の様子を述べた次のX・Yを読み，正誤の組み合わせとして正しいものを下から1つ選びなさい。

X　1873年に施行された徴兵令は，沖縄県では1898年に施行された。兵士となった沖縄出身の若者には標準語が話せないものが多く，軍隊で差別されることも多かった。
Y　1889年に大日本帝国憲法が発布され，1890年には初めての選挙が行われた。この選挙は沖縄でもおこなわれ，多くの人たちが参加した。

　ア　X：正　Y：正　　　　　イ　X：正　Y：誤
　ウ　X：誤　Y：正　　　　　エ　X：誤　Y：誤

9

作図	説明

11

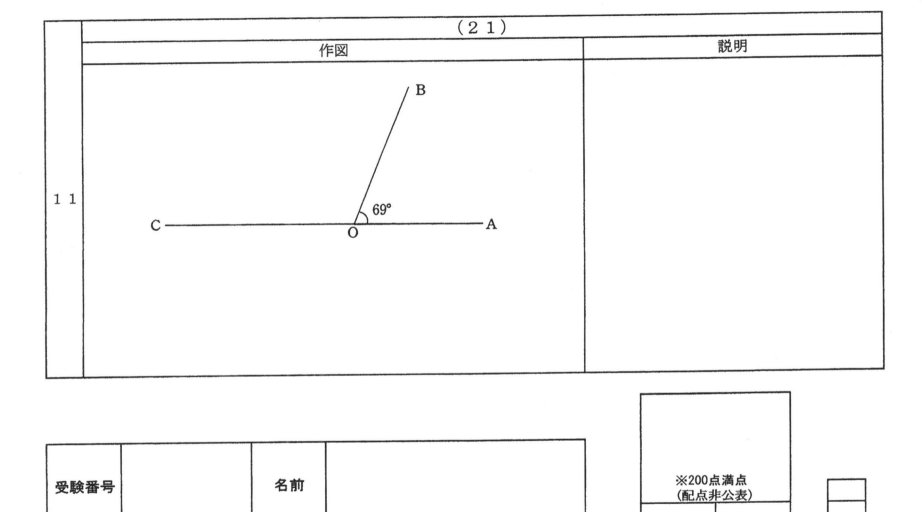

受験番号		名前	

※200点満点
（配点非公表）

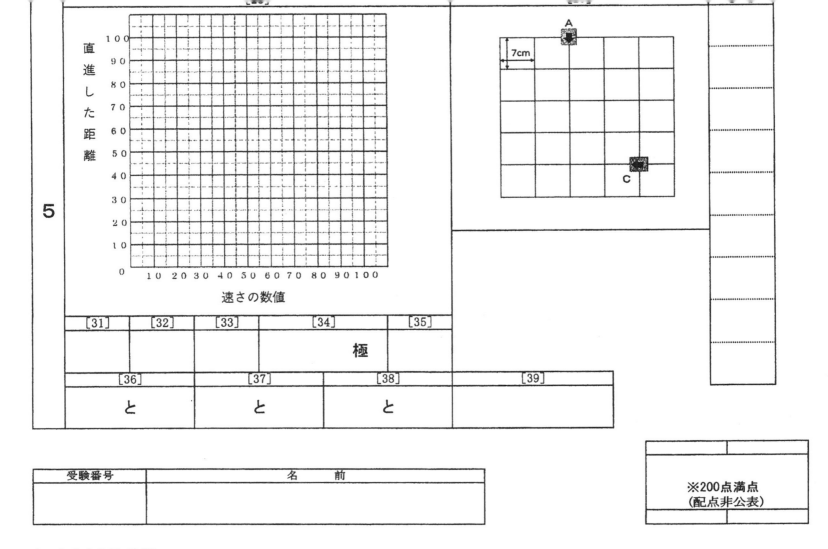

5

直進した距離

100
90
80
70
60
50
40
30
20
10
0

10 20 30 40 50 60 70 80 90 100

速さの数値

A

7cm

C

[31]	[32]	[33]	[34]	[35]
			極	

[36]	[37]	[38]	[39]
と	と	と	

受験番号	名　　前

※200点満点
（配点非公表）

問1		問2	問3	問4
A	E			

3

問5

問1	問2	問3		問4	
		(1)	(2)	(ア)	(イ)

4

問5			
(1) リデュース	リユース	リサイクル	(2)

番号		名前	

2019(H31) 南山中(女子部)
K 教英出版

2019年度　社会　解答用紙

1

問1(1)		問1(2)	問2	問3	問4
う	お				

問5		問6
(1)	(2)	

問7	問8	問9(1)	問9(2)	
			A	B

問10(1)	問10(2)	問10(3)		問10(4)
		とれるもの	用途	

2

問1		問2	問3	問4
①	②	→ →		

問5	問6	問7	問8
→ →			

問9(1)	問9(2)	問10	問11

【解答用

２０１９年度　理科　解答用紙

1

[1]		[2]	[3]	[4]
ヒマワリ	ダイズ			

[5]			[6]	
条件	ちがい　ヒマワリの方が		受粉させる花	受粉させない花

[7]	[8]

2

[9]	[10]

2の [11]

3

[12]			[13]		
あ	い	う	え	お	か

[14]	[15]	[16]	[17]

[18]

[19]	[20]	[21]	[22]		[23]		
	mL	mL	あ	い	あ	い	う

4

[24]	[25]	[26]	[27]

2019年度　算数　解答用紙

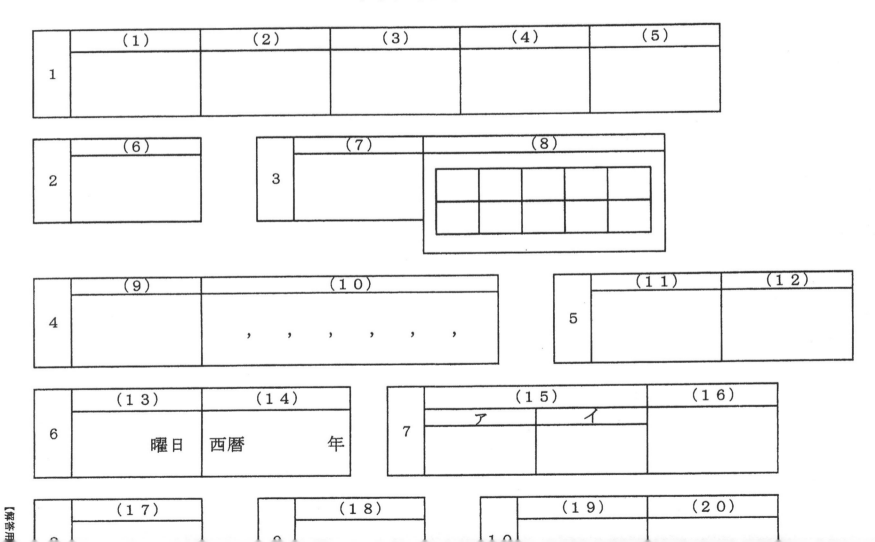

1	(1)	(2)	(3)	(4)	(5)

2	(6)

3	(7)	(8)

4	(9)	(10)
		，　，　，　，　，　，

5	(11)	(12)

6	(13)	(14)
	曜日	西暦　　　年

7	(15)		(16)
	ア	イ	

	(17)	(18)	(19)	(20)

問8　下線部⑤について,「学術人類館」で見せ物とされたのは,沖縄の女性のほか,さまざまな国や地域の人たちですが,その中に,当時の日本領の先住民たちがいました。その地名を2か所答えなさい。

問9　下線部⑥について,次の文章は沖縄戦の最中に起こった「集団自決」の記録です。読んで下の問いに答えなさい。

（1945年）　3月28日という,わたしの生涯でもっとも長く,暗い日がやってきた。この日にどんな惨事がおこるかは,誰にも予想がつかなかったのである。1千名近くの住民が,一か所に集められた。軍の命令を待つためである。（中略）死刑囚が死刑執行の時を,不安と恐怖のうちに待つかのように,私共も自決命令を待った。いよいよ軍から命令が出たとの情報が伝えられた。配られた手りゅう弾で家族同士が輪になって自決が行われたのである。しかし,手りゅう弾の発火が少なかった為,死傷者は少数にとどまった。けれども不幸にしてその結末はより恐ろしい惨事を招いたのである。（中略）夫が妻を親がわが子を兄弟が姉妹を（中略）考えられるあらゆる方法で,愛する者たちの尊い命を絶っていったのである。

（以下省略）

金城重明『軍国主義的皇民化教育の末路としての「集団自決」』より（一部の漢字をひらがなにしています。）

（1）金城さんはこの時に生きのびた方です。彼は「軍の命令」を直接聞いたわけではありませんが,彼が見たことの中には「軍の命令」があったことが分かる場面が書かれています。どの場面からそのことが読みとれるか,説明しなさい。

（2）近年では「集団自決」という言葉で説明することは不適切だと考えられるようになり,他の言葉が使われるようになってきています。「自決」とはみずからの意思で死ぬことをいいますが,沖縄戦での「集団自決」は,米軍の上陸で死ぬよりほかに選択肢のない状況に追い込まれた住民たちが,日本軍の命令・誘導などで集団での殺し合いや自殺を（　ア　）させられて死んでいったからです。（　ア　）にあてはまる語句を漢字2字で答えなさい。

問10　1947年,昭和天皇が側近を通じて,GHQ（連合国軍最高司令官総司令部）に沖縄に関するメッセージを伝えました。それは「沖縄に対する米軍の占領は,（　イ　）の脅威に備えるとともに,日本国内の治安維持のためにも重要で,アメリカと日本双方の利益にもなる」という内容です。（　イ　）にあてはまるもっともふさわしい国名を答えなさい。国名は正式名称でなくてもかまいません。

10

問11　1960 年代から 70 年代にかけて，沖縄の米軍基地は，アメリカが本格的に介入した戦争の出撃基地として利用されました。沖縄ではたくさんのドルが使われ，恩恵を受ける人も多くいました。その一方で 1968 年に超大型の爆撃機 B 52 が嘉手納基地で墜落爆発する事件も起き，沖縄の戦争反対・基地反対の運動も高まりを見せました。この戦争が行われていた場所を，地図中のア〜オから 1 つ選びなさい（国境線は現在のものです）。

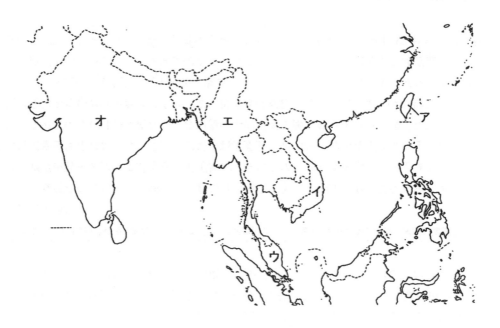

問12　下線部⑦について，沖縄が日本に復帰した直後の 1972 年から 2017 年にかけて，沖縄県にある米軍基地の面積は約 353 k㎡ から約 186 k㎡ に減っています。しかし日本全体の米軍基地に占める沖縄県の基地の割合は，1972 年が約 58.6％だったのに対して，2017 年は約70.4％と増えています。沖縄県にある基地面積が減ったのに，日本全体に占める割合が増えた理由を，30 字程度で解答欄に当てはまるように説明しなさい。

3 世界や日本における人口や労働について，次の問いに答えなさい。

問1 右のグラフは，国連人口部の発表結果をもと
に，1950 年から今日までの世界の各地域（オセア
ニアをのぞく）の人口の移り変わりを調べたもの
です。それぞれの地域の 1950 年の統計値を 1 と
しています。A と E に当てはまる地域をそれぞれ
次から 1 つずつ選びなさい。

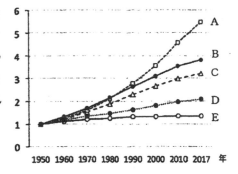

ア 北アメリカ　イ 南アメリカ　ウ アジア　エ アフリカ　オ ヨーロッパ

問2 右のグラフは、日本における 1950
年から 2017 年までの年齢別に（0～
14 歳，15～64 歳，65 歳以上）人口の
割合を示したものです。グラフ中の A
～C について正しい組み合わせを下
のア～カから 1 つ選びなさい。

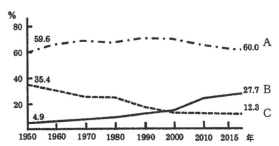

	ア	イ	ウ	エ	オ	カ
0～14 歳	A	A	B	B	C	C
15～64 歳	B	C	A	C	A	B
65 歳以上	C	B	C	A	B	A

問1，問2のグラフは
「2018データブック・オブ・ザ・ワールド」より作成。

問3 日本の人口減少に伴う労働力不足をおぎなうため，外国人の受け入れはさらに進むと
見られています。昨年，日本に住む外国人は 250 万人をこえ，過去最高を記録しまし
た。次のグラフは，近年の愛知県に住む中国人，ブラジル人，韓国人，それぞれの年齢
構成を示したものです。ブラジル人の年齢構成を示したものを次から 1 つ選びなさい。

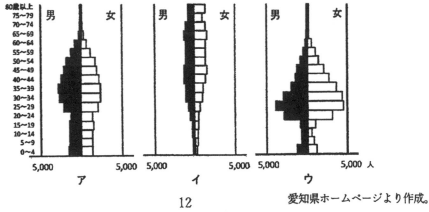

愛知県ホームページより作成。

問4　次の図1は，日本の雇用者における職業の割合を男女別に示しているグラフです。また図2は，職員・従業員における正規※1と非正規※2の占める割合を男女別に示しています。それぞれのグラフの男女の組み合わせについて正しいものをア～エから1つ選びなさい。

※1　雇用期間の定めのない労働者のことで，正社員など。

※2　雇用期間を定めた労働者のことで，はけん社員・けいやく社員・パートタイム・アルバイトなど。

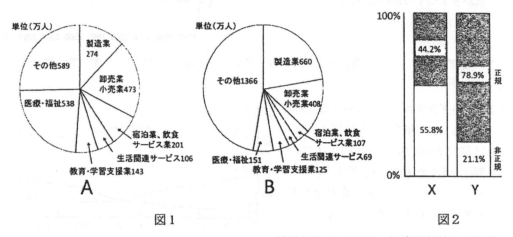

図1　　　　　　　　　　　　　　　　　図2

統計年次は2013年。総務省資料より作成。

	ア	イ	ウ	エ
A	男	男	女	女
B	女	女	男	男
X	男	女	男	女
Y	女	男	女	男

13

問5　次のグラフは，女性の労働力率に関するものです。労働力率とは，15歳以上の人口の
うちどれだけ働いているかを指しています。図1を見ると，昭和60年と平成27年とも
に労働力率が落ち込む時期があり，両方のグラフともM字型のカーブを描いていること
が分かります。一度仕事場を離れ，出産や育児にはげみ，その後仕事につくためです。
昭和60年と平成27年を比べると，平成27年の方がM字カーブのくぼみにあたる年齢の
労働力率は上昇し，高年齢化もしていることがわかります。これは，晩婚化や第1子出
産の時期が遅くなったことがあげられます。それ以外に，図2のグラフから読みとれ
る，M字カーブのくぼみが浅くなってきた理由を20字程度で答えなさい。

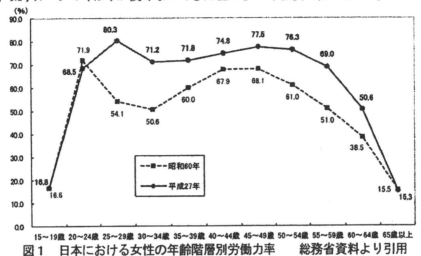

図1　日本における女性の年齢階層別労働力率　　総務省資料より引用

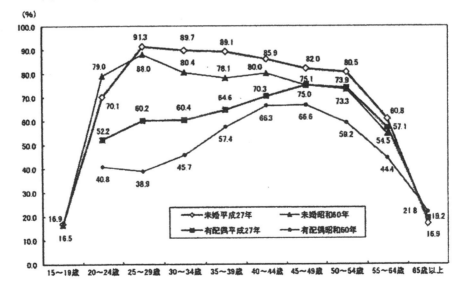

図2　配偶者の有無による女性の労働力率　　総務省資料より引用
※未婚とは結婚をしたことのない人，有配偶とは夫のある人のことです。

14

4 　いま，世界各地で行き場を失ったプラスチックごみがたまっています。これまでプラスチックごみの大半を受け入れてきた中国が，2017年末から輸入を大幅に制限したことが理由の一つです。大半のプラスチックは燃やしてしまうこともできますが，そうするとたくさんの温室効果ガスが発生します。温暖化対策が世界の課題なので，簡単に燃やすこともできそうにありません。また，世界では海洋に漂うプラスチックごみも大きな問題となっています。2018年のG7サミットで，プラスチックごみの削減を掲げる「海洋プラスチック憲章」が議題となりました。われわれの日常生活を豊かにしてくれるプラスチックですが，その使い方を見直す必要に迫られています。私たちが使い捨て社会を変えていく努力が必要でしょう。

問1　中国がプラスチックごみの輸入を大幅に制限したことについて，次のX・Yを読み，その正誤の組み合わせとして正しいものを下から1つ選びなさい。

　　X　中国が輸入を制限した理由として，国内で排出されるプラスチックごみが激増したこと，プラスチックごみは弁当の残りや油などで汚れているものが多く，きれいなものとの分別に多額の費用がかかること，洗浄のための環境汚染が社会問題化してきたこと，などがあげられる。

　　Y　中国の輸入制限により，東南アジア諸国のプラスチックごみの輸入が急増した。ビジネスチャンスととらえるリサイクル業者もいたが，これらの国の中でも，輸入の禁止や制限をする動きが広がっている。

　　ア　X：正　Y：正　　　　　イ　X：正　Y：誤
　　ウ　X：誤　Y：正　　　　　エ　X：誤　Y：誤

問2 プラスチックごみによる海洋汚染について，次のX・Yを読み，その正誤の組み合わせ
として正しいものを下から1つ選びなさい。

X アジア諸国の経済成長にともない，使用されるプラスチックの量は爆発的に増えてい
る。それにたいしてごみの収集・処理システムの整備は追いついていない。そのため，
これらの地域で使用後に捨てられたプラスチック製品が，大量に海に流出している。
Y プラスチックは細かくなり，5ミリ以下のマイクロプラスチックとよばれる状態にな
ると，生物が食べても有害でなくなる。そのため，いかに短期間でプラスチックを細か
くするかが課題となっている。

ア X：正 Y：正　　　　イ X：正 Y：誤
ウ X：誤 Y：正　　　　エ X：誤 Y：誤

問3 温暖化対策について，1997年に採択された「京都議定書」では，2008年から2012年の
間に温室効果ガスの削減をおこなうことが決定され，多くの国や地域に削減目標が課さ
れました。そして2015年には新たな温暖化対策の枠組みとして「パリ協定」が採択されま
した。以下の問いに答えなさい。

（1）「京都議定書」では削減目標を課されなかったが，「パリ協定」には参加し，削減に取り
組むことを定められた国・地域を次から1つ選びなさい。
ア 日本　　　　イ 中国　　　　ウ EU　　　　エ アメリカ合衆国

（2）「京都議定書」から離脱し，「パリ協定」からも離脱を表明している国・地域を次から1つ
選びなさい。
ア 日本　　　　イ 中国　　　　ウ EU　　　　エ アメリカ合衆国

問4 「パリ協定」の締結国は，温室効果ガスを削減するための長期的な目標を，2020年まで
に国連に提出する必要があります。しかしG7（主要7か国）で日本とイタリアは未提出
です。日本政府は，2016年に，温室効果ガスを2050年までに80％削減すると目標を定め
ようとしましたが，（ ア ）と（ イ ）で意見が合いませんでした。（ ア ）と（ イ ）
にあてはまる省庁を答えなさい。

16

問5　使い捨て社会を変えていくために「３R」が重要だといわれてきました。「Ｒｅｄｕｃｅ（リデュース）」「Ｒｅｕｓｅ（リユース）」「Ｒｅｃｙｃｌｅ（リサイクル）」の３つを指す言葉です。以下の問いに答えなさい。

（1）次のア～ウの説明は，「リデュース」「リユース」「リサイクル」のどれにあてはまりますか。それぞれ選びなさい。

　　ア　洗剤などは詰め替え用のものが販売され，空になったプラスチック製ボトルを何度も利用できるようになっている。
　　イ　きれいに洗われ資源ごみとして回収されたペットボトルが，異なる製品の原料となって利用される。
　　ウ　大手飲食店では，プラスチック製ストローの使用を禁止する動きが広がっている。またスーパーでは，使用枚数を減らすためレジ袋の有料化が広がっている。

（2）「リデュース」「リユース」「リサイクル」の中で，ごみの削減にもっとも有効なものをカタカナで答えなさい。

2019(H31) 南山中(女子部)
Ｋ 教英出版

このページには問題がありません。

2018 年度

南山中学校女子部　入学試験問題

算　数

【　注意　】

1．試験開始の合図があるまで，この問題冊子の中を見てはいけません。

　　試験開始まで，この【　注意　】をよく読んでください。

2．試験時間は５０分です。

3．解答用紙の受験番号，名前は最初に記入してください。

4．この問題冊子は１０ページで，問題は1～10です。

5．試験開始の合図後，問題冊子や解答用紙に印刷が悪くて見にくいところや汚れなどのある場合は，だまって手をあげて監督の先生に知らせてください。

6．答えはすべて解答用紙に書いてください。

7．計算用紙はありません。各問題の余白で計算してください。

8．円周率は３．１４とします。

9．定規は直線を，コンパスは円をかくために使います。

10．試験終了後は解答用紙のみを提出し，問題冊子は持ち帰ってください。

1

　次の計算をしなさい。（5）は□にあてはまる数を入れなさい。

（1）$14-2\div6-1$

（2）$3\dfrac{1}{2}\div5\dfrac{3}{5}\times1\dfrac{3}{7}$

（3）$5.4\div0.6\times(3+6)$

（4）$3.5\div\dfrac{5}{6}-\dfrac{2}{3}\times2.8+\dfrac{2}{5}\div0.6$

（5）$\boxed{}$ km $\times$ 500 m $=15$ ha

-1-

2

白石と黒石を図のように規則的に並べていきます。

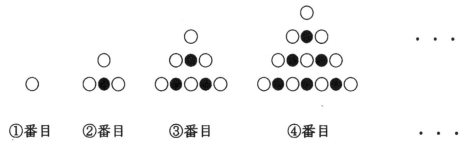

①番目　　②番目　　③番目　　　④番目　　　　・・・

（6）⑦番目の黒石の個数を答えなさい。
（7）白石と黒石の個数の差が 46 個になったときの黒石の個数を答えなさい。

3

（8）次の □ に入る文字の組み合わせが正しいのは（ア）〜（エ）のどれ
ですか。記号で答えなさい。

(奇数)＋(偶数)＝$^{(a)}$□数   (偶数)＋(偶数)＝$^{(b)}$□数

（ア）　(a) 偶　　　　　(b) 偶
（イ）　(a) 偶　　　　　(b) 奇
（ウ）　(a) 奇　　　　　(b) 偶
（エ）　(a) 奇　　　　　(b) 奇

　　偶数 A，B，C と奇数 D があります。A，B，C，D のうち，２つずつを足す
と 49，64，77，80，93，108 になります。
（9）A＋B＋C はいくつですか。
（10）D はいくつですか。

-3-

　ある中学校では，毎年いろいろな山を訪れています。今年泊まる山小屋は，もともとすべて10畳の部屋(450cm×360cm)ですが，各部屋とも柱が2本あり，1本の柱は0.5畳分(90cm×90cm)です。したがってふとんをしくことができる広さは9畳分あります。柱の位置によって，定員の異なるAとBの2つのタイプがあります。（柱の位置は下の図のあみ目の部分です。）

　ふとん1枚の大きさは，ちょうど1畳分(180cm×90cm)で，これを折ったり重ねたりしないで，できるだけたくさんのふとんを部屋にしきつめます。このようにしきつめたふとんの最大数が各部屋の定員です。

　今年はこの山小屋へ60人で行く予定で，宿泊予約を入れようとしています。

（11）AとBの定員は何人ですか。

（12）すべての部屋に定員通り宿泊するとしたら，AとBそれぞれ何部屋ずつ予約をすればよいでしょうか。

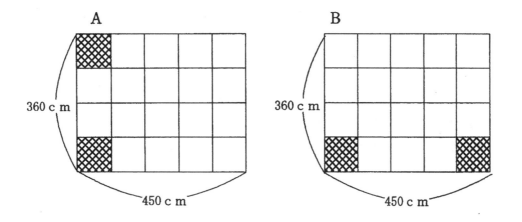

5

　宮城さんは夏休みに家族旅行で仙台に行きました。名古屋から仙台までは約700km，10時間以上の長いドライブになるので，車内でのひまつぶしに，追いこしたり追いこされたりする自動車のナンバーを記録してみることにしました。がんばった結果，仙台に着くまでに1000台の記録を達成しました。後でゆっくり見返してみると，なんだか5のつくナンバーが多いような気がします。お父さんは「ナンバーは好きなものを選ぶこともできるから，数字の5が好きな人が多いのかもしれないね。」と言っています。

　自動車のナンバーは1から9999まで9999種類あります。そして，5のつくナンバーは，5，15，25…全部は数えられないので計算してみましょう。5がちょうど4つ使われているものは5555だけで1種類です。5がちょうど3つ使われているものは ^ア□ 種類，ちょうど2つ使われているものは

□ 種類，そして，1つだけ使われているものは □ 種類なので，5のつくナンバーは，全部で ^ウ□ 種類になります。だから，5のつくナンバーの割

合は $\dfrac{\boxed{}}{9999}$ になるはずなので，1000台中516台も5のつくナンバーがあった

というのは，やっぱり数字の5が好きな人が多いということでしょうね。

（13）空らんアにあてはまる数を入れなさい。

（14）空らんイにあてはまる数を入れなさい。

-5-

6

（15）図のように４つの正方形を重ねることなく，すき間がないように，下の辺が一直線になるように並べます。外側の太い線の長さは64cmです。また，いちばん大きい正方形といちばん小さい正方形の一辺の長さの比は3:1です。この４つの正方形の面積の和を求めなさい。

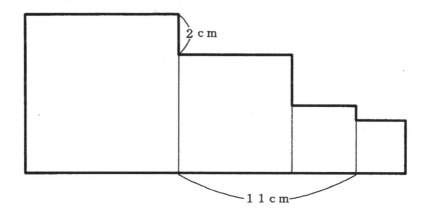

右の図のように，2つの三角形の
1つの角がぴったり重なるとき，
辺の長さを組み合わせて分数を
作ると，次のような式ができると
いう，有名な性質があります。

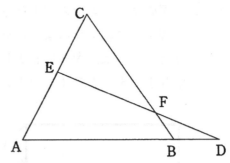

$$\frac{AD}{DB}\times\frac{BF}{FC}\times\frac{CE}{EA}=1$$

（注）AD, DB などはそれぞれ，辺 AD, 辺 DB などの長さを表します。

下の三角形について答えなさい。

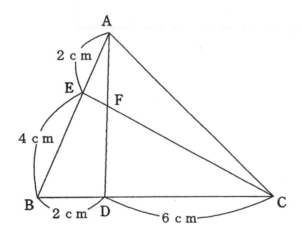

（16）$\dfrac{DF}{FA}$ を求めなさい。

（17）三角形ACFの面積は，三角形ABCの面積の何倍ですか。

-7-

2018(H30) 南山中（女子部）

K 教英出版

3人の女子が並んでいます。次の5つの条件をすべて満たすように，下の表を完成させなさい。

（条件）
- さゆりは，B型である。
- まいは，茶道部に所属している
- O型の人は，音楽部に所属している人のとなりにいる。
- 音楽部に所属している人は，ななせより右にいる。
- A型の人は，美術部に所属している人のとなりにいる。

	左	真ん中	右
名前			
部活動			
血液型			

（18）表を見て，下記の文のうち適当なものをすべて記号で答えなさい。

① 左にいる人は，ななせである。
② まいは，さゆりのとなりにいる。
③ 音楽部に所属している人は，真ん中にいる。
④ 茶道部に所属している人は，O型である。
⑤ まいは，A型である。
⑥ ななせは，美術部に所属している
⑦ さゆりは，音楽部に所属している。

　ある鉄道会社では，環状線，中央線，東西線，南北線の４つの路線があり
ます。下図は主要な駅を示した路線図です。環状線，中央線，東西線，南北
線は，それぞれアルファベットのＫ，Ｃ，Ｔ，Ｎを割り当て，さらに番号との組み
合わせで駅がわかるようになっています。この番号は，どの路線も１から順番
につけられています。例えば，Ｋ１は環状線の１番の駅を表し，Ｔ４は東西線
の４番の駅を表しています。また，この路線図でアルファベットと番号との組
み合わせが２組書かれている駅は，乗りかえが可能な駅です。乗りかえが可能
な駅は，すべて下の路線図に書かれています。例えば，Ｔ４とＮ６が書かれてい
る駅は，乗りかえが可能な駅です。よしひろ君が東山駅から南山駅まで，１回
だけの乗りかえで行くと，とちゅう７駅を通りました。

（１９）環状線は全部で何駅あるか答えなさい。

（２０）ひろゆき君は，できるだけ多くの駅を通り東山駅から南山駅まで行き
　　　　たいと考えました。１度通った駅は２度と通らずに，電車の乗り換えは
　　　　最大で３回までとするとき，東山駅から電車に乗って何駅目が南山駅に
　　　　なるのか答えなさい。

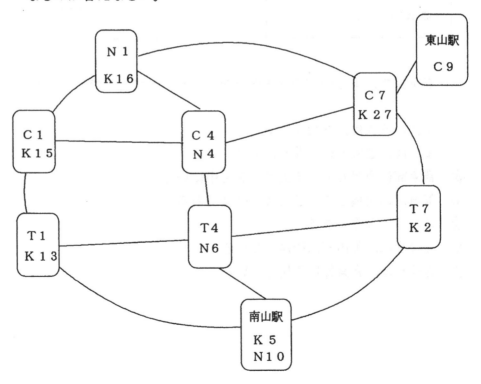

10 作図をするときは，下の注意を守ってください。

（２１）解答らんの左側にある角と同じ大きさの角を，解答らんの右側にある
　　　直線を使って書きなさい。
　　　また，どのように作図したのかも説明しなさい。

　注意
・1番目にかいた円の中心（コンパスの針をさしたところ）に×印とその横に①を
　書く。その中心を使ってかいた円または円の一部にも①と書く。
・2番目にかいた円の中心に×印とその横に②を書く。その中心を使ってかいた円
　または円の一部に②と書く。
・以下，円または円の一部をかくたびに同じように書く。
・作図するのに使った線は消さずに残しておくこと。
・定規は直線を引くために用い，目盛りを使用しないこと。

K 教英出版

2018 年度

南山中学校女子部　入学試験問題

理　科

1　5種類の水溶液ア〜オを用意しました。水溶液ア〜オは，塩酸，炭酸水，アンモニア水，食塩水，石灰水のどれかであることはわかっています。水溶液ア〜オのちがいを調べるために，実験をしました。あとの問いに答えなさい。

実験1　手で手前にあおぐようにして，においをかぎました。その結果，水溶液アと水溶液ウで，つんとしたにおいがしました。

実験2　水溶液を蒸発皿に少量ずつとり，熱して，蒸発させました。その結果，水溶液エと水溶液オで白い物が残りました。

実験3　ガラス棒で，水溶液を赤色のリトマス紙のはしにつけました。その結果，水溶液アと水溶液エで色が変化しました。

実験4　水溶液を観察した結果，水溶液［A］からあわが出ていました。

実験5　ガラス棒で，水溶液を青色のリトマス紙のはしにつけました。その結果，水溶液［B］で色が変化しました。

実験6　2種類の水溶液を選び，混ぜました。その結果，ある2つの水溶液［C］を混ぜたとき，白くにごりました。

実験7　試験管に鉄くぎを入れて，水溶液を注ぎました。その結果，水溶液［D］を注いだ鉄くぎはあわを出して，とけました。

---

［1］　水溶液ア〜オはそれぞれ何か答えなさい。

［2］　実験4であわが出ていた水溶液［A］に当てはまるものをア〜オからすべて選んで記号で答えなさい。

［3］　実験5で青色のリトマス紙の色を変化させた水溶液［B］に当てはまるものをア〜オからすべて選んで記号で答えなさい。

［4］　実験6で白くにごった水溶液［C］の組み合わせをア〜オから選んで記号で答えなさい。

［5］　実験7で鉄くぎをとかした水溶液［D］に当てはまるものをア〜オからすべて選んで記号で答えなさい。

このページには問題がありません。

2　液体を熱したときのようすを調べるために次のような実験をしました。あとの問いに答えなさい。

実験1　水を熱したときの，水のようすと温度の変わり方を調べるために，水の量やガスこんろの火の大きさを変えて実験をしました。下の表はビーカーに水５０ｃｍ³を入れ，ガスこんろで熱し，熱しはじめてからの時間と水の温度を記録した結果です。

時間〔分〕	0	2	4	6	8	10
水の温度〔℃〕	2 2	3 2	5 1	7 9	9 9	9 9

実験2　ビーカーにミョウバンの水溶液を入れ，ガスこんろで熱しました。出てきたあわをポリエチレンのふくろに集めました。出てきたあわを集めると，ふくろに液体がたまりました。また，ビーカーの中に残った液体は量が減っていました。

実験3　実験2でポリエチレンのふくろにたまった液体を蒸発皿に少量とり，熱して，蒸発させました。その結果，何も残りませんでした。

---

［6］　実験1の表を利用して，時間と水の温度との関係をグラフにかきなさい。線で結ばず
　　　● でかきなさい。

［7］　実験1でガスこんろの火の大きさは変えずに，水を２５ｃｍ³に変えて実験をしました。この実験での時間と水の温度との関係を表す最も適切なグラフを次のア～エから選んで記号で答えなさい。

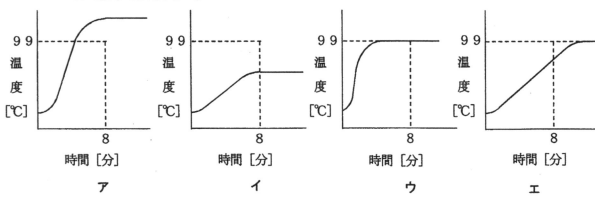

［8］　実験１で水の量は変えずに，ガスこんろの火の大きさを小さくして実験をしました。
この実験での時間と水の温度との関係を表す最も適切なグラフを［7］の**ア～エ**から選
んで記号で答えなさい。

［9］　実験２ででてきたあわは何ですか。次の**ア～オ**から選んで記号で答えなさい。
　　　ア　空気
　　　イ　二酸化炭素
　　　ウ　水蒸気
　　　エ　ミョウバンの気体
　　　オ　水蒸気とミョウバンの気体が混ざったもの

［10］　実験２でビーカーの中に残った**液体**は何ですか。次の**ア～オ**から選んで記号で答えな
さい。
　　　ア　熱する前よりもこいミョウバンの水溶液
　　　イ　熱する前と同じこさのミョウバンの水溶液
　　　ウ　熱する前よりもうすいミョウバンの水溶液
　　　エ　ミョウバンの液体
　　　オ　水

3　植物の発芽に必要な条件を調べるために，次の１～４の条件でインゲンマメの種子が発芽するかどうかを実験してみました。

条件１　プラスチックの入れ物にかわいただっし綿をしき，インゲンマメをまきました。プラスチックの入れ物に箱をかぶせて，部屋の日光が当たらないところに置きました。

条件２　プラスチックの入れ物に水でしめらせただっし綿をしき，インゲンマメをまきました。プラスチックの入れ物に箱をかぶせて，部屋の日光が当たらないところに置きました。

条件３　プラスチックの入れ物にかわいただっし綿をしき，インゲンマメをまきました。プラスチックの入れ物に箱をかぶせて，冷蔵庫に入れました。

条件４　プラスチックの入れ物に水でしめらせただっし綿をしき，インゲンマメをまきました。プラスチックの入れ物に箱をかぶせて，冷蔵庫に入れました。

---

[11]　１～４の条件で発芽したものをすべて選んで**数字**で答えなさい。

[12]　条件１と条件２の結果を比べてわかることは何ですか。次の**ア～オ**から選んで記号で答えなさい。

　ア　発芽するには水が必要である

　イ　発芽するには水は必要ない

　ウ　発芽するには温度が関係する

　エ　発芽するには温度が関係しない

　オ　この２つの条件では何もわからない

[13]　条件３と条件４の結果を比べてわかることは何ですか。次の**ア～オ**から選んで記号で答えなさい。

　ア　発芽するには水が必要である

　イ　発芽するには水は必要ない

　ウ　発芽するには温度が関係する

　エ　発芽するには温度が関係しない

　オ　この２つの条件では何もわからない

[14]　日光が発芽に影響するかを調べるために，条件を変えて実験をしました。どのような条件で実験すればわかりますか。次の文中の［A］には最も適切なものを下の**ア〜イ**から選んで記号で答えなさい。また，［B］には最も適切なものを条件１〜４から選んで**数字**で答えなさい。

　　プラスチックの入れ物に［A］をしき，インゲンマメをまきました。プラスチックの入れ物を，部屋の日光がよく当たるところに置きました。この結果と条件［B］の結果を比べると，日光が発芽に必要な条件かどうかがわかります。

　ア　かわいただっし綿

　イ　水でしめらせただっし綿

[15]　条件１〜４と［14］の結果からわかるインゲンマメの発芽に必要な条件は何ですか。次の**ア〜オ**からすべて選んで記号で答えなさい。

　ア　水

　イ　適当な温度

　ウ　空気

　エ　肥料

　オ　日光

4　よう子さんは９月１８日の敬老の日に横浜市のおばあさんのところに行く予定です。台風１５号が発生したというニュースを聞いて，天気に関する情報を集めました。

[16]　台風はどこでできましたか。最もよくできる場所を地図中のア～オから選んで記号で答えなさい。

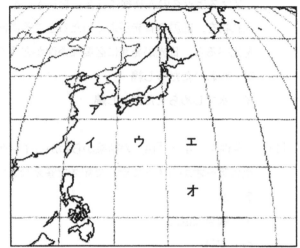

[17]　よう子さんは情報を集めているうちに気象衛星ひまわりに興味を持ち，調べてみました。ひまわりは静止衛星とよばれていますが，つねに日本の気象情報を得るためにどのように動いていますか。次のア～エから選んで記号で答えなさい。

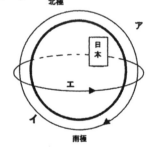

ア　宇宙空間で静止している
イ　北極から南極，南極から北極へまわっている
ウ　北極の上に静止している
エ　赤道の上を地球と同じ速さで同じ向きにまわっている

[18]　気象衛星ひまわりは，観測や通信に電気を使っています。ひまわりに取り付けられている，電気を得るための装置の名前を答えなさい。

[19]　台風の風の強さは，進む向きの片側のほうが強いといわれます。理由を考え，文の（　　）の中の正しい言葉を選び解答欄に言葉で答えなさい。
　　北半球では，台風は時計と①（同じ　反対）向きに回転しながら進みます。そのため台風の進む向きと風が②（吹きこむ　吹き出す）向きが③（同じ　反対）になる台風の進路の④（右側　左側）のほうが強い風が吹きます。

[20]　台風１５号は９月１６日に紀伊半島の潮岬（しおのみさき）に上陸し，下の図のような台風情報がテレビで発表されました。潮岬と横浜市の距離は約４２０ｋｍです。台風が横浜市に最も近づくのは何日の何時ごろですか。次の**ア〜オ**から選んで記号で答えなさい

　　ア　１６日２３時３０分　　　　　　**イ**　１７日０時３０分
　　ウ　１７日２時３０分　　　　　　　**エ**　１７日５時３０分
　　オ　１７日７時３０分

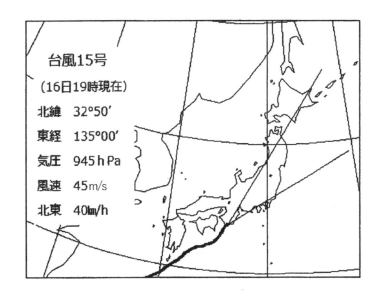

台風１５号
（１６日１９時現在）
北緯　３２°５０′
東経　１３５°００′
気圧　９４５ｈＰａ
風速　４５ｍ/ｓ
北東　４０㎞/ｈ

[21]　台風には，日本に近づくにつれてどんどん強くなるものがあります。台風はどんなときに強くなりますか。最も適切なものを**ア〜エ**から選んで記号で答えなさい。

　　ア　日本付近の海水の温度が高いとき
　　イ　日本の陸地の気温が高いとき
　　ウ　長い距離を進んで近づいたとき
　　エ　日本付近の黒潮が蛇行（だこう：曲がりくねること）しているとき

[22]　次の**ア〜カ**の【情報】がわかるのは，１〜３のどの【システム】ですか。それぞれの【情報】がわかる【システム】を選び**数字**で答えなさい。

　　【情報】
　　ア　こう水量　　　　**イ**　気温　　　　　　　**ウ**　風向・風速
　　エ　雲画像　　　　　**オ**　雨や雪の強さ　　　**カ**　台風の位置
　　【システム】
　　１　気象衛星　　　　　２　アメダス　　　　３　気象レーダー

5 図のような道具を輪軸といい，てこのようにものを
持ち上げたり動かしたりする道具です。半径が５ｃｍ，
１０ｃｍ，２０ｃｍの輪の軸を固定し，１つの輪に力を
加えるとほかの輪もいっしょに回るようにしてありま
す。糸は輪に固定してあり，左側の糸，A，B，Cにお
もりをつるし，右側の糸，D，E，Fを引きます。糸は
軽く，じゅうぶん長くしてあります。

　この輪軸で１８０ｇのおもりを１０ｃｍゆっくりと
持ち上げたいと思います。

[23]　おもりをBにかけDを引くと，引く力は何ｇですか。

[24]　[23]のとき，Dを引く長さは何ｃｍですか。

[25]　一番小さい力で引くためには，おもりをつるす糸，引く糸をそれぞれA〜Fのどれに
すればよいですか。

[26]　[25]のときの，引く力，引く長さを答えなさい。

[27]　１８０ｇのおもりをはずし，Aに１００ｇ，Cに２５０ｇのおもりをつるしました。
Eを何ｇの力で引けばつりあいますか。

[28]　輪軸の性質を利用したものを次のア〜カからすべて選んで記号で答えなさい。

ア　ドアのノブ　　　　　　イ　糸切ばさみ　　　　　ウ　せんぬき

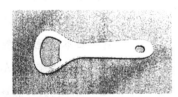

エ　ピンセット　　　　　　オ　じゃ口の取っ手　　　カ　ドライバー

このページには問題がありません。

6 　電磁石の実験をするために図1のような回路を作り，電流の大きさをくわしくはかるために電流計を入れようと思います。電流計には，＋端子が1個と−端子が3個あり，−端子は，5A（アンペア），500mA，50mAに分かれています。1mAは1000分の1Aです。

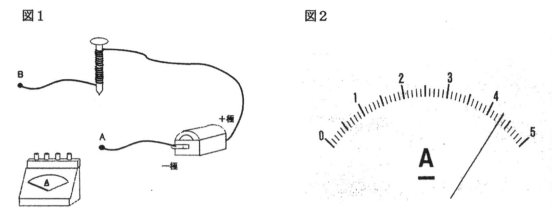

図1　　　　　　　　　　　　　　　　　　　　図2

[29] 　はじめに回路の導線のA●，B●を電流計のどの端子につなげばよいですか。それぞれ次のア〜エから選んで記号で答えなさい。

　　ア 　＋端子　　　　　イ 　5A　　　　　ウ 　500mA　　　　エ 　50mA

[30] 　50mAの端子につないで電流が流れたとき，電流計のはりが図2のような位置になりました。このとき流れた電流の大きさはいくらですか。単位をつけて答えなさい。

[31] 　同じ巻き数，同じかん電池，同じ電流計を使ってエナメル線の長さを変えた電磁石を作ってみました。理由を考え電磁石の強さがどう変わるか，次のア〜オから選んで記号で答えなさい。

　　ア 　エナメル線が長くなっても流れる電流は変わらないので電磁石の強さは変わらない。

　　イ 　エナメル線が長くなると流れる電流が小さくなるので電磁石の強さは弱くなる。

　　ウ 　エナメル線が長くなると流れる電流が小さくなるので電磁石の強さは強くなる。

　　エ 　エナメル線が長くなると流れる電流が大きくなるので電磁石の強さは強くなる。

　　オ 　エナメル線が長くなると流れる電流が大きくなるので電磁石の強さは弱くなる。

[32]　電磁石を利用して作られたものに，モーターがあります。

　　　エナメル線を数回巻いた円形コイル，U型磁石，クリップ，かん電池を図4のように組み立ててモーターを作ってみましたが電流を流しても回転しませんでした。どこをどうすれば回転するのか，図の中の2か所に矢印をつけ，それぞれ言葉で書き入れなさい。

[33]　　[32]の改良をくわえ電流を流したら，モーターがまわるようになりました。次に，図5のようにU型磁石を電磁石にとりかえた回路を作ろうと思います。

　　導線を2本だけ使って，図の●をつないだ回路を完成させなさい。

図4

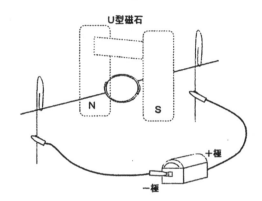

図5

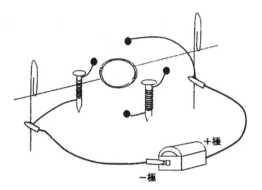

[34]　電磁石は，電流が磁石のはたらきを生み出すものです。その反対の考えから，磁石から電気を作ることができないかと作り出されたのが発電機です。発電機のしくみを発見し，「ろうそくの科学」という本も書いたイギリスの科学者の名前を答えなさい。

7　次の文章を読み，あとの問いに答えなさい。

　２０１７年７月に愛知県春日井市内の倉庫で，特定外来生物に指定されている [A] が発見されました。[A] は毒針を持ち，刺されるとやけどのような痛みを感じます。しかし，人によっては刺されてから数分から数十分の間に息苦しさを感じたり，心臓の拍動数が多くなったり，めまいなどを起こすことがあります。さらに悪化すると意識を失うこともあり，生命の危険もあります。

　これは [A] の毒に対して，体がもっている抵抗力が必要以上に反応してしまうからです。このような反応をアレルギー反応といいます。身近なアレルギー反応の例ではスギ花粉症です。花粉症の人の場合，目や気管に花粉がつくと，鼻水，くしゃみ，目のかゆみなどの症状が出ます。

　本来，体の抵抗力は体にウイルスや細菌などの [B] が入ってきたときに，病気にかからない力のことです。運動不足やすいみん不足，栄養不足によって抵抗力は低下し，病気になりやすくなります。[B] に感染しておこる病気が感染症です。

[35]　[A] にあてはまる生物の名前を**カタカナ**で答えなさい。

[36]　外来生物について説明する次の文中の（　）にあてはまる用語を答えなさい。

　　　外来生物とは，人によって国外から持ちこまれた生き物のことです。これらの生き物が増えると，日本にもともといた生き物が食べられたり，すむ場所がなくなったりして，これまで保たれていた生き物どうしの，「食べる」「食べられる」という（　）の関係がくずれることがあります。その結果，日本にもともといた生き物が減ることが，心配されています。

[37]　花の中で花粉が作られるところはどこですか。名前をひらがなで答えなさい。

[38]　[B] にあてはまる用語を**漢字３文字**で答えなさい。

[39]　次の**ア～キ**の感染症のうち，[B] が主に食べ物を通して体の中に入ることで感染するものをすべて選んで記号で答えなさい。

　　ア　インフルエンザ　　　　　　イ　風しん
　　ウ　ノロウイルス感染症　　　　エ　結核
　　オ　大腸菌Ｏ１５７感染症　　　カ　はしか
　　キ　エイズ

このページには問題がありません。

K 教英出版

2018 年度

南山中学校女子部　入学試験問題

社　会

このページには問題がありません。

このページには問題がありません。

1 昨年，①核兵器禁止条約の成立に力をそそいだという理由で，「核兵器廃絶国際キャンペーン（ICAN）」が，②ノーベル平和賞を受賞しました。この団体は③スイスの都市に本部をおく国際④NGOで，2007年に発足しました。

しかしいまだ世界中には1万5000発もの核兵器が存在します。これは全人類を何度も絶滅させることができる，とてつもない量です。⑤アメリカやロシアは核兵器を手ばなそうとしませんし，⑥北朝鮮は核開発をやめようとしません。

日本国憲法は，三大原則のひとつに平和主義をかかげています。カトリック校である南山中学校は，日々平和のための祈りをささげています。唯一の被爆国である日本が果たすべき役割とは何でしょうか。いっしょに考えてみませんか。

問1　下線部①は，国際連合で昨年7月7日，世界の約6割の□□□の国と地域が賛成して採択されました。□□□にあてはまる数を次から1つ選びなさい。
　　ア．68　　　イ．89　　　ウ．96　　　エ．122　　　オ．156

問2　下線部②について，過去にノーベル平和賞を受賞した個人または団体を1つ答えなさい。

問3　下線部③にあたる都市を次から1つ選びなさい。
　　ア．バルセロナ　　　イ．パリ　　　ウ．ウィーン　　　エ．ストックホルム
　　オ．ジュネーブ

問4　下線部④は，日本語では■■■組織といいます。■■■にあてはまる語句を漢字3字で答えなさい。

問5　下線部⑤について，上の文中にある国以外で，核兵器を保有している国を1つ答えなさい。国名は正式名称でなくてかまいません。

問6　下線部⑥について述べた次の文中の（A）と（B）にあてはまる数の組み合わせとして正しいものをあとから1つ選びなさい。
　　北緯（A）度線以北の朝鮮半島北部にある国です。（B）年代には，韓国との間で朝鮮戦争がおこりました。約4年間におよぶ激しい戦闘の結果，現在も休戦状態となっています。
　　ア．A－38　B－1950　　　イ．A－48　B－1950　　　ウ．A－38　B－1960
　　エ．A－48　B－1960　　　オ．A－38　B－1970　　　カ．A－48　B－1970

問7　日本政府は核兵器禁止条約に賛同していません。なぜこの条約に加わらないのです
　　か。わかりやすく説明しなさい。

2 「南山中学校女子部の生徒の多くは，愛知県内から通学していますが，岐阜や三重から通う生徒も少なくありません。東京から引っ越してきた生徒もいます。」

　このように私たちはふだんから都道府県単位でものごとをみています。都道府県という行政区分が，日本の社会に定着しているから当然かもしれませんが，これには始まりがあり，現在までの移り変わりがあったはずです。

問1　都道府県という行政区分は，1871（明治4）年の■■■■をきっかけに始まりました。これは，明治政府が中央集権的な国づくりをめざしておこなったものです。■■■■にあてはまる語句を漢字4字で答えなさい。

問2　次の表は，1880年1月の時点の行政区分と人口を示しています。当時は3府36県1開拓使で，現在の都道府県とは行政区分が少し異なるため，単純な比較はできませんが，大まかな人口分布の傾向をつかむことはできます。あとの図の2015年の人口分布とくらべて，当時どのような地域で人口が多かったといえますか。その理由もあわせて説明しなさい。

	人口（千人）		人口（千人）		人口（千人）
開拓使	163	新潟	1,546	島根	1,037
青森	475	石川	1,834	岡山	1,001
岩手	592	山梨	395	広島	1,213
宮城	619	長野	1,000	山口	878
秋田	619	岐阜	840	愛媛	1,439
山形	683	静岡	970	高知	1,179
福島	809	愛知	1,304	福岡	1,097
茨城	894	三重	842	長崎	1,190
栃木	581	滋賀	738	熊本	987
群馬	582	京都	822	大分	732
埼玉	934	大阪	583	鹿児島	1,270
千葉	1,103	堺	957	沖縄	311
東京	957	兵庫	1,392		
神奈川	757	和歌山	598	全国	35,925

『データでみる県勢　2017年版』より作成

【現在の行政区分と異なる主な点】

　開拓使は今の北海道にあたります。東京はこのときは東京府といい，今の23区と伊豆七島，小笠原諸島にあたり，のちに神奈川県より三多摩地方を編入して東京都になります。大阪府は堺県とわかれていて，その堺県は今の奈良県をふくんでいました。そのほか，石川県が今の富山県と福井県北部を，島根県が今の鳥取県を，高知県が今の徳島県を，愛媛県が今の香川県を，長崎県が今の佐賀県を，鹿児島県が今の宮崎県をふくんでいました。

2015 年の人口分布

国勢調査をもとに作成

0 ── 400km

問3 都道府県の本格的な地方自治制度は，西暦■■■■年■月■日に施行された日本国憲法とともに地方自治法が施行されて成立しました。■にあてはまる年月日を答えなさい。

問4 現在の日本には 47 の都道府県があります。しかし，1972 年まで，その数は 46 でした。都道府県の数が 46 から 47 に増えた 1972 年のできごとを答えなさい。

問5 都道府県の行政は選挙によって選ばれた知事が首長としてその任務にあたります。都道府県知事選挙について述べた次の文のうち，正しいものを 1 つ選びなさい。
ア．知事は国会議員と兼職することができる。
イ．知事に立候補できるのは 30 歳以上の国民である。
ウ．知事は都道府県議会議員による間接選挙で選ばれる。
エ．知事の任期は 4 年で，再選は認められない。
オ．知事は特定の政党に所属することができない。

問6 「愛知県迷惑行為防止■■」のように，都道府県や市町村が，その自治権にもとづいて議会の議決によって制定することができる決まりを■■といいます。■■にあてはまる語句を漢字 2 字で答えなさい。

問7　現在の日本全体の人口は減少傾向ですが，いくつかの都道府県は人口が増えています。次のグラフは，2015～16年の人口増加率の高い都道府県を10番目まで示したものです。グラフ中のaとbにあてはまる都道府県名をそれぞれ答えなさい。

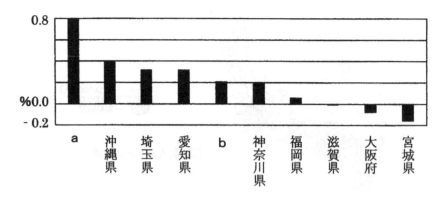

『日本国勢図会 2017/18』より作成

問8　都道府県はそれぞれの産業に特色がみられます。次の表あ・いは，都道府県別の工業出荷額と小売業出荷額のいずれかで，全国に占める割合の上位5位まで示したものです。

（1）小売業出荷額の表を**あ・い**のうちから1つ選びなさい。

（2）表中Xにあてはまる都道府県名を答えなさい。

統計年次：2014年	
あ	（％）
X	14.3
神奈川県	5.8
大阪府	5.5
静岡県	5.3
兵庫県	4.9

統計年次：2013年	
い	（％）
東京都	13.0
大阪府	6.9
神奈川県	6.2
X	6.0
埼玉県	5.0

『日本国勢図会 2017/18』より作成

問9　次の文は，ある都道府県の自然と産業の特色を述べたもので，（　①　）には都道府
　　県名が，（　②　）には火山の名称があてはまりますが，答えは一通りとはかぎりませ
　　ん。（　①　）と（　②　）にあてはまる語句を，解答欄に合わせて二通り答えなさい。

> 　水はけのよい台地がひろがり，降水にも恵まれる（　①　）は，茶の栽培がさかん
> な県として知られています。また，この県のシンボル的な火山として有名な（　②　）
> は，雄大な景観をつくりだす観光資源となっています。

3 次の地図と文について，あとの問いに答えなさい。

国土地理院発行 20 万分の 1 地勢図「名古屋」（原寸，一部改変）より

教英出版　編集部　注
編集の都合上、地勢図は約92％に縮小しています。

（２１）

作図	説明
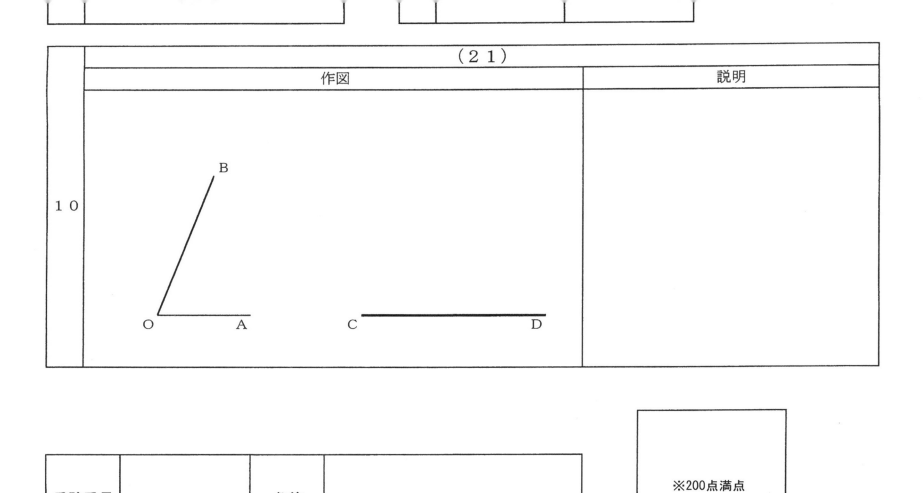	

10

受験番号 | | 名前 |

※200点満点
（配点非公表）

2018(H30) 南山中（女子部）
K 教英出版

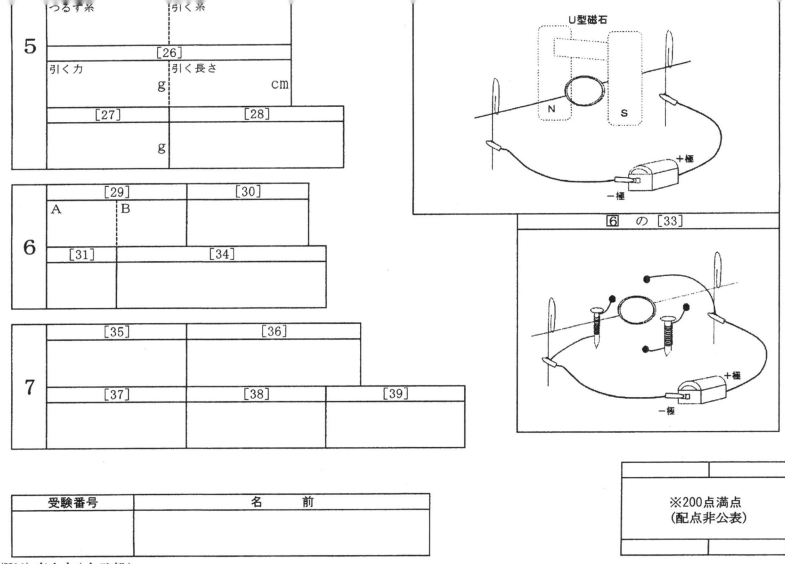

	つるす糸	引く糸
5	[26]	
	引く力　　　　g	引く長さ　　　cm
	[27]	[28]
		g

	[29]		[30]
	A	B	
6	[31]		[34]

	[35]	[36]	
7			
	[37]	[38]	[39]

U型磁石

N　　S

＋極

－極

⑥　の　[33]

＋極

－極

受験番号	名　　前

※200点満点 (配点非公表)	

① ② ① ②

3

問1	問2	問3	問4	問5	
			a	b	

問6

問7	問8		問9			問10
	2番目	4番目	a	b	c	

問11

問12	問13	問14	問15	問16	問17		問18	問19	問20
					2番目	4番目			

問21	問22

※200点満点
(配点非公表)

受験番号		名前	

2018(H30) 南山中 (女子部)
K 教英出版

2018年度　社会　解答用紙

1

問1	問2	問3	問4	問5	問6

問7

2

問1

問2

問3	問4	問5	問6
年　　月　　日			

問7		問8	
a	b	（1）	（2）

【解答

２０１８年度　理科　解答用紙

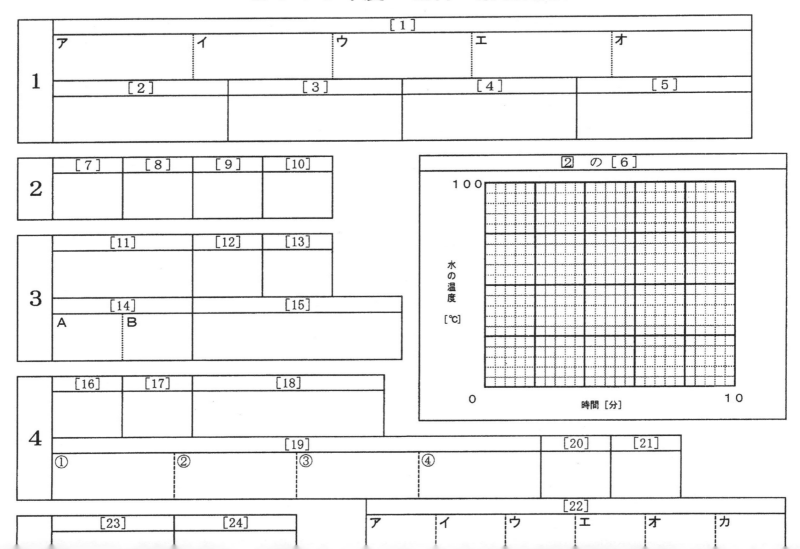

1

[1]				
ア	イ	ウ	エ	オ

[2]	[3]	[4]	[5]

2

[7]	[8]	[9]	[10]

3

[11]	[12]	[13]

[14]	[15]
A　　　B	

② の [6]

水の温度 [℃]

100

0　　　時間 [分]　　　10

4

[16]	[17]	[18]

[19]				[20]	[21]
①	②	③	④		

[23]	[24]

[22]					
ア	イ	ウ	エ	オ	カ

2018年度　算数　解答用紙

1	(1)	(2)	(3)	(4)	(5)

2	(6)	(7)
	個	個

3	(8)	(9)	(10)

4	(11)		(12)	
	A	B	A	B
	人	人	部屋	部屋

5	(13)	(14)

6	(15)
	cm^2

7	(16)	(17)
		倍

(18)　　　(19)　(20)

ゆたかな濃尾平野。①太古から人びとが住んでいました。みなさんの近所には②古墳がありますか。小さな古墳でも，数人ではつくれません。古墳があるということは，数百，数千，数万の人びとがその地域に住み，それらの人びとをまとめあげる権力をもつ者がいたということです。

　③平安時代の記録に，この地域の特産物として④絹や⑤焼き物があげられています。すぐれた織物の技術は，⑥近世には⑦木綿へ，⑧明治以降は⑨毛織物へと受けつがれていきます。染物では⑩有松絞りが有名です。⑪常滑や瀬戸は今でも全国的な焼き物の産地です。

　愛知・岐阜・三重の三県にまたがる濃尾平野は，⑫木曽川，長良川，揖斐川という大きな3つの川によってつくられました。それだけに，大雨や台風に苦しめられてきました。大小百もあった⑬輪中は，その長いながいたたかいの跡です。宝暦治水では，たくさんの薩摩藩士が亡くなりました。「民に尽くすも武士の本分」といって藩士をなだめた平田靱負は，最後に責任を取って切腹したので，武士の鏡とされました。しかしこれは後につくられた英雄美談で，真実ではないとする説が有力です。

　また3つの川とも橋をかけることがむずかしいため，東海道の熱田（宮）宿と桑名宿の間は船で結ばれていました。たくさんの歴史上の人が，ここを船で渡ったのです。

　三河では三河湾から内陸へ向けて「⑭塩の道」の行き来も活発でした。「赤穂の塩」の赤穂は，「庶民の英雄」赤穂浪士で有名ですが，逆に忠臣蔵で討ち入られた吉良上野介は吉良（現西尾市吉良町）のとのさまで，⑮地元では名君として知られています。ここの塩田でつくられた塩も饗庭塩というブランドの塩でした。

　濃尾平野は，米だけでなくさまざまな作物にも適した⑯温暖な気候と都からの距離にも恵まれ，⑰三英傑をうみだしました。しかし，歴史上の英雄は三英傑ばかりではありません。たとえば江戸時代の終わり，幕府の政治を批判したために処罰された⑱渡辺崋山は，田原藩の家老で，農民のための政治をしただけでなく，画家としてもすぐれた仕事をしています。明治の自由民権運動では，知立の⑲内藤魯一が活躍しています。「大正デモクラシー」の時代には，一宮出身の市川房枝が女性運動をすすめました。新聞記者の⑳桐生悠々は，戦争へと向かう政府や軍部を批判した人ですが，名古屋に関係の深い人です。このように，その時どきの政治や社会に批判をくわえ，より良い社会をつくるために，大きな㉑■■に抵抗した人も，歴史上の英雄ではないでしょうか。その意味では，現在の民主主義の世の中は，歴史に真剣に向き合うすべての人が英雄になれる時代といえます。あなたも歴史の主人公なのです。

- 8 -

問1　下線部①について，**適当でないもの**を次から1つ選びなさい。
ア．石や動物の骨でつくった矢じりやつり針が見つかっていることから，縄文時代には弓矢で狩りをしたり，魚をつったりしていたことがわかる。
イ．土器を使って煮炊きすることで肉やかたい木の実も食べられるようになった。
ウ．縄文時代の食料の保存には，煮る，干す，水にさらす，すりつぶして粉にする，穴に入れるなどの方法があった。
エ．弥生時代になると，竪穴を掘って石で土台をつくり，焼き物の瓦で屋根をおおう建物がつくられた。

問2　下線部②について，**適当でないもの**を次から1つ選びなさい。
ア．濃尾平野の古墳はすべて，天皇とその一族のお墓である。
イ．古墳の石室からは，ヒスイ製の勾玉，管玉などによる首飾りや指輪，かんむりやかぶと，銅鏡，刀剣，土器や馬の鞍などの道具が発見されている。
ウ．古墳の表面には，つみあげた土がくずれないように，玉石などがしきつめられ，円筒形，朝顔形，家形，船形，馬形などさまざまな形の埴輪がかざられた。
エ．古墳には，円墳，方墳，前方後円墳，ほたて貝の形，四隅がつき出た四角形の古墳などさまざまな形の古墳がある。

問3　下線部③について，**適当でないもの**を次から1つ選びなさい。
ア．藤原道長が，世の中すべてが自分の思い通りになってうれしいと歌をよんだ。
イ．天皇家とつながりのある平氏と，天皇家を先祖に持たない農民出身の源氏がはげしく戦い，源氏が勝利したことで，武士の時代に変わっていった。
ウ．紫式部がひらがなを使って書いた『源氏物語』は，千年の時を超えて，世界中の人に読まれている。
エ．貴族のさまざまな行事のなかには，ひな祭りや七夕など今でも私たちの生活に受けつがれているものがある。

問4　下線部④はある生き物の繭からつくられます。生き物の名前を漢字で答えなさい。

問5　下線部⑤について述べた次の文中の（　a　）にあてはまる語句をひらがな3字で，（　b　）にあてはまる語句を漢字1字でそれぞれ答えなさい。

　　　日本の焼き物は世界で最も長い歴史をもつといわれますが，その歴史は中国や朝鮮半島の影響（えいきょう）を受けて育ってきました。古墳時代には朝鮮半島から（　a　）と窯（かま）が伝わっています。（　a　）の回転を利用した作り方により，精巧（せいこう）なものが作られるようになり，窯で高温で焼く技法により，かたく，水もれしないものが作られるようになりました。また，鎌倉（かまくら）時代には大陸から（　b　）がもちこまれ，近世に（　b　）の湯文化として流行すると，焼き物は，その道具として日本独自の発展をとげ，さまざまな種類のものがたくさん作られるようになっていきました。

問6　下線部⑥の近世とは安土桃山（あづちももやま）時代と江戸時代をいいますが，安土桃山の「桃山」とは何ですか。人名と都道府県名を入れて説明しなさい。

問7　下線部⑦について，**適当でないもの**を次から1つ選びなさい。
　　ア．江戸時代まで日本の絹は質が良くなく，「わた」として使われることが多く，それを真綿（まわた）といい，高級織物には中国の絹糸が使われた。それに対し，植物の綿が「きわた」すなわち木綿（もめん）だ。
　　イ．綿花（めんか）というが，正しくは木綿の花ではなく，タンポポの綿毛（わたげ）のように，花が咲いたあとの種のまわりの繊維（せんい）である。
　　ウ．綿の繊維は複雑にからみあっているので，細かく切って水にさらしてから，とろろ葵（あおい）などをくわえて粘（ねば）りをだし，繊維によりをかけて木綿糸にする。
　　エ．綿花はまず綿繰（わたく）り機で種を取りのぞく。種についた細かい地毛を取り，その種を機械でしぼると綿実油（めんじつゆ）という油になる。

問8　下線部⑧の時代の次のできごとを古い順にならべかえたとき，2番目と4番目にあたるものをそれぞれ選びなさい。
　　A．日露（にちろ）戦争が起こる。　　　B．日清（にっしん）戦争が起こる。　　　C．西南戦争が起こる。
　　D．第1回帝国（ていこく）議会が開かれる。　　　E．徴兵令（ちょうへい）が出される。

問9　下線部⑨について述べた次の文中の（　a　）〜（　c　）にあてはまる最も適当な語句をそれぞれ答えなさい。

　　　毛織物工業の原料はさまざまな動物の毛です。なかでも（　a　）の毛が最もよく使われています。明治期の日本では文明開化によって洋服の需要が高まり，毛織物の国産化が急がれました。しかし，（　b　）の高い日本の気候では（　a　）の飼育は難しく，国内での牧畜は成功しませんでした。そこで，原料である（　a　）の毛を外国から輸入して，それまでに培った絹や綿の織物技術を生かして毛織物製品をつくり，さらに量産化して輸出するという，（　c　）貿易の体制を確立していきました。

問10　下線部⑩のような伝統的な産業について述べた文として，最も適当なものを次から1つ選びなさい。
　　ア．その地域の自然の特徴や古くから伝わる技術を生かして，長く受けつがれてきた産業なので，外国人観光客へ売りこんではならない。
　　イ．伝統的産業では，地元で手に入る原料や燃料を生かしてものづくりをすることが大切で，最新の技術や外国産の原料を取りいれてはならない。
　　ウ．伝統的な技術は，修業や見習いだけで5年もかかったり，10年でも一人前になれなかったりして，若い職人に伝えていくことがたいへんで，大切なことだ。
　　エ．どんなにすぐれた特産品でも宣伝は大事だが，インターネットを使えば伝統工芸品の資格を失う。

問11　下線部⑪について，次のグラフは1990年以降の常滑市における窯業・土石製品の出荷額の移り変わりを示しています。1995年をピークにこれらの出荷額が減少した主な理由を外国の国名を入れて説明しなさい。国名は正式名称でなくてかまいません。

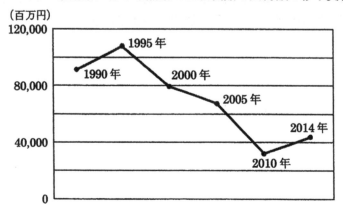

常滑市における窯業・土石製品の出荷額の移り変わり

（百万円）

窯業・土石製品に分類されるものは，ほとんどが焼き物で，一部に石こう品などもふくみます。

『工業統計調査』より作成

問12　下線部⑫について，次のX～Zの文は，木曽川・長良川・揖斐川のいずれかにあてはまります。7ページの地図を参考にして，X～Zの文と3つの川の組み合わせとして正しいものをあとから1つ選びなさい。

X－この川は，産業が発達しはじめた近世の頃より舟運が活発化し，桑名と大垣・関ヶ原方面を結ぶ物資の輸送路として重要でした。

Y－この川の下流には河口堰がつくられていますが，本流にはダムがなく貴重な清流として知られています。

Z－この川の上流は古くからヒノキ材の産地で，その木材は筏流しという方法で下流まで運ばれ，熱田や桑名の貯木場に集められました。

ア．X－木曽川　Y－長良川　Z－揖斐川

イ．X－木曽川　Y－揖斐川　Z－長良川

ウ．X－長良川　Y－木曽川　Z－揖斐川

エ．X－長良川　Y－揖斐川　Z－木曽川

オ．X－揖斐川　Y－木曽川　Z－長良川

カ．X－揖斐川　Y－長良川　Z－木曽川

問13　下線部⑬について，最も適当なものを次から1つ選びなさい。

ア．江戸時代中頃の宝暦治水は，木曽三川を分流する工事で，幕府からのお手伝い普請を薩摩藩が入れ札であてて，薩摩藩の財政はたいへんうるおった。しかし地元では良いことがなかったので，薩摩藩士のぜいたくな生活をうらやんで，藩士が殺される事件が起きたのである。

イ．大きな川が合流するので，川の運んだ土砂と，その逆に土砂を削る作用によって，複雑な地形がつくられた。少しでも高いところに家を建てたり，水屋を建てて洪水の時にはひなんできるようにしたりして，暮らしを守ってきた。水はけはよいので，下流の堤防の水門やバルブを開けて排水すれば，数時間で水が引く。

ウ．明治に入り，オランダの技師ヨハネス・デ・レーケの指導で3つの川の流れが調べられ，25年におよぶ大工事のすえ，輪中も30ほどにまとめられ，水害の心配も少なくなった。

エ．戦後，入り組んだ水路はうめたてられ，大型の機械も導入されて，日本最大の稲作地帯になった。長年の治水工事により，ふだんは川の水が流れない平らな河川敷も水田に生まれかわっている。

問１４　下線部⑭について，最も適当なものを次から１つ選びなさい。

ア．日本では岩塩はほとんどとれないので，昭和に入るまで，海辺での塩田や海水を煮つめることによって塩を手に入れてきた。

イ．塩田は太平洋側にはたくさんみられたが，雨や雪の多い日本海側ではあまり発展しなかった。

ウ．塩の道は，塩や海産物を内陸に運ぶのに使われた道で，逆に内陸からは人だけが移動したので，山間部での過疎問題を発生させる原因となった。

エ．塩の道はその後整備されなかったおかげで，物流の主要ルートからはずれてしまい，山の中に「けもの道」のようにところどころ残っているだけである。

問１５　下線部⑮について，吉良上野介は黄金堤（こがねづつみ）による治水事業や新田開発をおこなったため，現在でも地元では慕（した）われているようです。新田開発に関して，**適当でないもの**を次から１つ選びなさい。

ア．江戸時代初めの新田開発で田の面積は倍増した。しかし，畑を水田に変えると水が不足するし，水争いから水田をつぶすこともあった。また，さまざまな商品作物の畑に変えるところも少なくなかった。

イ．自然の川と用水路が交わるところでは，樋（とい）をつくって川をこえるようにしたり，トンネルで川底の下をくぐるようにしたり，さまざまな工夫がみられるが，それらは明治以後の技術である。

ウ．自然の川は高いところから低いところへ等高線を横切るように流れるのに対して，用水路は等高線にそうようにゆるやかに流れている。これは少しでも広い地域へ水をおくり，田畑をひろげるためである。

エ．用水路は完成したのちも，取り入れる水量の調整，流れ込む土砂やゴミ，雑草の除去など，その後の管理が重要で，村内での順番，あるいは数か村での話し合いがおこなわれることもあった。

問１６　下線部⑯について，次の表中ア～エは，名古屋・秋田・鳥取・岡山のいずれかで，各都市の気温と降水量に関するデータを示しています。表中ア～エのうち，名古屋にあてはまるものを１つ選びなさい。

	ア	イ	ウ	エ
1月の平均気温	0.1℃	4.9℃	4.0℃	4.5℃
8月の平均気温	24.9℃	28.3℃	27.0℃	27.8℃
年降水量	1686.2㎜	1105.9㎜	1914.0㎜	1535.5㎜
年降水量を100とした，6～8月の3か月の降水量の割合	29%	38%	25%	35%

『2017 データブック　オブ・ザ・ワールド』より作成

問17 下線部⑰の時代の次のできごとを古い順にならべかえたとき，2番目と4番目に
あたるものをそれぞれ選びなさい。

　　A. 長篠の戦い　　　B. 桶狭間の戦い　　　　C. 関ヶ原の戦い
　　D. 朝鮮侵略　　　　E. 刀狩り

問18 次の絵は，下線部⑱のスケッチ帳「一掃百態」のなかの一場面です。崋山がえが
いたものは何ですか。漢字で答えなさい。

問19 下線部⑲について，**適当でないもの**を次から1つ選びなさい。

　ア. 内藤魯一は，もとは藩の家老で，士族を大切にしない明治政府のやり方にいきど
　　　おり，自由と民権を言論で訴えて世の中を変えようとする運動に参加した。
　イ. 板垣退助が岐阜の講演会で悪者に刺されそうになり，それを投げとばしたのが内
　　　藤魯一で，「板垣死すとも自由は死せず」と言ったのも彼だという説がある。
　ウ. 内藤魯一は，憲法づくりに参加して，人民が直接議員を選ぶ国会制度などの憲法
　　　案を考えた。これは天皇からほめられ，内閣に入り，大臣職についた。
　エ. 内藤魯一の憲法案は新聞に発表されたが，このように当時の新聞は自由民権の活
　　　動家たちが意見の発表の場として力を入れて取り組んだものも多い。

問２０　下線部⑳が批判した戦争の時代について，正しいものを次から１つ選びなさい。

ア．昭和に入り，不景気で毎日の生活に苦しむ人びとが増えた。5.15事件や2.26事件で軍部が立ちあがると，国民は熱狂的に支持し，平和主義者の天皇も，なまけている政治家をやめさせて，軍部に政治をまかせるようになっていった。

イ．首都の南京を占領すれば戦争は終わると思われていたので，中国の人びともすすんで日本軍の指示にしたがい，ほとんど死者もなく南京は日本の領土となった。東アジアをヨーロッパの植民地から解放するという「大東亜共栄圏」は，中国の人びとに喜んで受け入れられた。

ウ．日本は次つぎに東南アジアの植民地を解放していったが，イギリスやアメリカは石油などの資源が日本に奪われることを恐れて，日本を国際連盟から追放し，経済封鎖をおこなった。そのため，たくさんの餓死者がでたので，日本はアジアを救うために大東亜戦争をはじめた。

エ．アメリカは戦争を早く終わらせるという理由づけで，広島と長崎に原爆を投下した。２つはウラン型とプルトニウム型という違うタイプで，実際に２つとも使って，効果を確かめようとしたといわれている。

問２１　下線部㉑の■■にあてはまる最も適当な語句を８ページの文中より漢字２字で抜きだして答えなさい。

問２２　次の地形図は，７ページの地図の太線で囲まれた地域をくわしく示したものです。

この地形図にある★の地点は，日本全国に48か所あるうちの１つで，　　　　　です。木曽三川の洪水や流路変更の歴史を考えると，これがどのようにして定まったのかとても興味深い場所といえます。　　　　　にあてはまる言葉を，８ページの文の内容を参考に答えなさい。

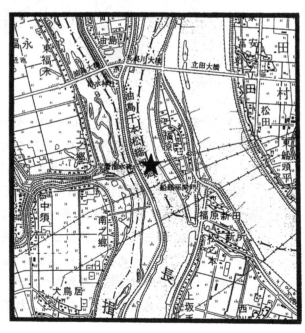

国土地理院発行５万分の１地形図「桑名」（原寸，一部改変）

※原寸大

このページには問題がありません。

Ⓚ 教英出版

2017 年度

南山中学校女子部　入学試験問題

算　数

【　注意　】

1. 試験開始の合図があるまで，この問題冊子の中を見てはいけません。

   試験開始まで，この【　注意　】をよく読んでください。

2. 試験時間は５０分です。

3. 解答用紙の受験番号，名前は最初に記入してください。

4. この問題冊子は１１ページで，問題は 1 ～ 13 です。

5. 試験開始の合図後，問題冊子や解答用紙に印刷が悪くて見にくいところや汚れなどのある場合は，だまって手をあげて監督の先生に知らせてください。

6. 答えはすべて解答用紙に書いてください。

7. 計算用紙はありません。各問題の余白で計算してください。

8. 円周率は３．１４とします。

9. 定規は直線を，コンパスは円をかくために使います。

10. 試験終了後は解答用紙のみを提出し，問題冊子は持ち帰ってください。

$\boxed{1}$

次の計算をしなさい。

（1） $1 + 2 \div 3 \times 4 + 5 + (6 + 7 + 8) \div 9$

（2） $243.77 - 111.32 + 314.13 - 221.6 + 10.1 - 117.08$

（3） $\dfrac{5}{6} \times \left(\dfrac{3}{4} - \dfrac{7}{50} \right) + \dfrac{7}{12} \times \left(2\dfrac{5}{14} + \dfrac{1}{5} \right)$

（4） $17 : 23 = 13 : \left(17 + \dfrac{\square}{17} \right)$　　　　□にあてはまる数を答えなさい。

（5）

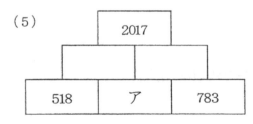

左の図は　[5 / 2 | 3]　のように
下の２つの数を足すと上の数になってい
ます。アにあてはまる数を答えなさい。

2 は，次のページにあります。

2

（6）分数 $\dfrac{\triangle}{\bigcirc}$ を小数で表し，小数第 4 位を四捨五入すると 0.212 です。

また，もとの分数の分母と分子にともに 2 を加えた数を小数で表すと，0.225 です。もとの分数を答えなさい。

3

（7）みかんが何個かあります。8 人で同じ個数ずつわけると 2 個あまり，11 人で同じ個数ずつわけようとすると 3 個足りません。みかんは最も少ない場合で何個ありますか。

3

（8）ある自動車メーカーでは，このひと月で，1 台 1250000 円の自家用車と
1 台 3600000 円のトラックが合わせて 120 台売れて，これらの売上高合計
は 178200000 円でした。自家用車は何台売れましたか。

（9）次の㋐〜㋔のうち，y が x に反比例するといえるものを 2 つ選びなさい。

 ㋐ 半径が x cm の円の周の長さが y cm である。

 ㋑ 10 km の道のりを時速 x km の速さで歩くと y 分かかる。

 ㋒ たて x cm，横 y cm，高さ 5 cm の直方体の表面積が 50 cm^2 である。

 ㋓ 20 個のアイスクリームのうち x 個を食べたら，y 個残った。

 ㋔ z が y に比例し，さらに x が z に反比例する。

6

うさぎとかめが，むこうのお山のふもとまで競走します。かめはつねに分速8mで進み，うさぎは一回の休けいをのぞいて一定の速さで進みます。

（１０）112m進んだ地点を，うさぎはかめより12分早く通り過ぎました。うさぎの速さは分速何mですか。

（１１）510m進んだ地点でうさぎは休けいして，1時間10分寝てしまったので，ずっと進み続けたかめのほうが2分30秒早くゴールしました。スタートからゴールまで何mですか。

① ～ ⑧ の 8 人がトーナメント戦を行います。

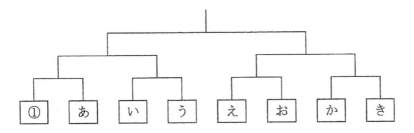

（１２）「あ」～「き」に② ～ ⑧ が入る方法は全部で何通りありますか。
　　　 ただし，たとえば「い」に②，「う」に③が入る場合と，「い」に③，「う」
　　　 に②が入る場合は区別して数えます。

（１３）8 人は数字の小さいほうが強く，どの試合も数字の小さいほうが必ず勝
　　　 ちます。決勝戦が①と③の対戦になる方法は，（１２）の方法のうち何通
　　　 りありますか。

8

（１４）X中学校のある年の入学試験の受験者は 800 人で，そのうちの合格者
は 200 人でした。算数と国語それぞれの 3 種類の平均点を調べ，表にし
ようとしています。下の表は，これまでに調べた平均点を記入したもの
です。

　また，算数と国語の合計点の合格者の平均点を調べたところ，135 点で
した。算数と国語の合計点の受験者の平均点は何点ですか。

	合格者の平均点	不合格者の平均点	受験者の平均点
算数		38	
国語	69		60

9

（１５）図のように，長方形を異なる大きさの 9 つの正方形に分けました。
影のついた正方形の 1 辺の長さは何㎝ですか。

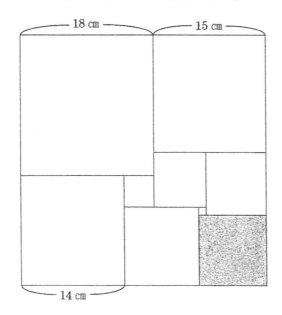

2017(H29) 南山中(女子部)
K 教英出版

（１６）図の正方形と２つの正三角形の１辺の長さは同じです。図の角xは
何度ですか。

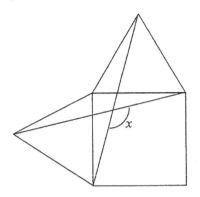

（１７）図のように１辺の長さが 3cm の正方形のまわりを，１辺の長さが 3cm
の正三角形がすべらないように回転します。回り始めてから頂点「あ」
が最初の位置を初めて通過するまでに，「あ」は何 cm 動きますか。

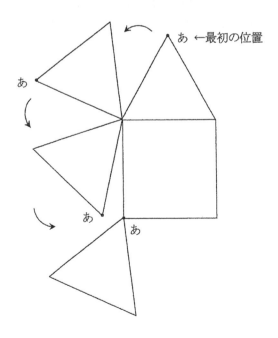

11

　図の立体は1辺が10cmの立方体で，点I，J，K，Lはそれぞれ辺AB，DC，EH，FGの真ん中の点です。

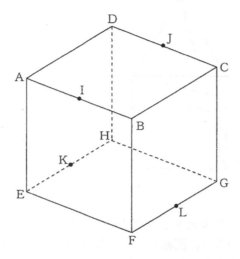

（18）この立方体を点E，H，J，Iを通る平面と点F，G，J，Iを通る平面で切ると，3つの立体に分かれます。そのうち，最も大きい立体の体積を求めなさい。

（19）（18）で体積を求めた立体をさらに点I，K，Lを通る平面と点J，K，Lを通る平面で切ると，3つの立体に分かれます。このうち，辺IJをふくむ立体の体積を求めなさい。

2017(H29) 南山中(女子部)
K 教英出版

12

（20）図のような点Oを中心とする半径6cm の円周に，点A，B，C，D，
Eが等間隔（とうかんかく）に並んでいます。影（かげ）のついた部分の面積を求めなさい。

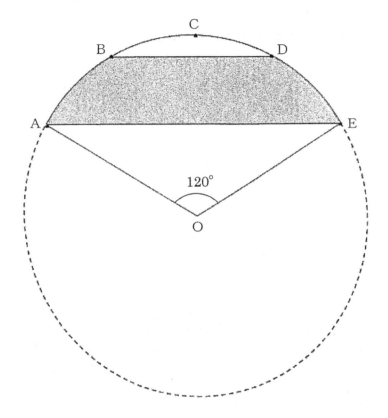

$\boxed{1\ 3}$　作図をするときは，下の注意を守ってください。

（２１）解答用紙の角 x の大きさは 40° です。直線ＯＡと直線ＯＢのつくる角
　　　が 80° であるような直線ＯＢを引きなさい。ただし，点Ｂは直線⑧より
　　　上にあるものとします。
　　　　また，どのように作図したのか説明しなさい。

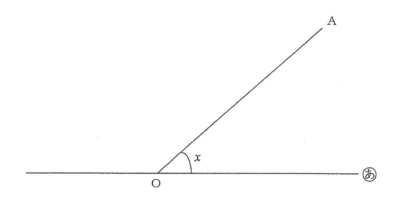

注意
・1 番目にかいた円の中心（コンパスの針をさしたところ）に×印をかき，その
　その横に①をかく。その中心を使ってかいた円または円の一部にも①とかく。
・2 番目にかいた円の中心に×印をかき，その横に②をかく。その中心を使って
　かいた円または円の一部にも②とかく。3 番目の円をかく場合も同じようにかく。
・かく円は 3 個以下とする。
・作図するのに使った線は消さずに残しておくこと。
・定規は直線を引くために使い，目盛りを使用しないこと。

2017 年度

南山中学校女子部　入学試験問題

理　科

【　注意　】

1. 試験開始の合図があるまで，この問題冊子の中を見てはいけません。

   試験開始まで，この【　注意　】をよく読んでください。

2. 試験時間は５０分です。

3. 解答用紙の受験番号，名前は最初に記入してください。

4. この問題冊子は１２ページで，問題は $\boxed{1}$ ～ $\boxed{8}$ です。

5. 試験開始の合図後，問題冊子や解答用紙に印刷が悪くて見にくいところや汚れなどの
   ある場合は，だまって手をあげて監督の先生に知らせてください。

6. 答えはすべて解答用紙に書き，記号で答えるものはすべて記号で答えなさい。

7. 試験終了後は解答用紙のみを提出し，問題冊子は持ち帰ってください。

1 南山中学校の生徒が７月末に学校行事の登山で石川県と岐阜県にまたがる白山に登りました。次の文章はそのときの会話です，よく読んであとの問いに答えなさい。

○出発前　午前７時ごろ　快晴
　先生「今日は快晴で，山を登るにはよい天気だね。昨日は［①］の空にきれいな夕焼けを見ることができたから予想通りに晴れたね。」
　春子「夕焼けの次の日は晴れってよく言いますもんね。」
　先生「ほかにも朝焼けの次の日は雨ということわざもあるね。では，準備運動をして出発だ。」

○登山中　午前１０時ごろ　雨
　夏子「朝は快晴だったのに，急に雨がどしゃぶりになりましたね。」
　先生「登山道が川みたいだね。これだと登山道が［②］されてしまうから，整備する人が大変だ。」
　秋子「そういえば，なんで山の天気って変わりやすいのですか。」
　先生「理由はいくつかあるね。よく挙げられる原因は，風の動きだ。雨が降るのは，湿った風が山にぶつかり，［③］から［④］に向かって風が吹き，雲となるからなんだ。逆に［④］から［③］に風が吹くと雲はできづらくて，よく晴れるね。」
　秋子「なるほど。山は［⑤］，いろいろな風の動きができて，天気が変わりやすいのですね。」
　先生「その通り。他にも様々な理由があるけどね。」

○山頂近くの山小屋近辺で星空観察中　午後８時ごろ　快晴
　秋子「山の上で見ると月がすごくきれいだね。月って，太陽より小さいはずなのに，⑥太陽と同じくらいの大きさにみえるから不思議だよね。」
　春子「本当にきれいだね。星もすごくきれい。名古屋では，こんな星空を見ることはできないよね。あっ，あそこに北斗七星があるから，そっちの星が北極星ね。」
　夏子「たしか，⑦北極星って夜空で動かないんだよね。こんなに真っ暗な夜だと方角を知るのに星って大切だね。」
　秋子「でも，北極星は［⑧］等星だからすぐには見つけられないね。だから北斗七星やカシオペヤ座から見つけるのかな。」
　春子「そう聞いたことがあるね。ところで北極星は何座をつくっている星なの。」
　秋子「［⑨］座だよね。ついでに，北斗七星は［⑩］座の星だよ。」
　春子「そうなんだ。すごい。さすが秋子さんね。」
　先生「星座がわかると，星空の楽しみが１つ増えるよね。ちなみに，いま話に出てきた北斗七星は現代と大昔では形が違ったんだよ。」

夏子「え。どういうことですか。」

先生「星はそれぞれ固有の向きにちょっとずつ動いているんだ。だから，ものすごく長い年月がたつと星の位置が変わってしまう。だから，僕たちのずっと先の子孫は，僕たちとは違う形の星座を見ることになるよ。」

夏子「そうなんですね。北斗七星の形が変わってしまうと，北極星を見つけられなくなりそうで困っちゃいますね。」

先生「実は北極星も変わってしまうのだけどね。さあ。明日は下山だ。星空観察もほどほどにしてもう寝よう。」

[1] ①にあてはまる用語を次のア～クから選んで記号で答えなさい。

　　ア　東　　イ　西　　ウ　南　　エ　北
　　オ　上　　カ　下　　キ　左　　ク　右

[2] ②にあてはまる用語を答えなさい。

[3] ③，④にあてはまる用語を[1]のア～クから1つずつ選んで記号で答えなさい。

[4] ⑤にあてはまる文章として最も適切なものを次のア～オから選んで記号で答えなさい。

　　ア　とても高くて，山頂のほうの空気が少ないから
　　イ　木で覆われているから
　　ウ　でこぼことした複雑な地形をしているから
　　エ　平地と比べて気温が低いから
　　オ　都会に比べて，空気が澄んでいるから

[5] 下線部⑥は，太陽，月，地球が一直線に並び，太陽が月にかくされたときにも実感することができます。2012年5月には名古屋市で，月の外側にかくされた太陽がはみ出して細い光の輪がみえる現象が観察されました。この現象の名前を答えなさい。

[6] 地球から太陽までの距離は，地球から月までの距離の約400倍です。太陽の直径が約140万kmだとすると，月の直径は約何kmか。

[7] 下線部⑦にあるように，北極星が夜空で動かない理由として最も適切なものを次の**ア**～
オから選んで記号で答えなさい。

ア 宇宙では北極星を中心として，他の星が動いているから。

イ 日本の真上にあるから。

ウ 地球がまわる速さと北極星が地球の周りをまわる速さがほぼ同じだから。

エ ほぼ真北にあるから。

オ 北極星は宇宙でずっと止まっている星だから。

[8] ⑧，⑨，⑩にあてはまる数字や用語を答えなさい。

[9] ２０万年前の北斗七星の形は次の図１と考えられています。図２は現在の北斗七星の形
を表しています。２０万年後の北斗七星の形として最も適切なものを下の**ア**～**オ**から選
んで記号で答えなさい。

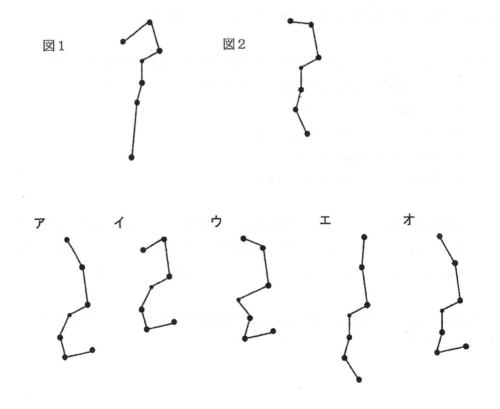

2 下図のように，集気びんの中でろうそくを燃やし，ふたをして火が消えるのを待つ実験を
行いました。次の問いに答えなさい。

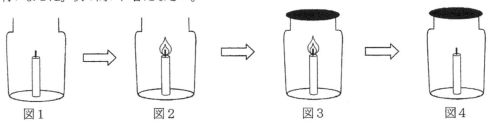

図1   図2   図3   図4

[10] 燃えているものは何ですか。最も適切なものを次のア〜オから選んで記号で答えなさい。

　　　ア　固体のろう
　　　イ　酸素
　　　ウ　液体のろう
　　　エ　ろうそくの芯
　　　オ　気体のろう

[11] ろうそくの炎の形は先の方が細くなった形をしています。このことを説明する次の文中
のア〜ウにあてはまる用語を答えなさい。

　　　温められた［ア］は［イ］なり，［ウ］の方へ動きます。炎の当たった［ア］はどん
どん［ウ］に行くので，その分を補うように別の［ア］が流れこみ，炎の先が細くなり
ます。

[12] 図1と図4のびんの中に含まれる酸素の体積を気体検知管で調べました。すると，図1
では約［ア］％で，図4では約［イ］％でした。ア，イにあてはまる数字を答えなさい。

[13] この実験で，ろうそくが燃えて発生した気体を3つ答えなさい。

[14] たき火をするときには，図5のようにまきを組みません。どのようにまきを組むでしょ
うか。このことを説明する次の文中のア，イにあてはまる用語を答えなさい。ただし，
両方とも**ひらがな3文字**で答えなさい。

　　　まきとまきを［ア］ができるようにして重ねます。そうすることで，常に新しい［イ］
が流れ込むことができます。［イ］は燃えるのに必要な気体なので，このようにすると，
まきがよく燃えます。

図5

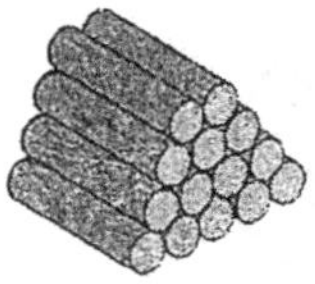

4

3 下の表は，水の温度と水５０ｃｍ³にとける [A] やミョウバンの量との関係を表しています。水の重さは体積１ｃｍ³あたり１ｇになるとして，次の問いに答えなさい。ただし，小数点以下は四捨五入して答えなさい。

水の温度 [℃]	１０	２０	３０	４０	５０
[A] [g]	１７.９	１７.９	１８.０	１８.２	１８.３
ミョウバン [g]	４.０	６.０	８.４	１１.７	１８.０

[15] [A] にふさわしいものを次のア～オから選んで記号で答えなさい。

　　ア　砂糖　　　イ　ホウ酸　　　ウ　二酸化炭素　　　エ　片栗粉　　　オ　食塩

[16] 表を利用して，水の温度と [A] やミョウバンの量との関係をグラフにかきなさい。線で結ばず，[A] は ● で，ミョウバンは △ でかきなさい。

[17] ３０℃の水１００ｃｍ³に [A] をとけるだけとかしました。[A] の水よう液の濃さは何％ですか。ただし，水よう液の濃さは，次の式で表されるものとします。

$$水よう液の濃さ＝\frac{とけているものの重さ[g]}{水よう液全体の重さ[g]}×１００$$

[18] ５０℃の水１５０ｃｍ³にミョウバンを４５ｇとかしました。その水よう液を２０℃まで冷やすとミョウバンのけっしょうは何ｇ出てきますか。

[19] ミョウバンはどのようなことに使われる薬品ですか。最も適切なものを次のア～オから選んで記号で答えなさい。
　　ア　消毒薬をつくるときに使われる。
　　イ　パンをつくるときに使われる。
　　ウ　パスタをゆでるときに使われる。
　　エ　ナスのつけものをつくるときに使われる。
　　オ　ガラスをつくるときに使われる。

[20] [A] のけっしょうとミョウバンのけっしょうの形を，次のア～オからそれぞれ選んで記号で答えなさい。

ア 　　イ 　　ウ 　　エ 　　オ

4 植物のようすについて次の問いに答えなさい。

[21] 次のA～Cの文は冬の植物のようすです。以下の①，②の問いに答えなさい。

    A　種子だけになる

    B　葉は落ちて，枝に芽がついている

    C　地面近くで広がった葉になっている

① Cの文にあてはまる植物を下の**ア～ス**からすべて選んで記号で答えなさい。

② 寒い時期に花がさき，風でも昆虫でもない方法で花粉が運ばれる植物があります。
   その植物を下の**ア～ス**からすべて選んで記号で答えなさい。

  ア　アジサイ　　　**イ**　アブラナ　　　**ウ**　ヘチマ　　　**エ**　ツルレイシ

  オ　ハルジオン　　**カ**　タンポポ　　　**キ**　スギ　　　　**ク**　サクラ

  ケ　サザンカ　　　**コ**　コスモス　　　**サ**　ゲンゲ　　　**シ**　エノコログサ

  ス　トウモロコシ

[22] コマツナと似た形の花をさかせる植物を次の**ア～コ**からすべて選んで記号で答えなさい。

  ア　ヒマワリ　　　**イ**　ヘチマ　　　**ウ**　アブラナ　　　**エ**　トマト

  オ　オクラ　　　　**カ**　キャベツ　　**キ**　インゲンマメ

  ク　ホウセンカ　　**ケ**　アサガオ　　**コ**　ダイコン

5 食べ物に関する次の文章を読み，あとの問いに答えなさい。

　口からとり入れた食べ物は，まず口で細かくかみくだかれます。食道を通って［A］に入り，そのあと［B］を通ります。吸収されなかったものは，［C］へ送られてさらに水分が吸収され，こう門から体の外へ出されます。吸収された養分の一部は，［D］に運ばれ，たくわえられます。吸収した養分は，わたしたち生き物のからだの中で大切なはたらきをしています。

　一食分の献立(こんだて)を考えて，食事をつくります。献立は，ご飯，みそ汁，野菜いため，焼き魚にします。

　米をたいて，ご飯をつくります。米は［①］という植物の種子です。精白米は，一か所へこみがあります。そのへこみは，「根・くき・葉になるところ」があったところです。

　みそ汁のだしは煮干(にぼ)しでとり，とうふをいれることにします。みそもとうふも，［②］の種子を加工した食品です。

　精白米には，でんぷんが多くふくまれています。［②］の種子には，油が多くふくまれています。精白米のでんぷんや［②］の油は，「根・くき・葉になるところ」が育つためにたくわえられています。［②］の種子には，体をつくるもととなるたんぱく質も多くふくまれています。

　でんぷんや油の体の中でのおもなはたらきは，［★］のもとになることです。養分から［★］をとりだすとき，酸素を使います。酸素は，呼吸をしてとりいれ，血管をとおって体のすみずみまで運ばれます。［★］をとりだすとき，二酸化炭素や水ができます。できた二酸化炭素は，血管をとおって運ばれ，胸の中にある［E］で出されます。よぶんな水は，［F］でこし出されます。

　野菜いためは，コマツナとベーコンを使います。コマツナのような色のこい野菜は，ビタミンや無機質を多くふくんでいます。ベーコンは，ブタのからだからつくられたものです。

　焼き魚は，アジの塩焼きにします。はしを使って食べていくと，骨がみえてきました。わたしたちのからだにも骨があります。みそ汁を作るときにつかった煮干しにも骨がありました。くびや背中は短い骨が重なっているので，しなやかに曲げることができます。人の胸には，からだの中の臓器を守る骨があり，骨でかこまれた中に，［E］などの臓器があります。

[23] C・Dにあてはまる臓器の名前をそれぞれ**ひらがな**で答えなさい。

[24] ①・②にあてはまる植物の名前をそれぞれ**カタカナ**で答えなさい。

[25] ★にあてはまる用語を答えなさい。

[26] E・Fにあてはまる臓器の名前をそれぞれ**ひらがな**で答えなさい。

[27] 魚にも，人の背の骨や胸の骨にあたる骨があります。アジを右図の位置で切った場合の断面について，骨のようすをかきなさい。

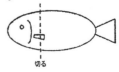

切る

[28] ブタは何を食べて育ったか，アジは何を食べて育ったかというように，それぞれの食べ
物のもとを順にたどってみると，どのような生き物にたどりつきますか。次の[　　]
にあてはまる言葉を答えなさい。

[　　]があたると養分ができる生き物

[29] 次の**ア～ク**からメダカの食べ物を３つ選んで，大きい順に記号で答えなさい。

ア　オオカナダモ　　　　イ　ミカヅキモ　　　　ウ　ツノモ
エ　ミドリムシ　　　　　オ　ヤコウチュウ　　　カ　ワラジムシ
キ　ミジンコ　　　　　　ク　フジツボのよう生

6　電池を使った回路について次の問いに答えなさい。

[30] プロペラのついたモーター１個と電池ボックス２個を使って車をつくりました。
車がもっとも速く走るには，どのように導線をつなぐとよいですか。解答用紙の図に導
線をあらわす線をかきなさい。ただし，導線は端だけ金属が出ていて，他はビニルでお
おわれています。導線の本数ができるだけ少なくなるように，線は交差しないようにか
くこと。

[31] 器具がこわれる，または熱くなって危険など，つくってはいけない回路図はどれですか。
次の**ア～ク**からすべて選んで記号で答えなさい。ただし ↑ は検流計をあらわします。

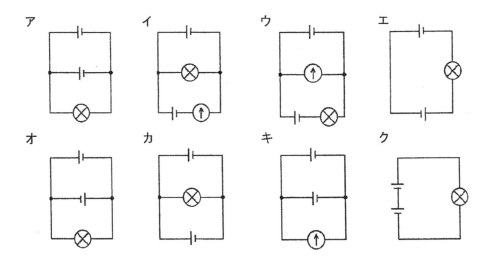

7 バールは重いものを動かすことができ，災害救助で役立ちます。たとえば，次の図のような使い方ができます。

図1

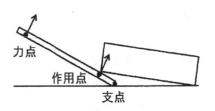

力点
作用点
支点

図2

力点
支点
作用点

[32] 支点・力点・作用点の位置や力の向きの関係が，図1と同じようになっているものを次の**ア～ウ**から選んで記号で答えなさい。

ア せんぬき

イ くぎぬき

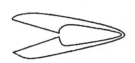
ウ 糸きりばさみ
（にぎりばさみ）

[33] 右図は人のうでの骨と筋肉の一部を簡単に表した図です。筋肉の端は細くじょうぶになっていて，骨にしっかりとついています。筋肉の端の細くじょうぶな部分を何といいますか。

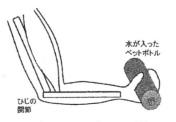

水が入った
ペットボトル

ひじの
関節

[34] うでを曲げるとき，支点・力点・作用点の位置と力点で加える力の向き，作用点ではたらく力の向きが正しいものを次の**ア～キ**から選んで記号で答えなさい。

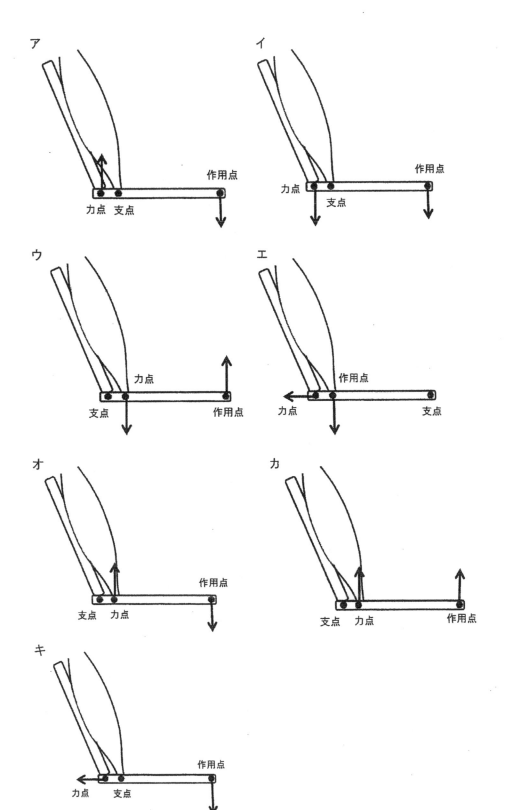

10

8 メトロノームは，ぼうが右にふれるときと，左にふれるときに音が鳴ります。上のおもりの位置を変えて，1往復する時間を長くしたり短くしたりします。めもりには，1分間に音が鳴る回数が書かれています。上のおもりの上の端をめもりにあわせて使います。

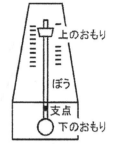

支点より下に大きなおもり（下のおもり）がついています。支点から下のおもりの中心までの距離は3.0cmでした。

めもりの表示	距離（cm）
40	13.1
50	12.6
60	12.0
80	10.2
100	9.4
120	8.1
160	5.7
200	3.3

メトロノームについて調べるため，表のように，メトロノームのめもりから支点までの距離をはかりました。

[35] めもりの表示が60の場合，ぼうが1往復するのにかかる時間は何秒ですか。

[36] 上のおもりを下に移動させるほど，1往復するのにかかる時間はどうなりますか。次のア〜ウから選んで記号で答えなさい。

　　ア　長くなる　　　イ　短くなる　　　ウ　変わらない

[37] メトロノームの上のおもりをぼうからとりはずして，ぼうを動かすと1往復にかかる時間はどうなりますか。次のア〜エから選んで記号で答えなさい。

　　ア　上のおもりがどの位置にあったときより長くなる
　　イ　上のおもりがどの位置にあったときより短くなる
　　ウ　上のおもりが支点から3cmの位置にあるときと同じになる
　　エ　左右どちらかにかたむいたままになって往復しない

[38] 上のおもりを支点から何cm以上はなしたら，ぼうがかたむいたままもどってこなくなるのでしょうか。上のおもりを10g，下のおもりを50gとして計算しなさい。ただし，ぼうはとても軽くてじゅうぶん長いものとします。

[39] 次の文の ［　］にあてはまる最も適切な用語を答えなさい。ただし，［　］には同じ用語
　　が入ります。

　　　クリップで支点，厚紙でぼう，磁石でおもりにして，手作りのメトロノームをつくり
　　ました。おもりの位置を変えることで，1往復する時間の調整ができます。しかし，だ
　　んだんふれはばが小さくなっていき，止まってしまいます。

　　　メトロノームやふりこ時計のふりこは同じふれはばで動き続けます。ふりこ時計は［　］
　　の力や，重いものが落ちるときの力で歯車をまわして，針を動かしています。メトロノ
　　ームは ［　］ の力でふれはばを大きくして，［　］ の力がなくなるまで動き続けます。
　　電池で動く電子式メトロノームもあります。［　］は電気を使わないで機械を動かすし
　　くみとして応用が期待されています。

[40] ふりこを使って，地球が回転していることをしめした科学者の名前を答えなさい。

このページには問題がありません。

2017(H29) 南山中(女子部)

Ⓚ教英出版

このページには問題がありません。

2017 年度

南山中学校女子部　入学試験問題

社　会

【　注意　】

1. 試験開始の合図があるまで，この問題冊子の中を見てはいけません。

　　試験開始まで，この【　注意　】をよく読んでください。

2. 試験時間は５０分です。

3. 解答用紙の受験番号，名前は最初に記入してください。

4. この問題冊子は１３ページで，問題は 1 〜 4 です。

5. 試験開始の合図後，問題冊子や解答用紙に印刷が悪くて見にくいところや汚れ(よご)などのある場合は，だまって手をあげて監督(かんとく)の先生に知らせてください。

6. 答えはすべて解答用紙に書き，記号で答えるものはすべて記号で答えなさい。漢字の指定のあるものはかならず漢字で書きなさい。

7. 試験終了後は解答用紙のみを提出し，問題冊子は持ち帰ってください。

1　南山女子部には，夏休みや冬休みを利用した「海外研修旅行」があります。この海外研修
は1970年のアメリカ研修から始まり，40年あまりの歴史があります。2015年度からは，マ
レーシアにかわってイタリアが加わり，現在，イギリス，オーストラリア，イタリアの3カ
国をおとずれています。さて，以下の問いに答えなさい。

問1　イタリアとオーストラリア，そして日本の位置関係について見てみましょう。次の図は，
　　日本とイタリアを通過する北緯40度，日本とオーストラリアを通過する東経140度を示
　　したものです。その正しい位置を次から1つ選びなさい。

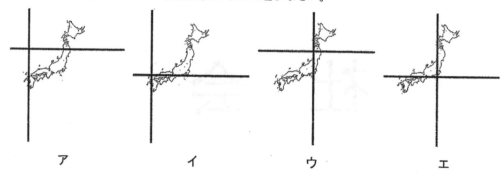

　　　　ア　　　　　　　　　イ　　　　　　　　　ウ　　　　　　　　　エ

問2　以下のグラフは，名古屋（日本），ローマ（イタリア），ロンドン（イギリス），シドニー
　　（オーストラリア）の雨温図です。ロンドン（イギリス）の雨温図を次から1つ選びなさい。

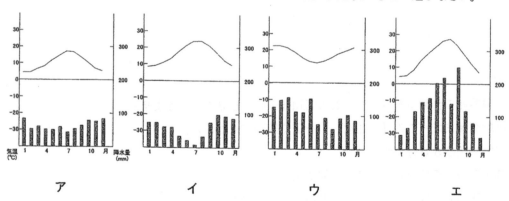

　　　　ア　　　　　　　　　イ　　　　　　　　　ウ　　　　　　　　　　エ

問3　名古屋から真北へ進み，地球を一周し，名古屋にもどってくるとすると，様々な国を通
　　ります。次のア〜エの文は，通過するそれぞれの国について示したものです。通過した順
　　番に並べなさい。
　　ア．国土は世界最大で東西に広い。日本との間に領土をめぐる問題がある。
　　イ．その国にしか存在しないカンガルーやコアラなどのめずらしい動物がいる大陸である。
　　ウ．2016年夏のオリンピックが開かれた国である。
　　エ．赤道にまたがり大小1万以上の島で構成されている国である。

問4 次の表中のア〜エは，イギリス，イタリア，オーストラリア，マレーシアの4か国から日本への輸出金額でみた上位5品目（2015年）を示したものです。それぞれの国にあてはまるものを選びなさい。

順位	ア	イ	ウ	エ
1位	液化天然ガス	石炭	機械類	機械類
2位	機械類	液化天然ガス	バッグ類	医薬品
3位	石油製品	鉄鉱石	衣類	自動車
4位	合板	肉類	医薬品	科学光学機器
5位	プラスチック	銅鉱	自動車	有機化合物

『日本国勢図会 16/17』により作成。

問5 マレーシア研修の日記の一部です。次の問いに答えなさい。

　　丘の上の教会に向かう途中，①フランシスコ・ザビエル像がありました。彼は，ここでカトリックの布教につとめ，日本にもおとずれました。この都市は，ポルトガル，オランダ，イギリスの順に支配されたため，カトリックの教会だけでなく，プロテスタントの教会もありました。教会の建つ丘からは，海峡が見えました。中東から原油を運ぶ船は，この海峡を通り，南シナ海，太平洋を経て，日本へと向かいます。お昼はニョニャ料理を食べました。②ニョニャというのは地元マレー人と（　　　）人との子孫を指す言葉だそうで，男性をババ，女性をニョニャというらしいです。

（1）この日おとずれたマレーシアの都市名を答えなさい。

（2）下線部①の人物は，鹿児島に上陸したのち，布教の許しを得るために当時の日本の都をおとずれました。当時の都のようすとして，最も適当なものを次から1つ選びなさい。
　　ア．寝殿造とよばれる大きな屋しきで暮らす貴族が大勢おり，和歌やけまりなどを楽しむようすが見られた。
　　イ．朝廷が南北に分かれており，朝廷や，貴族，社寺などの権力が落ちて幕府が権力を確立していた。
　　ウ．武将たちが活やくする戦乱の世の中であったため，幕府の権力が落ち，町は戦乱で荒れはてていた。
　　エ．天下の台所とよばれ，さまざまな地方から年貢米や産物が運びこまれ，町は商人たちであふれていた。

（3）下線部②について，東南アジア諸国では（　　　）人が，商業や金融・貿易などの仕事につき，経済面で大きな力を持っています。（　　　）にあてはまる国名を答えなさい。

（4）マレーシアでは，モスクをおとずれました。
次の写真は，そこにあった時計です。写真の右
上には，さつえいした時の日付と時刻が記され
ています。一番下の列を見ると，5つの時刻が
表示されています。それは何をするための時刻
ですか。

（5）マレーシアでは，パーム油について勉強しました。パーム油とは，油ヤシから採れる植
物油脂です。安くて，食用の油や洗ざい，バイオディーゼルの燃料など様々な製品に使う
ことができるので，たくさん生産されています。しかし，そのことで，マレーシアなどの
生産国では問題が起きています。どのようなことですか。答えなさい。

問6　2016年，イギリスのEU（ヨーロッパ連合）離脱がニュースとなりました。次の表は，
EUの生い立ちに関する略年表です。年表をみながら次の問いに答えなさい。

年	できごと
1952	原加盟国（6カ国）の共同体ができる
1967	EC（ヨーロッパ共同体）となる
1973	イギリスがECに加盟する
1993	ECからEU（ヨーロッパ連合）となる
2013	クロアチアが加盟して28か国となる
2016	イギリスがEU離脱を表明する

（1）1952年のできごとについて，その原加盟国とは，ベルギー，オランダ，ルクセンブルク，
（　　　），フランス，イタリアの6カ国です。（　　　）にあてはまる国名を答えなさい。

（2）1952年のできごとについて，その共同体が結成された目的は何ですか。次の2つの語句
を使って説明しなさい。（　　戦争　・　資源　）

（3）次のグラフは，1965 年，1985 年，2010 年における，オーストラリアの輸出額にしめる
　　貿易相手国を多い順に並べたものです。EU の略年表を参考にしながら，A～C の組み合わ
　　せとして適当なものを下から１つ選びなさい。

（数字は％）

1965 年 63 億ドル		1985 年　459 億ドル		2010 年　2118 億ドル	
A	22.1	B	24.5	C	25.1
アメリカ合衆国	17.3	アメリカ合衆国	14.9	B	18.9
B	12.9	A	5.1	韓国	8.9
ドイツ	4.4	ドイツ	4.5	インド	7.1
ニュージーランド	3.8	ニュージーランド	4.1	アメリカ合衆国	4.0
その他	39.5	その他	46.9	その他	36.0

『世界国勢図会』より作成。

ア．A‐日本　　　　B‐イギリス　　C‐中国
イ．A‐日本　　　　B‐中国　　　　C‐イギリス
ウ．A‐イギリス　　B‐日本　　　　C‐中国
エ．A‐イギリス　　B‐中国　　　　C‐日本
オ．A‐中国　　　　B‐日本　　　　C‐イギリス
カ．A‐中国　　　　B‐イギリス　　C‐日本

2 次の地形図は，国土地理院発行 50000 分の 1 地形図「福岡」の一部（原寸）で，対象地域
図の色ぬりされた部分を示しています。この地形図に関する次の問いに答えなさい。

※地図の大きさは実際の問題を96％に縮小したものです。

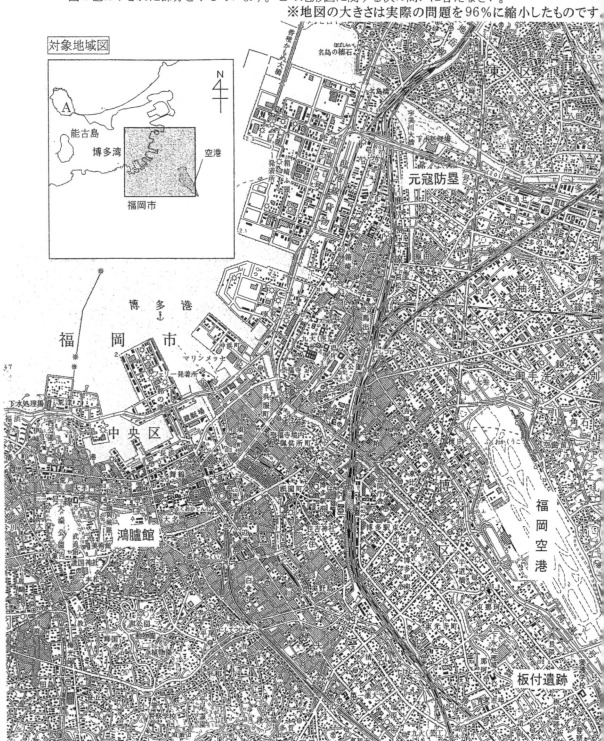

問1 　地形図から読み取れることがらとして，**適当でないもの**を次から1つ選びなさい。
　　ア．沿岸部には埋立地が広がり，多くの工場群が見られる。
　　イ．「はかた」駅は，新幹線だけでなく，在来線も停車する。
　　ウ．博多湾には，防波堤があり，その先には灯台が見られる。
　　エ．福岡空港の周りには市街地が広がっている。
　　オ．「はかた」駅から見て，市役所は東の方向にある。

問2 　福岡空港の滑走路の全長を測ると地図上で 5.6cm でした。実際の滑走路の長さは何 m
　　ですか。

問3 　博多港には，右図のような船が，ひと月に 200 せき以上も入
　　港してきます。船の上には，たくさんのものをまとめて運ぶ大き
　　な鉄の箱があり，私たちに必要な食料品や衣料品，電化製品はこ
　　れに入れられて運ばれてきます。この箱を何といいますか。

問4 　対象地域図のAの島は，江戸時代に，農民によって金印が発見された島として知られて
　　います。
　（1）Aの島名を漢字で答えなさい。
　（2）その金印には「漢委○国王」と記されていました。○にあてはまる，中国と交流をして
　　　いた福岡市付近にあった国の名を漢字1字で答えなさい。

問5 　地図中の板付遺跡は，どの時代の遺跡ですか。そのころのようすとして適当なものを次
　　から1つ選びなさい。
　　ア．まだ人々は金属を知らず，打ち欠いただけの石器を使い，ナウマンゾウやオオツノジ
　　　カなどの大型動物をとらえて生活していた。
　　イ．たて穴住居に住み，季節に合わせて狩りや漁，木の実を採取して食料を手に入れ，土
　　　器を使って暮らしていた。
　　ウ．大陸から米作りの技術が伝わり，人々は指導者（首長）を中心に，協力して農作業を
　　　行なった。
　　エ．大和地方に大きな力をもった国があらわれ，大王とよばれる王を中心として，地方の
　　　王や豪族を従えるようになった。

問6 　地図中の「鴻臚館」とは，中国や朝鮮からの使者をむかえたり，日本からの使節の出
　　発などの準備をしたりする場所で「古代アジアの玄関口」として知られています。初めの
　　ころは使節の往来が多かったのですが，9世紀末以降，次第に外国商人の往来が多くなり
　　ました。その原因となるできごとを答えなさい。

問7 対象地域図の能古島(のこのしま)には，次のような歌があります。

沖つ鳥(おき) 鴨とふ船の(かも) 帰り来ば(こ) 也良の(やら)（　　）早く告げこそ　　　山上憶良『万葉集』

※也良とは，能古島の北の端にある岬(みさき)。

この歌は，対馬(つしま)に派けんされた（　　）の食料を届ける途中で亡くなった船乗りの死を悲しみよんだものです。（　　）にあてはまる語句を漢字2字で答えなさい。

問8 右の絵は，地形図に記された「元寇防塁(げんこうぼうるい)」の当時のようすです。鎌倉時代(かまくら)，元の大軍が二度この地に攻めてきました。馬上にいるのは，竹崎季長(たけざきすえなが)という武士です。

（1）この防塁は，元軍の侵入を防ぐために築いたものです。元軍の戦い方は，当時の日本軍の戦い方とどのようにちがっていましたか。次の文の〇〇にあてはまる語句を漢字2字で答えなさい。

日本軍の戦い方とはちがい，元軍は〇〇戦法で火薬兵器を使用していた。

（2）右の絵は，戦い終えた竹崎季長が，幕府の役人にほうびを求めるようすです。幕府は，季長の手がらを認め（　　）を与えました。（　　）にあてはまる武士がご恩としてもらっていたものとは何ですか。

作図	説明

13

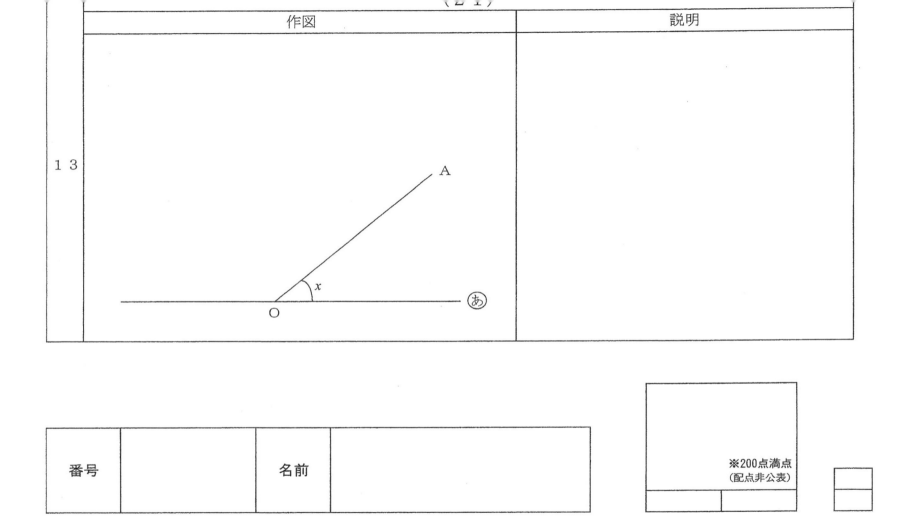

番号		名前	

※200点満点
（配点非公表）

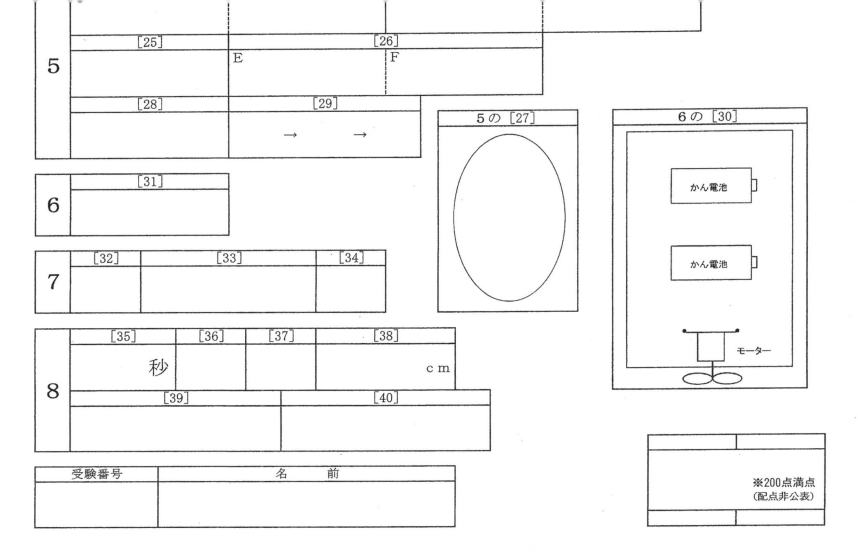

5

[25]	[26]
E	F

[28]	[29]
	→ →

6

[31]

7

[32]	[33]	[34]

8

[35]	[36]	[37]	[38]
秒			ｃｍ

[39]	[40]

5 の [27]

6 の [30]

かん電池

かん電池

モーター

受験番号	名　　前

※200点満点
（配点非公表）

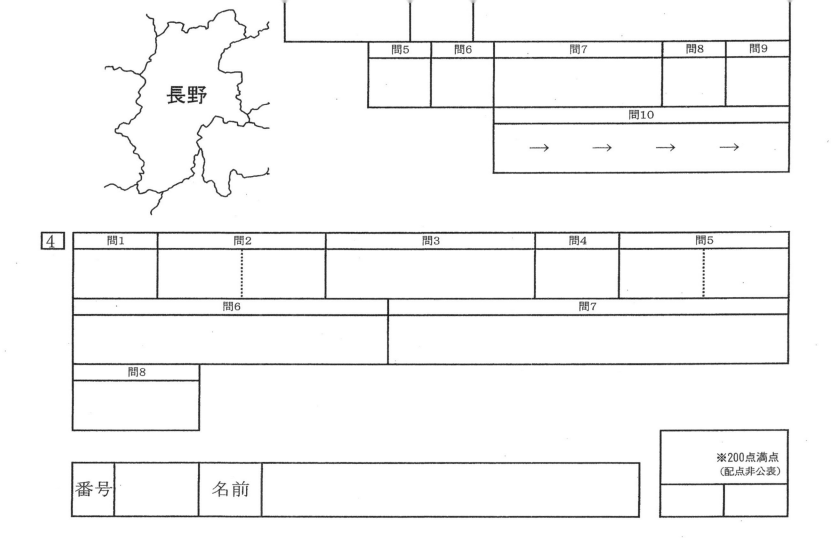

長野

問5	問6	問7	問8	問9

問10
→ → → →

④

問1	問2	問3	問4	問5

問6	問7

問8

番号		名前	

※200点満点
（配点非公表）

2017(H29) 南山中(女子部)

Ⓚ 教英出版

2017年度　社会　解答用紙

1

問1	問2	問3			問4			
					イギリス	イタリア	オーストラリア	マレーシア
		→	→	→				

問5(1)	問5(2)	問5(3)	問5(4)

問5(5)	問6(1)

問6(2)

問6(3)

2

問1	問2	問3	問4		問5
			(1)	(2)	
	m				

問6	問7	問8(1)	問8(2)

２０１７年度　理科　解答用紙

1

[1]	[2]	[3] ③ ④	[4]	[5]	[6]
					km

[7]	[8] ⑧ 　等星 ⑨ 　座 ⑩ 　座	[9]

2

[10]	[11] ア　イ　ウ	[12] ア　イ

[13] 1つめ　2つめ　3つめ	[14]

3

[15]	[17] %	[18] g

[19]	[20] [A]　ミョウバン

3 の [16]

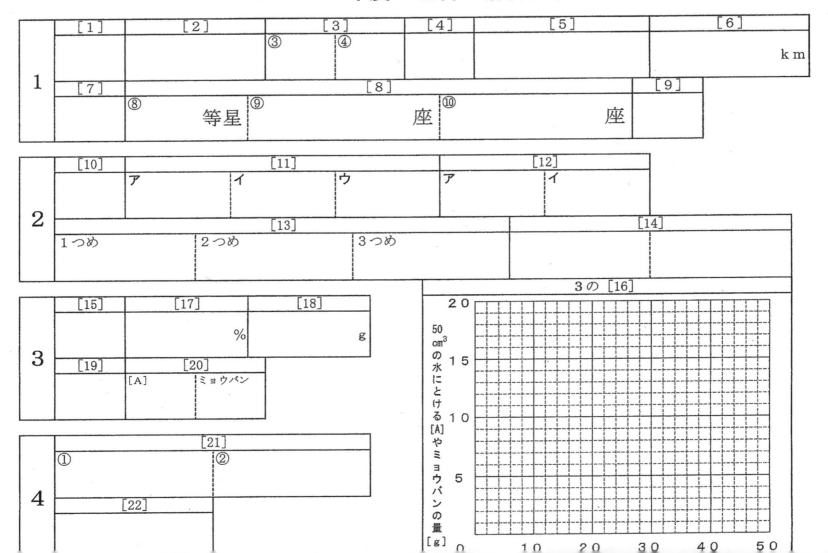

縦軸: 50cm³ の水にとける [A] やミョウバンの量 [g]（20, 15, 10, 5）
横軸: 0, 10, 20, 30, 40, 50

4

[21] ①　②
[22]

2017年度　算数　解答用紙

1	(1)	(2)	(3)	(4)	(5)

2	(6)

3	(7)
	個

4	(8)
	台

5	(9)

6	(10)	(11)
	分速　　　　m	m

7	(12)	(13)
	通り	通り

8	(14)
	点

9	(15)
	cm

10	(16)	(17)
	度	cm

11	(18)	(19)
	cm³	cm³

12	(20)
	cm²

3 野麦峠は，明治のころに飛騨地方の若いむすめさんたちが信州（①長野県）の製糸工場へむかった峠です。②江戸時代から発達してきた製糸業は，のちに「③生糸を売って軍艦を買う」と言われるほど，大切な産業となりました。製糸業がさかんになって人手不足になると，工女の取り合いが起きたり，たくさんお金をかせぐむすめさんは「百円工女」とよばれたりしました。信州の製糸工場は，美しいレンガ造りの富岡製糸場とはちがい，ほとんどが木造で，動力は諏訪湖に流れこむ川を利用した水車でした。この小さな工場から④産業革命が始まり，生糸が⑤近代の産業の発展を支えたのです。

　工女たちの暮らしや気持ちを歌った歌が残っています。

　　うちが貧乏で　十二の時に　売られてきました　この会社
　　かごの鳥より　監獄よりも　きかや（製糸工場）づとめは　なおつらい

「鳥の鳴かない日はあっても工女の逃げない日はなかった」と言われるように，工女たちの⑥働く環境は厳しいものでした。時には，⑦工場で働く人々が組織をつくって「私たちを人間らしくあつかってください。給料を上げてくれるまで仕事をしません。」と社長にうったえたできごともありました。産業が発展して人々の暮らしが豊かになるにつれて，さまざまな問題が起こってきたのです。

　1929年に世界恐慌が起きると，アメリカへ輸出していた生糸は売れなくなってしまいました。長野県への打撃は大きく，暮らしに困って，⑧国が進める海外への移住に応募する村が増えていきました。日本全体でも数十万人の農民が開拓団として海をわたりました。

　⑨戦争がはじまると，戦争に関する産業を優先する政策のため，製糸業は急速におとろえました。もう生糸を引いていられる時代ではなくなったのです。生糸を輸出したお金で造った日本の軍艦は⑩1945年までに次々と海にしずんでしまいました。

問1　下線部①について，長野県は8都道府県と接しています。長野県の周辺の8都道府県名を解答用紙の地図中の正しい位置に，全て漢字で記しなさい。

問2　下線部②について，江戸時代，長野県の木曽地方は尾張藩が領有し，山林の木を勝手に切ることは固く禁じられ，「木一本，首一つ（勝手に木を切ると首が飛ぶ）」，とまで言われました。「木曽五木」と言われるこれらの木のうち，最も大切にされた木の名前をひらがなで答えなさい。

- 8 -

問3　下線部③について述べた文のうち，適当なものを次から１つ選びなさい。

　　ア．生糸とは絹糸のことで，蚕の繭を煮て糸を引き出して加工することを「糸引き」といった。

　　イ．生糸とは綿糸のことで，綿花から繊維を引き出して加工することを「糸引き」といった。

　　ウ．生糸とは絹糸のことで，原料の繭は中国や朝鮮から輸入し，日本で加工し輸出した。

　　エ．生糸とは綿糸のことで，原料の綿花は中国や朝鮮から輸入し，日本で加工し輸出した。

問4　下線部④について，2015年，「明治日本の産業革命遺産」が世界遺産に登録されました。登録をめぐって，日本と韓国の間に意見の対立がありました。韓国側は，「産業革命遺産の中には，かつて朝鮮の人々が（　　　　）から，世界遺産としてふさわしくないものもある」と考えていました。（　　　　）を１０字以内で答えなさい。

問5　下線部⑤について述べた文のうち，**適当でないもの**を次から１つ選びなさい。

　　ア．国内で鉄鋼を生産するため，政府は日清戦争で得た賠償金の一部を使って，北九州に八幡製鉄所をつくった。原料の鉄鉱石は中国から安く買い入れ，燃料の石炭は筑豊炭田でとれたものを使った。

　　イ．足尾銅山の工場から出る有毒なけむりや廃水によって，森林や田畑に被害が出るようになった。衆議院議員の田中正造は，足尾銅山の操業をやめるように政府に訴え，銅山は閉鎖された。

　　ウ．政府の政策の他にも，渋沢栄一や豊田佐吉などの人々が，会社をつくり，産業をさかんにしようと努力した。

　　エ．産業が発展するにつれて，都市部に住む人々が急速に増え，電車やバスなどの交通が整備された。

問6　下線部⑥について，現在，日本国憲法や法律はどのように定めていますか，適当なものを次から１つ選びなさい。

　　ア．労働基準法などの働く人の権利を守る法律は，外国人労働者にはあてはまらない。

　　イ．子どもが保育園に入るまでは，女性は仕事を休むことができる。

　　ウ．働きすぎて体をこわすことがあっても，会社の責任ではないので，自分で健康管理をしなければならない。

　　エ．一日に働かせてもよい時間をこえて，長く働かせる場合は，余分に賃金を支払わなければならない。

問7　下線部⑦のように，働く人々が，人間らしく働く条件を守るために（　　　）して，行動する権利を日本国憲法は保障しています。これを（　　　）権といいます。（　　　）を漢字２字で答えなさい。

問8　下線部⑧のように，多くの人々が移住し開拓した
　　　地域はどこですか。地図中の**ア～エ**から１つ選びな
　　　さい。

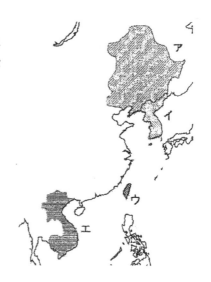

問9　下線部⑨のころから戦後のようすについて答えなさい。表のA～Cは，それぞれ 1939
　　　年・1948 年・2015 年の 14 歳の子どもの平均身長を示しています。A～Cの組み合わせ
　　　として適当なものを次から１つ選びなさい。

	A	B	C
男子	146.0 c m	152.1 c m	165.1 c m
女子	145.6 c m	148.7 c m	156.5 c m

文部科学省の統計をもとに作成。

　　　ア．A - 1939 年　　　B - 1948 年　　　C - 2015 年
　　　イ．A - 1939 年　　　B - 2015 年　　　C - 1948 年
　　　ウ．A - 1948 年　　　B - 1939 年　　　C - 2015 年
　　　エ．A - 1948 年　　　B - 2015 年　　　C - 1939 年
　　　オ．A - 2015 年　　　B - 1939 年　　　C - 1948 年
　　　カ．A - 2015 年　　　B - 1948 年　　　C - 1939 年

問１０　下線部⑩の年のできごとを起きた順番に並べなさい。
　　　ア．アメリカ軍が広島に原爆（げんばく）を投下する
　　　イ．アメリカ軍が長崎に原爆を投下する
　　　ウ．沖縄（おきなわ）戦での組織的な戦いが終わる
　　　エ．連合国がポツダム宣言を日本に対して発表する
　　　オ．日本がポツダム宣言を受けいれて降ふくする

4 南山中学校の１年生に「新聞を読みますか」と聞いたところ，「よく読む」「時々読む」と答えた生徒が四分の三以上でした。みなさんは新聞を読みますか。新聞は世の中の動きを知るのに便利な道具です。では，社会のさまざまなできごとに関する次の問いに答えなさい。

問１　私たちが知ることや表現することは，憲法で保障された基本的人権です。基本的人権に関わる文として，最も適当なものを次から１つ選びなさい。

ア．ＮＨＫは公共放送なので，社会が混乱しないように，政府の考えに批判的な報道をさけている。

イ．表現の自由があるからといって，人種や民族を差別するようなヘイトスピーチはやってはいけない。

ウ．テレビに出ている芸能人にはプライバシーの権利は保障されていないので，私生活をあばかれても文句は言えない。

エ．私たちの個人情報をマイナンバーで保護するために，特定秘密保護法が制定された。

オ．有権者である１８歳の生徒に影響を与えてはならないので，高校の先生は授業中に政治の話をしてはいけない。

カ．大相撲やプロ野球などの試合前の国歌斉唱のときには，起立しないと国旗・国歌法で罰せられる。

問２　選挙区によって，当選するために必要な票数が異なることを「一票の格差」といいます。2016年の参議院議員選挙では，人口が少ない選挙区を近くの選挙区とまとめて１つにして，人口の多い選挙区との「一票の格差」を縮める合区（合同選挙区）が設けられました。２つの選挙区をまとめた合区を次から２つ選びなさい。

ア．宮城県と福島県　　　イ．東京都と神奈川県　　　ウ．静岡県と愛知県
エ．鳥取県と島根県　　　オ．徳島県と高知県　　　　カ．福岡県と佐賀県

問３　右のグラフは2016年の国の支出を示しています。地方財政費の内訳は，国から地方に交付されるお金が中心です。これは地方の間の財源の格差をなくすためのもので，収入が多い地方には交付されず，収入が少ない地方には多く交付されています。2016年度，交付されていない都道府県や市町村は７７です。そのうち，以下のａ～ｇの市町村には共通するもの（施設）があります。それは何ですか。

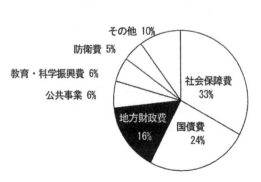

『日本国勢図会16/17』をもとに作成。

ａ．泊村（北海道）ｂ．大熊町（福島県）ｃ．高浜町（福井県）ｄ．おおい町（福井県）
ｅ．刈羽村（新潟県）ｆ．御前崎市（静岡県）ｇ．玄海町（佐賀県）

問4　グラフは「子どもの貧困率」のうつりかわりを示しています。貧困率とは，平均的な所得の半分以下で生活する人の割合です。子どもの貧困率が高くなっているということは，（　　　　　　　　　　）ということが言えます。（　　　　　　　　）にあてはまる文として，最も適当なものを次から1つ選びなさい。

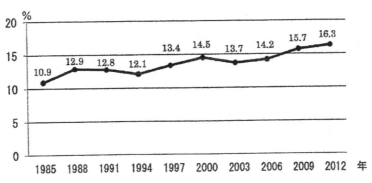

厚生労働省の統計をもとに作成。

ア．日本国内での経済格差が，年々広がっている。
イ．日本が全体的に貧しくなり，年々平均的な所得が減っている。
ウ．少子高れい化が進み，子どもの数が減っている。
エ．子どもの教育に必要な費用が増えており，国の負担が大きくなっている。

問5　2013年には国会で「子どもの貧困対策法」という法律が制定され，翌年施行されました。法律をつくる以外に，国会のしごとにはどのようなものがあるか，次から2つ選びなさい。
ア．法律や政治が憲法に違反していないかを判断する
イ．裁判官をやめさせるかどうかの裁判をおこなう
ウ．国会の召集を決める
エ．最高裁判所の裁判官がふさわしいかどうか審査する
オ．内閣を信任しないことを決める
カ．最高裁判所の長官を指名する

問6　グラフは，1996〜1997年と2013〜2014年の月ごとの消費支出（日常生活で使用するものを買うための支出）の変化を示したものです（前年の同じ月を100とする）。どちらの年にも，3月に消費支出が増え，4月以降に減少しています。これは，<u>4月1日からあることが変わる</u>ため，3月31日までに急いで買い物をする人が多かったことを示しています。下線部は何がどのように変わるのですか。5〜10字で答えなさい。

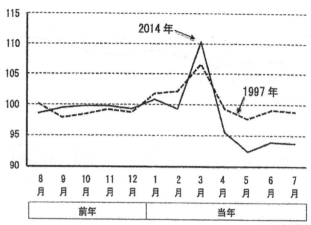

総務省の統計をもとに作成。

問7　次の表は，福島県産の野菜や果物の市場での価格を示しています。これまで，福島県産の野菜や果物はブランド力が高く，全国平均価格より高く取引されていたのですが，2012年には全国平均価格より安くなったものが増えました。安くなった理由として考えられることを答えなさい。

福島県産青果物主力7品目の値動きの推移（東京都中央卸売市場6月上旬）

品目	2010年			2011年			2012年		
	福島県産	全国平均	全国比	福島県産	全国平均	全国比	福島県産	全国平均	全国比
キュウリ	318円	270円	117.8%	406円	348円	116.7%	147円	154円	95.5%
サヤエンドウ	746円	562円	132.8%	714円	510円	140.0%	413円	620円	66.7%
ブロッコリー	341円	309円	110.4%	296円	296円	100.0%	172円	263円	65.4%
アスパラガス	945円	956円	98.9%	991円	1093円	89.8%	786円	1005円	78.2%
トマト	263円	350円	75.2%	303円	296円	102.4%	304円	320円	95.0%
イチゴ	913円	779円	117.2%	781円	737円	106.0%	612円	788円	77.7%
サクランボ	5076円	3402円	149.2%	2768円	3518円	78.7%	2040円	2854円	71.5%

※金額は1キロ当たりの値段。全国平均単価は，福島県産を除く総平均。　「福島民報」2012年7月7日をもとに作成。

問8　私たちが毎日使っている商品Xを，つくって売ることができる会社は，これまでは地域ごとに限られていました。しかし，2016年4月からは，だれでも自由に，さまざまな方法でつくって売ることができるようになり，買う人も自由に選ぶことができるように法律が変わりました。Xとは何か，漢字2字で答えなさい。

9

（１８）右図は１辺６cmの正方形の三等分点を結んで直角三角形を作り，各辺を直径とする半円をえがき，６つの三日月型を作った図です。

この６つの三日月型の面積の和を求めなさい。

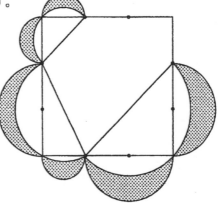

H28. 南山中（女子部）
K 教英出版

8

（１７）たて 12 cm，横 24 cm の長方形の紙をたてに半分に折り，それから横に半分に
　　折って，図のように半径 6 cm の円をかきます。

　　それから，図の影をつけた部分を切り取り，広げます。

　　できた図形の周の長さは，はじめの長方形の周の長さより何 cm 長いでしょうか，
　　または短いでしょうか。

　　「長い」，「短い」も解答らんに答えなさい。

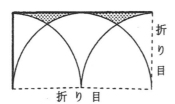

折り目

折　り　目

底面がたて 40 cm，横 42 cm の長方形で，　深さ36 cm の段ボール箱 A には，たて 10 cm，横 7 cm，高さ6 cm の直方体の製品 X が同じ向きにすき間なく入っていました。もう1つの直方体の段ボール箱 B には，1辺 8 cm の立方体の製品 Y が 105 個，すき間なく入っていました。段ボール箱 B から立方体の製品 Y を全部取り出し，空になった段ボール箱 B へ段ボール箱 A から直方体の製品 X を移しかえて入れていったところ，同じ向きにすき間なく入りました。

（9）段ボール箱 A には製品 X がいくつ残っていますか。

（10）段ボール箱 B のたて，横，深さのうち，深さが最も小さいとすると
　　 その深さは何 cm でしょうか。

H28. 南山中（女子部）
K 教英出版

3

三角すいの頂点に 1 から 4 の数字を 1 つずつ入れて，それぞれの面において頂点の数の和を考えると，

　6, 7, 8, 9

になります。

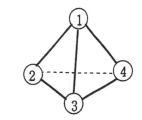

　同じように，

立方体の頂点に 1 から 8 の数字を 1 つずつ入れたところ，すべての面の頂点の数の和が等しくなりました。

（7）1 つの面の頂点の数の和はいくつですか。

（8）図のように 1 から 4 の数字を入れたとき，残りの頂点 A，B，C，D にあてはまる数を入れなさい。ただし，A の方が C より大きい数が入るとします。

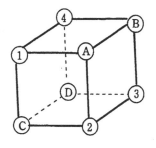

2016 年度

南山中学校女子部　入学試験問題

算　数

K 教英出版

このページには問題がありません。

[36] 液の色を漢字で答えなさい。

[37] Ｃ液の名前を漢字で答えなさい。

[38] ①にあてはまる用語を漢字で答えなさい。

② に最もよくあてはまる数字を，次のア～オから選んで記号で答えなさい。

　　ア　1～2　　　イ　3～4　　　ウ　6～7　　　エ　9～10　　　オ　13～14

[39] ①にあてはまる色を答えなさい。

②にあてはまる溶液の名前を答えなさい。

[40] 最もよくあてはまる文を，次のア～オから選んで記号で答えなさい。

　　ア　イカダモやクンショウモがたくさん増えて光合成した

　　イ　ワムシがたくさん増えて呼吸した

　　ウ　ミカヅキモがミジンコにたくさん食べられ，ミカヅキモが減ってミジンコが増えた

　　エ　ケンミジンコがモツゴやメダカにたくさん食べられて減った

　　オ　アメリカザリガニがたくさん増えて，モツゴやメダカがいなくなった

歩美「メスシリンダーの目盛りを水平に見ながら，［35］と目盛りの線がぴったり合うところまで蒸留水を入れます。」

近藤「それでよし。できた水溶液（B液）を少しずつ試験管5に入れてみて。それと，pHメーターでB液のpHを測ってみてください。」

歩美「青色になりました。えーと，B液のpHの値は　１０．５　です。」

近藤「A液，蒸留水，水道水のpHをそれぞれ測ってください。値はいくらですか？」

歩美「A液の値は　１１．５　です。蒸留水は　７　です。水道水は　５．０　でした。」

近藤「では，別のこのC液を試験管6に入れるとどうなる？」

歩美「今までとちがって，濃い［36］色になりました。C液のpHの値は　１．５　です。」

近藤「C液は何だかわかるかな。A液と適量混ぜると食塩水ができます。」

歩美「［37］だと思います。」

近藤「そのとおり。溶液のpHについてわかったかな？」

歩美「はい，少しわかってきました。あ，でも池の水のpHの値が１０．５というのはおかしいと思います。この前，調べた雨水も［38①］だったし，冬に先輩が池の水のpHを測ったときは，値が［38②］ぐらいだったって聞きました。」

近藤「そうね。じゃあビーカーに新しい蒸留水を少し入れて，その中にストローを使って息をふきこんでしばらくブクブクしてごらん。」

歩美「ブクブクブク・・・。ううっ，もういいですか。」

近藤「よし。それを試験管7にいれるとどうなる？」

歩美「あっ，うすい［39①］色になった。そうか，これはもう蒸留水じゃなくて［39②］になったんだ。」

歩美「あっ。池の水のpHの値が１０．５になってたのは，夏で［40］からなんですね。」

近藤「そのとおり。さすが歩美ちゃんね。」

［32］①と②にあてはまる実験用具を答えなさい。

［33］あてはまる数字を答えなさい。

［34］あてはまる物質の名前を漢字で答えなさい。

［35］最もよくあてはまる文を，次のア〜オから選んで記号で答えなさい。

　　　ア　液面の最も高い部分

　　　イ　液面の中央の高さの部分

　　　ウ　液面の最も低い部分

　　　エ　液面の１ｍL低い部分

　　　オ　液面の高さを平均した部分

4　南山中学校１年生の歩美さんは，化学部に入って隼人池（はやといけ）の観測をしています。

次の文章は夏休みのある日の会話です，よく読んであとの問いに答えなさい。

歩美「うわあ，今日は糸歌先生がいらっしゃる日だったんですね。うれしいです。」

糸歌「一緒に観測に行きましょう。それにしても [21①] がたくさんシャーシャーと合唱していてうるさいねえ。ますます暑く感じるよ。」

歩美「はい。いちばん体が大きくて，黒くて，はねが透明（とうめい）の種類。鳴き声も大きくて，午前中はこればっかり。お昼すぎると鳴きやんで，午後は別の種類のはねが茶色で不透明な [21②] がよく鳴いていますね。」

糸歌「そうだね。おっ，ソメイヨシノの木の枝に [22] の成虫がいるよ。」

歩美「えっ，どこどこ？」

糸歌「ここだよ。枝のまねをしていて，そっくりだから見つけにくいね。擬態（ぎたい）っていうんだね。インドネシアにはこれに近い仲間で，木の葉そっくりなコノハムシがいるよ。」

歩美「あ，こっちには枝の擬態（ぎたい）をして，じっとして動かない茶色い [23] ガの幼虫がいます。この幼虫，歩く時とってもおもしろい歩き方するからかわいい。」

糸歌「お，あそこにアゲハチョウのメスが飛んでいるよ。アゲハチョウはどこに産卵するか，知ってるよね？」

歩美「[24] 科の木の，葉の裏側でーす。」

糸歌「そうだね。チョウやガは種類によって，幼虫が食べる植物の種類が決まっているんだね。」

歩美「アゲハチョウの卵は [25①] 色で，卵からふ化した幼虫は [25②] 色だけど，[25③] 色の幼虫は [25④] 齢（れい）なの。」

糸歌「よく知っているね。じゃあ，アゲハチョウのさなぎの形はかけるかな？」

歩美「はい，去年モンシロチョウもかけたから簡単でーす。これがアゲハチョウのさなぎが枝についている図 [26] です。」

糸歌「おお，これなら合格だね。アゲハチョウの卵の大きさは約 [27①] だね。ヒトの卵の大きさは約 [27②] だから，体積だとおおよそ [27③] 倍ぐらいの大きさだね。ところで，ヒトの誕生については知っているかな？」

歩美「はい。まず女性の体内にある （A）から卵が排卵（はいらん）されます。卵が （B）の中で （C）と受精すると，（D）になって成長を始めます。そして （E）の壁（かべ）に着くと，（F）ができてどんどん成長して （G）と呼ばれるようになります。（G）は，ふつう （E）の中でひざを曲げたかっこうで，（H）を下にして （I）の中に浮（う）かんでいるの。受精からだいたい （J）週たつと出産で，（H）から出て生まれてくるの。そのあとで （K）とつながった （F）も出てくるの。」

このページには問題がありません。

2　導線と手回し発電機，エナメル線，方位磁針を用いて実験を行いました。

[11] 例1の様な回路を組んで，エナメル線の上に方位磁針を置いて，手回し発電機を時計回りにゆっくり（2秒間に1回転の速さ）回したところ，方位磁針の針が　ア　の様にふれました。また例2の様に，エナメル線の下に方位磁針を置いて，手回し発電機を時計回りに少し速く（1秒間に2回転の速さ）回したところ，方位磁針の針は　オ　の様にふれました。下の①〜③の様な回路の時，方位磁針の様子に最も近いものを，図のア〜オから選んで記号で答えなさい。ただし電流が流れていない時，方位磁針は　イ　の様になっています。また，この手回し発電機は回す向きによって電流の向きが変わります。

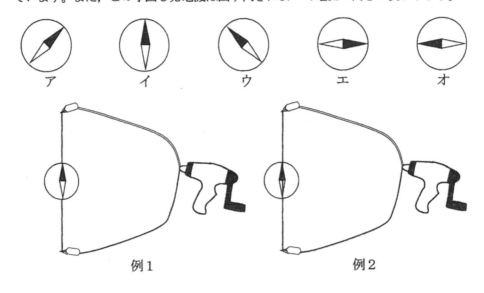

例1　　　　　　　　　　　　　　　例2

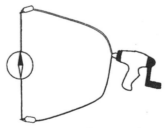

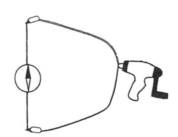

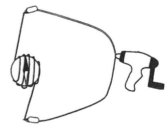

①　エナメル線の上に方位磁針を置いて，手回し発電機を時計回りに少し速く回した。

②　エナメル線の上に方位磁針を置いて，手回し発電機を反時計回りにゆっくり回した。

③　図のように，方位磁針に導線を巻き付け，手回し発電機を時計回りにゆっくり回した。

[12] 家庭や工場で使う電気を起こす火力発電所では，はじめにボイラーで水を熱して水蒸気に変えます。次に水蒸気は発電機とつながっているあるものを回し電気を起こします。何を回すのか答えなさい。

［4］（　D　）の星座は図の①のように見えました。
　　この星座の名前を答えなさい。

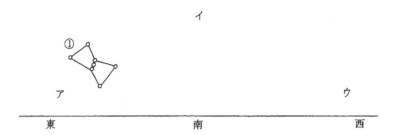

［5］（　D　）の星座を同じ場所で１１月１日の午後９時に観察した場合，どの位置に見えま
　　すか。最も近いものを，［4］の図のア～ウから選んで記号で答えなさい。

［6］下線部Ｅについて，星の明るさには１等星や２等星などの等級がつけられています。暗
　　い場所ならば，肉眼で見ることができる最も暗い星は何等星か答えなさい。

［7］下線部Ｆの南十字座は，８月１日の
　　午後８時に，シドニーでは右の図の①の
　　位置に見えました。
　　同じ日の午後１０時には図のどの位置に
　　見えますか。最も近いものを，図のア～エ
　　から選んで記号で答えなさい。

［8］下線部①の月は下の図のアの形に見えました。下線部②の月はどのような形に見えます
　　か。最も近いものを，下の図のア～クから選んで記号で答えなさい。

［9］（　G　）にあてはまる方角を答えなさい。

［10］大地くんと青空さんは，８月４日の午前０時に再び月の観測を行いました。大地くんと
　　青空さんには，月はそれぞれどのような形に見えましたか。［8］の図のア～クから選ん
　　で記号で答えなさい。

2016 年度

南山中学校女子部　入学試験問題

理　科

【　注意　】

1．試験開始の合図があるまで，この問題冊子の中を見てはいけません。

　　試験開始まで，この【　注意　】をよく読んでください。

2．試験時間は５０分です。

3．解答用紙の受験番号，名前は最初に記入してください。

4．この問題冊子は１１ページで，問題は 1 ～ 5 です。

5．試験開始の合図後，問題冊子や解答用紙に印刷が悪くて見にくいところや汚れな

　　どのある場合は，だまって手をあげて監督の先生に知らせてください。

6．答えはすべて解答用紙に書き，記号で答えるものはすべて記号で答えなさい。

7．試験終了後は解答用紙のみを提出し，問題冊子は持ち帰ってください。

2016 年度

南山中学校女子部　入学試験問題

社　会

【　注意　】

1．試験開始の合図があるまで，この問題冊子の中を見てはいけません。

　　試験開始まで，この【　注意　】をよく読んでください。

2．試験時間は５０分です。

3．解答用紙の受験番号，名前は最初に記入してください。

4．この問題冊子は１８ページで，問題は 1 〜 4 です。

5．試験開始の合図後，問題冊子や解答用紙に印刷が悪くて見にくいところや汚れなどの

　　ある場合は，だまって手をあげて監督の先生に知らせてください。

6．答えはすべて解答用紙に書き，記号で答えるものはすべて記号で答えなさい。漢字の

　　指定のあるものはかならず漢字で書きなさい。

7．試験終了後は解答用紙のみを提出し，問題冊子は持ち帰ってください。

問3　下線部③について，地域でとれる原材料を生かし，古くから受けつがれてきた技術でつくられ，国の指定を受けたものに付くマークを次から1つ選び，記号で答えなさい。

ア．　イ．　ウ．　エ．

問4　下線部④について，近年の自動車づくりの説明として最も適当なものを次から1つ選び，記号で答えなさい。

ア．ハイブリッドカーは電気とガソリンを組み合わせて走るため，少ない燃料ですみ二酸化炭素をまったく排出しない。

イ．リサイクルしやすい工夫をした自動車が発明されており，現在では部品の90％以上がリサイクルされている。

ウ．電気自動車は家庭用の電源からすぐに電気をためて走ることができるため，ひろく普及がすすんだ。

エ．全自動運転が実用化され，運転手を必要としない車が登場している。

問5　下線部⑤について，右の地図は主な石油化学コンビナートの所在地を示すものです。どのような場所にありますか。それはなぜですか，あわせて答えなさい。

『日本国勢図会　第73版　2015/16』より作成

問6　下線部⑥が定着する時代を説明したものとして，最も適当なものを次から1つ選び，記号で答えなさい。

ア．歌舞伎や浄瑠璃の作者近松門左衛門は，実際の事件をもとに脚本を書いた。

イ．雪舟は日本の自然の美しさを求めて各地をめぐり，大自然の雄大さを描いた。

ウ．貴族たちは寝殿造の大きなやしきでくらし，和歌やけまりなどを楽しんだ。

エ．奈良につくられたあたらしい都は中国の長安にならってつくられ，おおいににぎわったが，それを支える地方の人びとは重い税などの負担に苦しんだ。

問7　下線部⑦について説明した次の文から**適当でないもの**を1つ選び，記号で答えなさい。

ア．日清戦争前後に紡績業や製糸業などの繊維工業が発達し，大規模な工場で機械を使って大量生産をおこなうことが始まった。

イ．繊維産業を中心とする工業の発展は女工とよばれる女子労働者による長時間、低賃金労働によって支えられていた。

ウ．足尾銅山の工場から出る有毒なけむりや廃水が，山林をからし田畑や川の魚に大きな被害をもたらすなど周辺住民の生活へ深刻な影響をおよぼした。

エ．女性の地位向上をめざす運動が進められ，平塚らいてうや市川房枝などを中心に，選挙権などの権利の獲得などがさけばれた。

問8　下線部⑧について，下のグラフから読み取れる事がらとその背景について書かれた文から**適当でないもの**を1つ選び，記号で答えなさい。

※一次エネルギー…加工されない状態で供給されるエネルギー

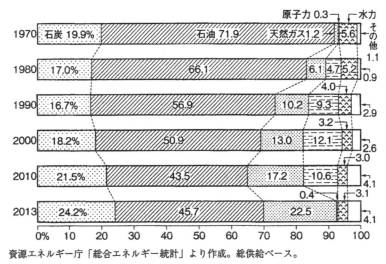

一次エネルギー供給割合の推移（会計年度）

資源エネルギー庁「総合エネルギー統計」より作成。総供給ベース。

『日本国勢図会　第73版　2015/16』より

ア．1970年代以降に石油の割合が減るのは石油危機がきっかけと考えられる。

イ．原子力の割合が2013年まで増え続けているのは，石油にかわるエネルギーとして期待されたからだと考えられる。

ウ．天然ガスの割合が伸びているのは，石炭・石油に比べて環境に優しいからだと考えられる。

エ．その他の割合が少しずつ増えているが，この中には再生可能エネルギーといわれる風力や太陽光がふくまれていると考えられる。

問2　下線部②広島に関して，次のグラフは根室市（北海道），富山市，広島市，那覇市（沖縄県）のいずれかの気温と降水量をあらわしています。広島市のグラフにあたるものを次から1つ選び，記号で答えなさい。

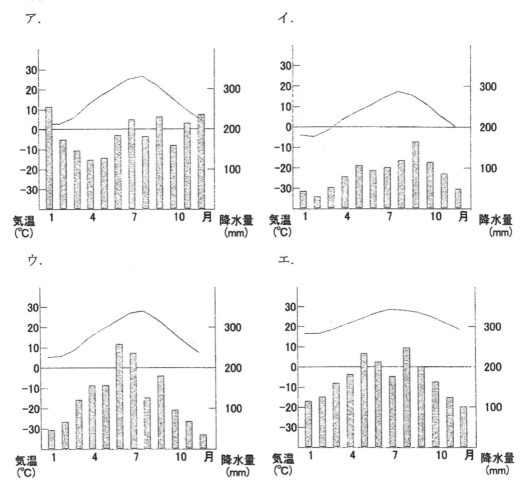

問3　下線部③について，原爆ドームは世界遺産に登録されています。同じように「負の世界遺産」といわれているものに「ナチスのアウシュヴィッツ強制収容所」があります。これは現在どこの国にありますか，次から1つ選び，記号で答えなさい。

ア．かつてドイツに占領されたポーランド

イ．国連本部のあるアメリカ合衆国

ウ．「日本のシンドラー」といわれた杉原千畝さんのつとめたリトアニア

エ．ユダヤ人のつくった国イスラエル

問11　下線部⑪弘法大師は，別名は空海といい，遣唐使とともに中国へ渡って，仏教を深く学び，教えを日本へ伝えました。このことに関係した次の文章について，**適当でないもの**を1つ選び，記号で答えなさい。

ア．あらしにめげない遣唐使たちの命がけの航海によって，中国の進んだ文化やシルクロードの珍しいものが日本にもたらされ，今でも東大寺正倉院に大切に保存されている。

イ．東大寺の巨大な大仏をつくる技術は，朝鮮半島から海を渡ってきた渡来人たちの子孫が伝えたものである。

ウ．鑑真は，危険をしょうちで日本へわたることを決意し，何回も失敗して，海賊に目をつぶされてしまった。それでも非暴力主義をうったえつづけ，日本に，悪にしたがわない抵抗の仏教の教えを伝えた。

エ．894年，菅原道真の意見によって遣唐使は停止され，その後は日本風の文化が栄えるようになっていった。

問12　下線部⑫について，最も適当なものを次から1つ選び，記号で答えなさい。

ア．朝廷の命令で地方の反乱をしずめることによって，平清盛の先祖は，主に関東や東北で勢力をのばしていった。

イ．保元の乱では，後白河天皇を守る武士として源氏と平氏が入り乱れて戦ったが，その結果，平氏の代表としての立場をたしかにした。

ウ．平治の乱では，源頼朝の父を破って，源氏をほとんど滅ぼしてしまうほどの勢いがあった。しかしまだ幼い頼朝は，清盛のことを「おじご」と言ってなついていたので，伊豆の別荘に住まわせることにした。

エ．貴族の藤原氏にかわって，むすめを次つぎと天皇のきさきとし，生まれた子どもも三代つづけて天皇に立てることに成功し，強い力を持つようになっていった。

オ．政治を思うままにし，反対する人びとをきびしく処ばつしたため，ひどい目にあった貴族や武士たちのなかで不満が高まっていった。1184年，一の谷の戦いで源義経の軍に後ろからおそわれて，切られて亡くなった。

問4　下線部④について，お好み焼きには小麦粉が欠かせません。小麦やコメのことを穀物（こくもつ）といいますが，**穀物ではないもの**を次から1つ選び，記号で答えなさい。

　　ア．アズキ　　イ．ジャガイモ　　ウ．グリーンピース　　エ．ソバ

問5　下線部⑤について，ヒロシマ，ナガサキについで，1954年にアメリカがおこなったビキニ環礁（かんしょう）での水爆実験で第五福竜（りゅう）丸をはじめとする日本の漁船が被（ひ）ばくし，日本人がぎせいになりました。原爆や水爆などの核兵器が恐（おそ）ろしいのは，たった1発でも，熱線・爆風だけでなく□□□が発せられるからです。□にあてはまる語句を**漢字3字**で答えなさい。

問6　下線部⑥の朝鮮戦争がはじまった年からおよそ10年間の日本について，**適当でないもの**を次から1つ選び，記号で答えなさい。

　　ア．日本では景気がよくなり，復興がすすんで「もはや戦後ではない」などといわれるようになった。

　　イ．日本は，アメリカのサンフランシスコで開かれた講和会議で，48か国と平和条約を結んで主権を回復した。

　　ウ．アメリカと安全保障条約を結んで関係を強めたため，沖縄はまもなく返還（へんかん）されたが，アメリカ軍の基地はそのまま残された。

　　エ．「三種（さんしゅ）の神器（じんぎ）」とよばれた白黒テレビ，電気洗たく機，電気冷蔵庫などの電化製品が家庭に広まりはじめた。

問13　下線部⑬に関係して，最近の世界の国ぐにについて書かれている次の文から**適当で**ないものを1つ選び，記号で答えなさい。

ア．ＴＰＰ（環太平洋パートナーシップ協定）交渉は，アメリカ合衆国がリーダーですすめられているので，アメリカ国内では反対はほとんどない。

イ．中国は，1970年代に始めた一人っ子政策をとりやめることにした。

ウ．厳しい冬を越さなければならない韓国には，キムチを隣近所あつまってみんなで漬けこむキムザン（キムジャン）という行事がある。2013年にユネスコ無形文化遺産に登録された。

エ．フランスのパリでは，同時多発テロが起こり，多くの人が亡くなった。

問14　下線部⑭について，政府が毒ガスの島を地図から消したのは，なぜですか。説明しなさい。

檀溪

土朗

枇杷園句集

地形図を見て，次の問いに答えなさい。

問1　「墓地」の地図記号を書きなさい。

問2　南山女子部の近くにあるこの記号 ☼ は何か，次から選びなさい。

　　ア．工場　　　イ．風車　　　ウ．変電所　　　エ．灯台　　　オ．ダム

問3　下線部ア〜エのうち，1つだけ適当でないものがあります。それを選び，記号で答
　　えなさい。

問4　歩いた道のりを元の地形図で測ったところ，ちょうど10センチメートルありました。
　　みなみさんが，途中で止まることなく歩いたとしたら，時間はどのくらいかかります
　　か。時速5キロメートルとして計算しなさい。

問5　C から E はどの方角にありますか，ふさわしいものを次から選びなさい。

　　ア．南西　　　イ．南東　　　ウ.北西　　　エ．北東　　　オ.東　　　カ．西

問6　新田開発に関して，適当でないものを次から1つ選び，記号で答えなさい。

　　ア．山崎川は自然の川なので地面を深く削ってしまい，隼人池からの用水路はわざわ
　　　ざ木の樋をつくってこえるようにした。すぐれた測量技術など，より広い地域へ水
　　　を流すための江戸時代の人の働きをみることができる。

　　イ．用水路は完成すれば終わりではなく，流れ込む土砂やゴミをさらったり，雑草取
　　　りをしたり，その後の管理が重要だ。また，となり村どうしで水争いが起きること
　　　もたびたびあり，村をこえて話し合いがおこなわれることもあった。

　　ウ．水田は，大量の水を入れるために鏡のように平らでなければならないので，畑を
　　　つくることに比べて手間がかかるが，太陽の光が均等にあたり，作業効率でもすぐ
　　　れているので，日本の稲作の収穫率は近年まで世界一だった。

　　エ．江戸時代初めの新田開発によって，日本全国の田の面積はほぼ倍に増えた。しか
　　　し収穫の半分ほど年貢で取られるので，農業をやる人は減り，商品作物栽培のため
　　　に田も減って，江戸時代の終わりには，ため池はほとんどなくなった。

問7　同じところで同じ作物を作りつづけると土がダメになってしまいます。これを連作
　　障害といいます。ところが米は，水田で栽培されることによって，あまり連作障害が
　　おきません。水と同じように山も農民にとっては大切なものでした。
　　　ここ南山は，江戸時代は入会地という村人の共同利用の土地で，草木を刈り取って
　　くる場所だったことが，絵の左端真ん中の人を見てもわかります。農民は草木を何に
　　使ったか，答えなさい。

問2　下線部②は，日本国憲法には「国民は，すべての生まれながらに持っている￣￣￣をおかされない。この憲法が国民に保障する￣￣￣は，おかすことのできない永久の権利として，現在および将来の国民にあたえられる」とあります。空らんに入る語句を答えなさい。

問3　下線部③について，地域に住む人びとが，それぞれの地域の実情(じつじょう)にあわせて自分たちの責任において政治をすすめること何というか。**漢字4字**で答えなさい。

問4　下線部④に関する次の文のうち，**適当でないもの**を1つ選び，記号で答えなさい。

　ア．消費税とは，商品を買ったりサービスを受けたりしたときにかかる税である。

　イ．税金は，公共施設や道路などを整備するためにも使われている。

　ウ．教科書やランドセルなど義務教育で使うものには税金がかからない。

　エ．税金は，国や都道府県，市町村に納められる。

　オ．個人が得た所得や会社が得た所得にも税金がかけられている。

問5　下線部⑤について，人々の暮らしも戦争の影響を受けました。その説明として**適当でないもの**を次から1つ選び，記号で答えなさい。

　ア．子どもの読む本や雑誌にも戦争を題材にしたものが多かった。

　イ．米や衣料が配給制になった。

　ウ．労働力不足をおぎなうために女子生徒も工場などで働いた。

　エ．人々は団結することを禁止され，隣組(となりぐみ)も解散させられた。

　オ．学校生活は軍隊式のものになり，戦争の訓練などをおこなった。

問6　下線部⑥について，戦後の日本は民主的な社会をつくるための改革を次々と進めていきましたが，憲法が制定されたころの出来事として**適当でないもの**を次から1つ選び，記号で答えなさい。

　ア．選挙法が改正され，20才以上のすべての男女に選挙権が保障された。

　イ．就職(しゅうしょく)や結婚(けっこん)などで差別され苦しめられてきた人びとが全国水平社(ぜんこくすいへいしゃ)をつくり差別をなくす運動をおこなった。

　ウ．教科書の一部をすみで消したすみぬり教科書も使われた。

　エ．教育の制度が変わり義務教育が9年間となり，社会科が新しい教科として始まった。

　オ．多くの農民が自分の土地を持つようになった。

2016年度　算数　解答用紙

1	（1）	（2）	（3）	（4）	（5）
			秒		

2	（6）
	万人

3	（7）	（8）			
		A	B	C	D

4	（9）	（10）
	個	ｃｍ

5	（11）	（12）	
		ア	イ

6	（13）
	通り

7	（14）	（15）	（16）
	分	ｋｍ	ｋｍ

8	（17）
	ｃｍ

9	（18）
	ｃｍ²

10	（19）	（20）
	度	度以上

２０１６年度　理科　解答用紙

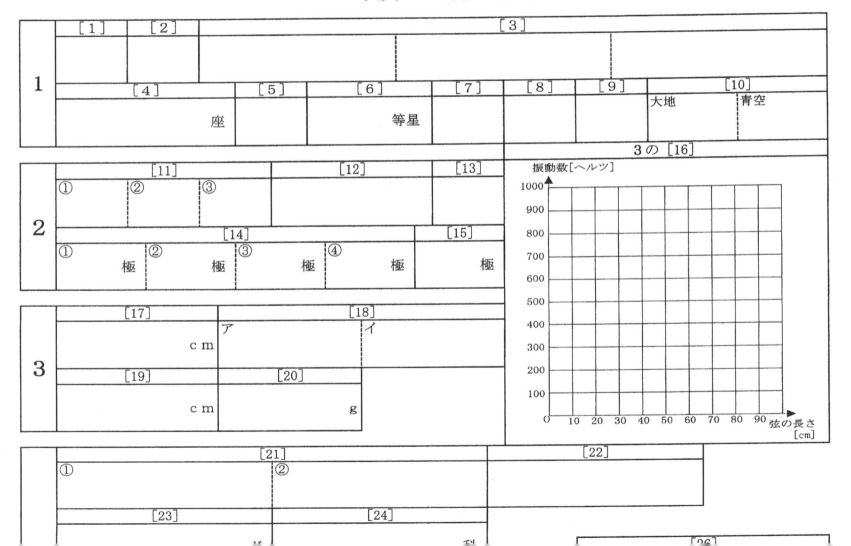

1	[1]	[2]	[3]							
	[4] 座	[5]	[6] 等星	[7]	[8]	[9]	[10] 大地 / 青空			

2	[11] ① ② ③	[12]	[13]	
	[14] ① 極 ② 極 ③ 極 ④ 極		[15] 極	

3	[17] ｃｍ	[18] ア イ
	[19] ｃｍ	[20] ｇ

3の [16]

振動数［ヘルツ］

1000
900
800
700
600
500
400
300
200
100

0　10　20　30　40　50　60　70　80　90　弦の長さ［cm］

[21] ① ②	[22]
[23]	[24]

2016年度　社会　解答用紙

1

問1	問2	問3	問4

問5

問6	問7	問8	問9	問10	問11

2

問1	問2	問3	問4	問5

問6	問7	問8	問9	問10	問11	問12	問13

問14

3

問1	問2	問3	問4	問5

問6	問7

4

問1	問2	問3

問4	問5	問6

番号		名前	

※200 点満点
（配点非公表）

H28. 南山中（女子部）

K 教英出版

4

[25]				[27]		
①	②	③	④	①	②	③

[28]				[29]		
A	B	C	D	E	F	G

[30]			[31]
H	I	K	

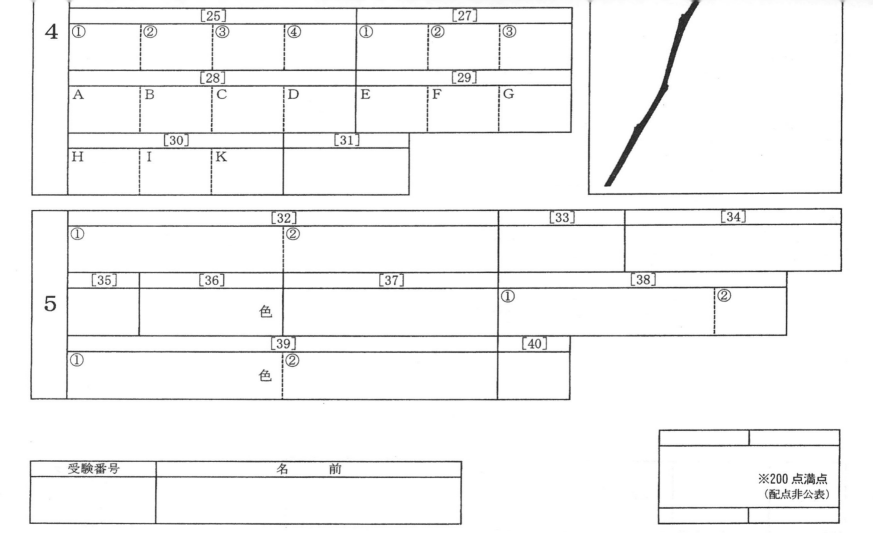

5

[32]		[33]	[34]
①	②		

[35]	[36]	[37]	[38]	
	色		①	②

[39]		[40]
①	② 色	

受験番号	名　　前

※200点満点
（配点非公表）

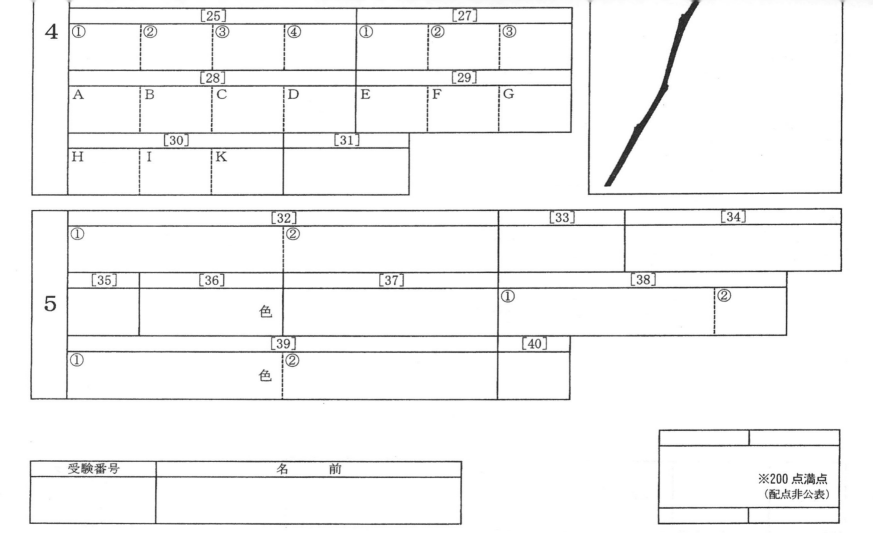

	作図 	説明
11	A ———————— B	

番号		名前	

※200点満点
（配点非公表）

H28. 南山中（女子部）
🄚 教英出版

4 2016 年は申年です。昨年は東山動物園のゴリラ，シャバーニが大きな話題となりました。次の文は，憲法記念日のお休みに動物園を訪れたみなみさんとお兄さんの会話です。これを読んであとの問いに答えなさい。

お兄さん　「今日は国民の祝日だね。」

みなみさん「お兄ちゃん，どうして今日が大切なの。」

お兄さん　「明治時代にはじめて日本に憲法がつくられたのだけれど，①憲法ができるまでのことは知っているかい。」

みなみさん「大日本帝国憲法のことよね。社会の授業で習ったわ。今の憲法は，戦後に作られた日本国憲法でしょ。」

お兄さん　「そうだよ。②こうしてぼくたちが自由に動物園に来て楽しむことができるのも憲法があるからなんだ。」

みなみさん「ふうーん。」

お兄さん　「ちなみに，東山動物園は③名古屋市が運営にかかわっている動物園だよ。」

みなみさん「この動物園にも④税金はつかわれているのかな。」

お兄さん　「そりゃそうさ。ほら，すぐそこにゾウ舎があるよ。」

みなみさん「小さい頃，『ぞうれっしゃ』の絵本を読んだことがあるわ。」

お兄さん　「⑤戦争中の日本では，動物園の動物たちはいろいろな理由で処分されちゃった。でも，ここのゾウだけは園長さんたちの努力で助かった。戦争が終わって，ゾウを一目見たいという子どもたちの想いが，全国から列車を，名古屋まで走らせたんだ。」

みなみさん「⑥こどもたちの願いが政治に反映されたのね。」

お兄さん　「うん，そうだ。おや，すごい人だぞ。ゴリラ舎だ。シャバーニはいるかな。」

問1　下線部①に関する次の文のうち，**適当でないもの**を1つ選び，記号で答えなさい。

ア．明治維新の改革は政府中心でおこなわれた。それに対して，自分たちも政治に参加したいと望む人びとを中心に自由民権運動がおこなわれた。

イ．国会開設を望む声が高まると政府はさまざまな法律を定めて，演説会や集会をおこなう人びとを保護するようになった。

ウ．国会が開設されるに先立ってさまざまな政党がつくられ，国民の意見を反映した政治を行う準備が始まった。

エ．日本の各地ではさまざまな立場の人々が憲法の案をつくるようになり，中には国民の権利に重点をおくものもあった。

このページには問題がありません。

3　次の文章を読み，下の**地形図**（見やすいように縮尺 25,000 分の 1 を 150％拡大し，一部変えてある）と右の**絵**を見て，あとの問いに答えなさい。

みなみさんたち歴史研究部では夏合宿の報告を文化祭で発表し，みごと文化大賞をとりました。秋には，八事の興正寺までのフィールドワークをおこないました。南山高校・中学校女子部のとなりにある隼人池は江戸時代の初めに尾張藩の家老・成瀬隼人正がつくらせたため池で，ここから杁という水門を通して流れる用水路は，家が五軒しかなかったという男子部の前（五軒家町）を通り，檀渓というお坊さんの庵があったところ（壇渓通り）では，山崎川を樋によって立体交差でこえて，藤成新田につながっていったそうです。

地図の A が山崎川の樋跡で，ここを出発しました。橋の欄干に絵のプレートがありました。**ア坂をのぼるとちゅうに神社と寺があり**，神社の狛犬がライオンだったのでびっくりしました。まもなく B の南山男子部と南山教会の間の道に出て，交差点を右に曲がって少し歩いたら C の南山女子部にたどり着きました。**イ隼人池を左手にみながら左に曲がったら小さな寺がありました。**薬師如来がご本尊だそうです。大通りへ出て，左手の坂をのぼって桜が有名な D の誓願寺という寺を見学しました。「自然には平らな地形はほとんどない。このあたりは『みなみやま』と呼ばれていたのだよ」と山本先生はおっしゃっていました。たしかに八事までゆるやかな登り坂になっています。**ウ左手に八事交番があり**，興正寺につきました。五重塔やさまざまな石仏を見学したあと，E の八事駅で解散になりました。**エところどころに桑畑がひろがっていました。**春には1年間の活動報告のブックレットが完成予定です。乞うご期待。

K教英出版

このページには問題がありません。

問9　下線部⑨に関係して，コメについての次の文の＜　＞にあてはまる語句の組み合わせとして正しいものを1つ選び，記号で答えなさい。

　　コメには大きく分けて2種類，アジアイネとアフリカイネがあります。アジアイネは，ふつう＜A＞米という長粒米（ちょうりゅうまい）と，＜B＞米という短粒米（たんりゅうまい）に分けられます。ほかにジャバニカ米というのもあります。＜A＞米は粘（ねば）りが少なく，パサパサしているので，チャーハンやピラフ，パエリアなどに向いています。日本で主に食べられている＜B＞米には，炊（た）いて（煮（に）て）食べる＜C＞米と，蒸（む）して食べる＜D＞米があります。蒸して食べるご飯を，強飯（こわいい），おこわといい，炊いたご飯は姫飯（ひめいい）ともいいます。昔は赤いコメで赤飯やお酒をつくり，赤白のご飯とお酒でお祝いしたそうです。また，畑に植えるコメを陸稲（おかぼ）といいます。

　　ア．A−インディカ　　　B−ジャポニカ　　　C−もち　　　　D−うるち
　　イ．A−インディカ　　　B−ジャポニカ　　　C−うるち　　　D−もち
　　ウ．A−ジャポニカ　　　B−インディカ　　　C−もち　　　　D−うるち
　　エ．A−ジャポニカ　　　B−インディカ　　　C−うるち　　　D−もち

問10　下線部⑩聖徳太子のおこなった事として，最も適当なものを次から1つ選び，記号で答えなさい。

　　ア．推古天皇の摂政（せっしょう）として活やくし，豪族（ごうぞく）の蘇我氏をおさえることに成功した。
　　イ．冠位十二階を定めて，家がらや出身地によって役人をとりたてることにした。
　　ウ．聖徳太子が定めた十七条の憲法は，世界で最古の憲法で，国のしくみの根本や国民の義務や権利がしめされている。
　　エ．仏教を信仰し，寺院を建てたり，仏教の教えをひろめるための本を書いたりした。法隆寺は，今でも残っている世界でもっとも古い木造の建物である。
　　オ．妹の小野妹子を遣隋使（けんずいし）として朝鮮と中国へ送った。

問7　下線部⑦はどれですか，次から1つ選び，記号で答えなさい。

ア.

イ.

ウ.

エ.

問8　下線部⑧のアナゴはウナギによく似た細長い魚です。魚にはいろいろな捕り方がありますが，**適当でないもの**を次から1つ選び，記号で答えなさい。

ア．アナゴは，砂や泥の巣穴からひょっこり顔だけ出したりするのでこの名前がついたといわれる。底引き網漁やかご漁などで捕っている。

イ．カツオの一本釣りは，いたみやすいのですぐ冷凍される。また，まき網漁では大量にとれるが，冷凍しないで，船の中でカツオブシに加工される。

ウ．マグロは長さ100キロメートルもあるはえ縄でとる。少しの傷や泳ぎを止めるだけで死ぬことがあり，大きくするのは不可能だといわれてきた。ところが現在では完全養しょくできるようになり，養しょくものも出まわってきている。

エ．ウナギの養しょくは，浜名湖で100年以上前にはじめておこなわれた。病気になったり，酸素不足になったりしないようにさまざまな工夫がされている。

2 次の文章を読み，あとの問いに答えなさい。

　みなみさんは中学校の3年生。2015年の夏，①戦後70年なので，所属する歴史研究部で②広島へ合宿に行きました。

　1日目は名古屋から新幹線で広島駅，チンチン電車の広電では③原爆ドーム前で降りました。近くのアジサイ・ホテルに荷物を置き，お昼に④お好み焼きを食べてから，⑤原爆資料館を見学し，平和記念公園内のいくつかの記念碑を見学しました。みなみさんは，引率の山本先生がお話をされた原民喜という人のことが気になったので，家に帰ってから調べてみました。原民喜は，原爆小説『夏の花』を書いた作家で，⑥朝鮮戦争のときに亡くなったそうです。たったひとつの原爆で，当時の人びとの想像をはるかに超える地獄のようなありさまが広がったことを，原民喜は，命がけで書いたことがわかりました。

　2日目はフェリーで宮島へわたり，⑦厳島神社を見学しました。宝物館の平家納経の美しさにびっくり。お昼は⑧アナゴ⑨めしをいただき，歴史民俗資料館で宮島の歴史を学びました。厳島神社は⑩聖徳太子が活やくしたころに建てられて，⑪弘法大師も立ち寄ったらしいです。⑫平清盛が竜宮城のようにすばらしい社殿を建てさせ，その後も訪れる人が増えて，町がつくられます。戦国時代には武将の毛利元就と陶氏の戦いがあったことが，地元の中学生のつくったジオラマでわかりました。その日は広島駅から高速バスかぐや姫号に乗って竹原市のホテルに泊まりました。

　3日目は大久野島へ行きました。ここは最近，ウサギの島で有名になって，⑬外国からもたくさんの観光客でにぎわっていますが，毒ガスを製造していたため⑭戦争中は地図から消されてしまった島でした。みなみさんは島の資料館で，毒ガスによって皮膚がただれた人たちの痛々しい写真を見ました。

　原爆も毒ガスも，本当に恐ろしいものでした。戦争はおたがいをだまし，殺し合う，醜く愚かなおこないで，「人間の尊厳」をふみにじる絶対に許されないことだとみなみさんは感じて，名古屋へ帰ってきました。

問1　下線部①について，戦後とは何戦争の後ということですか，**適当でないもの**を次から1つ選び，記号で答えなさい。
　　ア．植民地にするために中国を侵略した日中戦争。
　　イ．満州事変からはじまり，15年にもおよんだ十五年戦争。
　　ウ．真珠湾攻撃からはじまり，アメリカやイギリスなどと戦った太平洋戦争。
　　エ．ドイツやイタリアと同盟を結び，世界の連合国と戦った第2次世界大戦。
　　オ．大東亜共栄圏をうちやぶり，日本を守るための大東亜戦争。

問9　下線部⑨について，幕末に日本が諸外国と結んだ「修好通商条約」は日本の産業に
とって不利でした。これに関して書かれた次の文から，**適当でないもの**を1つ選び，
記号で答えなさい。

　ア．外務大臣の陸奥宗光がイギリスを相手に交渉し，外国からの輸入品に自由に税金
　　をかけることができるようになった。

　イ．外国からの輸入品にかける税金を自由に決める権利が認められていなかった。

　ウ．外国からの安い品物が次々と国内に入り，日本の産業は大きな打撃を受けた。

　エ．韓国を併合した翌年，外務大臣小村寿太郎によって不平等条約は改正された。

問10　下線部⑩について，下の表は，1960年の主要な輸出品，1960年の主要な輸入品，2014
年の主要な輸出品，2014年の主要な輸入品の割合のいずれかをあらわしたものです。
2014年の輸入品にあてはまるものを次から1つ選び，記号で答えなさい。

(単位：%)

ア		イ		ウ		エ	
繊維原料	17.6	機械類	36.8	機械類	21.3	繊維品	30.2
石油	13.4	自動車	14.9	石油	19.3	機械類	12.2
機械類	7.0	鉄鋼	5.4	液化ガス	10.4	鉄鋼	9.6
鉄くず	5.1	自動車部品	4.8	衣類	3.8	船舶	7.1

『日本国勢図会　第73版　2015/16』より作成

問11　下線部⑪について，そのひとつである「日本国内の産業の空洞化」を説明した次の
文から、**適当でないもの**を1つ選び，記号で答えなさい。

　ア．近年では中国や東南アジアなどの外国に工場をつくり，そこで生産した製品を輸
　　入するようになった。

　イ．海外に工場を移すことで，日本国内で働く人々が海外へと移住し，国際交流がま
　　すます活発になり日本の国内産業も活性化している。

　ウ．中国や東南アジアでは人びとの賃金が安いため，生産費を安くおさえられること
　　がその背景にあげられる。

　エ．日本国内の企業が工場を海外に移すことで，日本国内でものをつくる力がおとろ
　　える現象が起きている。

1　次の文章を読み，あとの問いに答えなさい。

　　　　　　　　　　　　　　写真はタンカーとよばれる原油を運ぶた
めの船です。①この船はどこからきたのでしょうか。原油は燃料として用いられるほかに，②さまざまな製品の原料となります。自然からとれるものなどを加工してものをつくる仕事を③工業といいます。たとえば，④車や電化製品も工業でつくられたものです。これらの⑤工業製品の多くに石油が使われており，石油がなければわたしたちの生活は成り立たないといってもよいほどです。

　しかしかつて，日本のエネルギー資源の中心は，日本でもたくさんとれた石炭でした。「月が出た出た月が出た　ヨイヨイ　うちのお山の上に出た」という歌を聞いたことがあるでしょうか。夏祭りや⑥盆踊りのうたとしても定番ですが，この"山"とは石炭がとれた山をさしています。2015年7月に，「⑦明治日本の産業革命遺産」として石炭産業も世界遺産に登録されました。

　日本の産業化を支えた石炭でしたが，⑧1960年代になると石炭から石油への転換が起こり，さらに⑨輸入によって海外から石炭が安くもたらされたこともあり，日本の各地にあった石炭の山は閉山されてしまいました。

　こうして石炭，石油ともに輸入にたよる日本は，かつては加工貿易が中心でした。近年では⑩貿易のあり方に変化がおき，⑪新たな問題が生じています。

問1　下線部①について，日本の原油輸入先第1位の国の説明として最も適当なものを次から1つ選び，記号で答えなさい。

　ア．マレー半島の南の端にあり，中国系の人々が人口の70パーセントをしめている。

　イ．ヨーロッパからアジアにまたがる世界最大の面積をもつ国である。

　ウ．アラビア半島にある砂漠の国で国民のほとんどがイスラム教徒である。

　エ．国土のほとんどが熱帯で北部にはアマゾン川が流れている。

問2　下線部②について，石油からつくられるものとして適当でないものを次から1つ選び，記号で答えなさい。

　ア．合成ゴムの長靴　　イ．ペットボトル　　ウ．ビール瓶　　エ．ビニール袋

問題は次のページから始まります。

5　歩美さんは女子部の化学室に戻って，近藤先生といっしょに実験を行いました。

次の文章はそのときの会話です，よく読んであとの問いに答えなさい。

歩美「さっき池の水をpHメーターで測ったら，１０.５という値になったんですけど，
　　　pHのことがよくわからないので教えてください。」

近藤「いいわよ。じゃあここに作ったばかりの紫キャベツ液があるから，これを使って実
　　　験してみましょう。」

歩美「うわあ，とってもきれいな紫色ですね。」

近藤「はい，ストップ。実験を始める前に，まず準備することは？」

歩美「薬品を扱うので，白衣を着て，実験用のゴム手袋をはめて，［32①］をつけます。」

近藤「よし。では紫キャベツ液を，７本の試験管にそれぞれ同じ量入れてください。試験管
　　　に１～７の番号を書きましょう。それではまず試験管１に池の水を，５ｍＬのガラス
　　　の［32②］を使って少しずつ入れてごらん。」

歩美「あっ，液の色が紫色から青色に変化しました。」

近藤「じゃあ試験管２に，このうすい水酸化ナトリウム水溶液（A液）を少し入れてみて。」

歩美「こんどは黄緑色になりました。」

近藤「A液は濃度が大きいようだから，１０倍にうすめてみて。」

歩美「天秤を使ってもいいですか？」

近藤「電子天秤を使わなくても，メスシリンダーでできるわよ。精密に作るときは，特別な
　　　メスフラスコという器具を使うんだけど，この場合はメスシリンダーで十分よ。まず
　　　この正確に溶液を取れる［32②］を使ってA液を２ｍＬ取って，メスシリンダーに入
　　　れてください。次に［33］ｍＬの目盛りまで水を入れてください。」

歩美「A液を入れました。水は水道水でいいですか？」

近藤「水道水ではなくて，蒸留水を使ってね。」

歩美「名古屋市の水道水はそのまま飲めるほどきれいなのに，なぜだめなんですか？」

近藤「水道水を試験管３に入れてごらんなさい。」

歩美「あっ，色がうすいピンク色に変わった。」

近藤「では蒸留水を試験管４にいれるとどうなると思う？」

歩美「ほとんど色が変わらないと思います。」

近藤「水道水は安全に飲めるように水道局が［34］を入れてあるし，そのほかにもいろいろ
　　　な物質が少しふくまれているの。」

歩美「わかりました。蒸留水を入れます。」

近藤「そのとき注意することは？」

糸歌「よくできました。さあ観測だよ。今日は池の色がウグイス色になっているね。まず池の水をバケツでくんで。それでは，デジタル温度計とｐＨメーター（ピーエイチ）で測定してください。」

歩美「今日の水温は ３０．５℃ です。ｐＨの値（あたい）は １０．５ です。あとは化学室に池の水を持ち帰って実験します。」

[21] ①と②にあてはまる生物の名前をカタカナで答えなさい。

[22] あてはまる生物の名前をカタカナで答えなさい。

[23] あてはまる生物の名前をカタカナで答えなさい。

[24] あてはまる生物の名前をカタカナで答えなさい。

[25] ①〜③に最もよくあてはまる色を，次のア〜オから選んで記号で答えなさい。
　　④にはあてはまる **数字** を答えなさい。

　　　ア 赤　　　イ 桃　　　ウ 黄　　　エ 緑　　　オ 黒

[26] アゲハチョウの特徴（とくちょう）がよくわかるように，図をかきなさい。

[27] ① ② ③にあてはまる長さや数に最も近いものを，次のア〜サから選んで記号で答えなさい。　　　　　　１μm（マイクロメートル）＝ 1000分の１mm

　　　ア 12μm　　　イ 140μm　　　ウ 520μm　　　エ 1mm
　　　オ 1.2cm　　　カ 15cm
　　　キ 10　　　　ク 50　　　　ケ 140　　　　コ 350　　　　サ 1000

[28] A・B・C・Dにあてはまる用語を，下のア〜トから選んで記号で答えなさい。

[29] E・F・G　にあてはまる用語を，下のア〜トから選んで記号で答えなさい。

[30] H・I・K　にあてはまる用語を，下のア〜トから選んで記号で答えなさい。

　　　ア 卵　　　イ 卵管（らんかん）　　ウ 卵巣（らんそう）　　エ 精子　　　オ 精巣（せいそう）
　　　カ 受精卵　キ 子宮　　　ク 胎盤（たいばん）　　ケ 胎児（たいじ）　　コ 幼生（ようせい）
　　　サ 羊水　　シ 血液　　　ス 心臓　　　セ 頭　　　ソ 手
　　　タ 足　　　チ えら　　　ツ へそのお　　テ 誕生　　　ト 分娩（ぶんべん）

[31] Jにあてはまる **数字** を答えなさい。

8

3 南山中学校１年生の波子さんは部活で
「こと」を弾きます。「こと」の練習をす
るときは，いつも最初に調弦をします。
「こと」の弦に柱をたて，弦の長さを調節して，

「こと」

１３本の弦の音の高さを調節する作業が調弦です。
電子チューナーを使って音の振動数を測りながら調弦を行います。「音の高さは，音の振動
数によって決まっているのですよ。振動数の大きいほうが高い音，小さいほうが低い音です。
振動数の単位はヘルツと言います。弦を伝わる音の振動数は，弦の長さに関係しているから，
柱で弦の長さを調節します。」と，高校生の先輩に教わりました。波子さんが「こと」の一
本の弦を使って，弦の長さと振動数の関係を調べたところ，表のような結果になりました。

弦の長さ [ｃｍ]	９０	６０	４５	①	３０	２２.５
振動数 [ヘルツ]	２２０	３３０	４４０	５５０	６６０	８８０

[16] 表の結果をグラフにかきなさい。線で結ばず・でかきなさい。ただし，表中の①の部
分はかかなくてよい。

[17] 表の①にあてはまる弦の長さを，表の値を用いて，計算して答えなさい。

[18] 音の高さと，弦の長さの関係について説明した下の文の空らん（ア）・（イ）をうめて，
文を完成させなさい。

文：弦の長さが（ ア ）ほど音は高く，（ イ ）ほど音は低い。

波子さんが実験をした「こと」の長さは１８０ｃｍでした。その「こと」の右はしと左はし
を，少し持ち上げるのに必要な力の大きさは，それぞれ２.５ｋｇと２.９ｋｇの物体を持ち上
げるのに必要な力の大きさと同じでした。

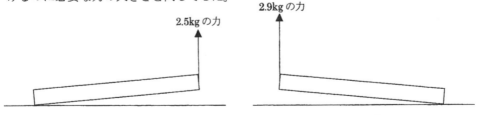

2.9kgの力

2.5kgの力

[19] 「こと」を一点で支えるとしたら，左はしから何ｃｍのところを支えればよいですか。
計算で四捨五入して小数第１位まで答えなさい。

[20] 「こと」の重さは何ｇですか。

[13] リニアモーターカーの車体には，強力な電磁石が取り付けられています。また，リニア
モーターカーの走る部分のかべ（ガイドウェイ）には，コイルが取り付けられています。
このコイルに電流を流すと，コイルが電磁石になります。あるものを変化させて，電磁
石のN極とS極の向きを変え，リニアモーターカーは前に進むことができます。何を変
化させるのか，次のア～オから選んで記号で答えなさい。

 ア コイルの巻き数

 イ 電流の大きさ

 ウ 電流の向き

 エ コイルの中に鉄しんを入れる

 オ 電流を流す時間

[14] 下の図はガイドウェイを真上から見た様子を表したものです。図の瞬間からリニアモー
ターカーが前に進むためには，ガイドウェイの電磁石①～④のリニアモーター側は，
N極とS極のどちらになっていればよいですか。N極かS極で答えなさい。

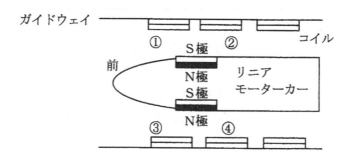

[15] 方位磁針のN極が北を指すということは，地球が大きな磁石になっていると考えられま
す。地球の北はN極とS極どちらになっているか答えなさい。

1 南山高校女子部1年生の青空さんは2015年7月26日から8月7日まで，オーストラ
リアのシドニー（南緯33度，東経151度）へホームステイに行きました。
　青空さんは8月1日の夕方に，名古屋にいる弟の大地くんに国際電話をかけました。
　次の文章はその時の会話です，よく読んであとの問いに答えなさい。

青空「大地元気に過ごしている？」
大地「日本は A 暑くて，湿度(しつど)も高くて，眠れない(ねむ)日が続いているよ。」
青空「　B　」
大地「今日の明け方僕は，暑くて4時に起きてしまったから，空の観察をしたよ。南西の空
　　　には①月があって，西の空には C 夏の大三角形があったよ。東の空には（　D　）
　　　が見られたよ。」
青空「家は周りが暗いから星空の観察も楽しいよね。　E シドニーは都会で建物の明かりが
　　　じゃまだから星座の観察はなかなかできないよ。　名古屋では見ることができない，
　　　F 南十字座（みなみじゅうじざ） を見たいと思っていたけれど，空が明るくて見られ
　　　なさそうだよ。私も真夜中の0時に②月は見たよ。その月は（　G　）の空に見えた
　　　よ。明日は天文台にあるプラネタリウムに行くよ。」
大地「お姉ちゃんプラネタリウムではいつも寝てしまうじゃない。名古屋市科学館のプラネ
　　　タリウムはすごく大きくて楽しいよね。」

[1] 下線部Aについて，日本の気象庁が天気予報等で用いる予報用語で「熱帯夜」というも
　　のがあります。どのような夜を熱帯夜というのか，次のア〜エから選んで記号で答えな
　　さい。
　　　ア　日の出の時の気温が25℃以上の夜
　　　イ　日の出の時の湿度が75％以上の夜
　　　ウ　夜間の最低気温が25℃以上の夜
　　　エ　夜間の最低湿度が75％以上の夜
[2] 青空さんの発言Bに当てはまるものを，次のア〜エから選んで記号で答えなさい。
　　　ア　「シドニーも暑いけど，空気がすごく乾燥(かんそう)しているよ。」
　　　イ　「シドニーも暑いし，雨も沢山(たくさん)降って湿度が高いよ。」
　　　ウ　「シドニーは寒くて，空気も乾燥しているよ。」
　　　エ　「シドニーは蒸し暑くて，台風がよく来るよ。」
[3] 下線部Cの3つの星の名前を答えなさい。

問題は次のページから始まります。

11 作図をするときは，下の注意を守ってください。

（２１）解答らんに，１つの対角線がＡＢとなるような正方形を作図しなさい。
また，どのように作図したのかも説明しなさい。

　　注意
・１番目にかいた円の中心（コンパスの針をさしたところ）に×印とその横に①を
　書く。　その中心を使ってかいた円または円の一部にも①と書く。
・２番目にかいた円の中心に×印とその横に②を書く。その中心を使ってかいた円
　または　円の一部に②と書く。
・以下，円または円の一部をかくたびに同じように書く。
・作図するのに使った線は消さずに残しておくこと。
・定規は直線を引くために用い，目盛りを使用しないこと。

[10]

（１９），（２０）の図の三角形 ABC は AB＝AC の二等辺三角形です。

　角 A の大きさは 130° です。

ただし，図は正確なものではありません。

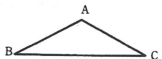

（１９）辺 BA を延長し，図のような三角形 DBC を作ったところ，

　三角形 DBC の面積は三角形 ABC の面積の２倍になりました。

　角 D の大きさを求めなさい。

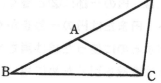

（２０）辺 AC と辺 CE の長さが同じになるように点 E をとり三角形 EBC を作りました。

　図は点 A が三角形 EBC の内側にあります。点 A が三角形 EBC の内側でなくなる

　のは，角⑦を何度以上にしたときですか。

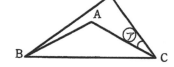

7

　2006年1月20日午前4時に打ち上げられた探査ロケットAが一定の速さでまっすぐに地球から57億6540万km先にある小わく星Bに向けて出発し，2015年7月14日午前6時に小わく星Bに最接近しました。この間の時間は3462日と2時間です。
また，最接近の位置は小わく星Bの位置と同じと考えます。

（14）電波が1秒間にまっすぐ30万km進むとして，小わく星Bからまっすぐ地球まで届くまでにはおよそ何分かかるのでしょうか。
　　　小数第1位を四捨五入して答えなさい。

（15）探査ロケットAが小わく星Bに地球から宇宙空間をまっすぐ進むと考えて，探査ロケットAは1時間におよそ何km進みますか。
　　　上から3けた目を四捨五入して答えなさい。

（16）探査ロケットAは小わく星Bに最接近した後もそのまま進み続けます。
　　　探査ロケットAが小わく星Bに最接近したときの映像を電波で地球に送りました。
　　　それが地球に届いた時刻には探査ロケットAは小わく星Bからおよそ何km遠ざかっているのでしょうか。
　　　（14），（15）の結果を用いて計算し，上から3けた目を四捨五入して答えなさい。

5

次の2つの問いに答えなさい。

（11）分数があります。この分数の分母にある整数をたして約分すると $\frac{1}{4}$ になります。

また，はじめの分数の分母から，先ほどたした整数を引いて約分すると $\frac{2}{3}$ になります。

このような分数のうち，分母が最も小さいものを答えなさい。

（12）下の空らん ア , イ に当てはまる2桁の整数を入れなさい。

83 を38 で割ると商が2で余りが7になります。

また， 83×12 を38 で割ると商が26で余りが8になります。

以上により， 83× ア ＝38× イ ＋1 となります。

6

（13）スタートから出発し，1目盛りずつ → ← ↑ のどれかに進むことができる道があります。ただし，1度通った道は通れません。

スタートからゴールまでの進み方を考えます。
たとえば

→→↑←↑→ →→ などがあります。

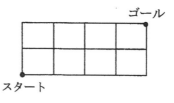

ゴールする方法は全部で何通りありますか。

2

（6）ある動物園で1年間の入場者数を何年かにわたり調べました。 1年目から35年目までをAグループ，36年目から40年目までをBグループとします。入場者数はAグループの最も多かった年よりもBグループの最も少なかった年のほうが多いことがわかっています。この40年間の平均入場者数は70万人でした。また，Bグループの最も少なかった年の入場者数よりも，

　　Aグループの平均入場者数は95万人少なく，

　　Bグループの平均入場者数は105万人多いことがわかりました。

　Bグループの最も少なかった年の入場者数は何万人でしたか。

H28. 南山中（女子部）
K教英出版

次の（1），（2）は計算をしなさい。　（3）は□に当てはまる数を答えなさい。
（4），（5）は問いに答えなさい。

（1）$78 \div 6 \times 66 - 13 \times (6 \times 9 + 2)$

（2）$\dfrac{16}{17} + \dfrac{15}{17} - \dfrac{10}{11} + \dfrac{14}{17} + \dfrac{13}{17} - \dfrac{9}{11} + \dfrac{12}{17} - \dfrac{8}{11} + \dfrac{5}{17} - \dfrac{3}{11} + \dfrac{4}{17} + \dfrac{3}{17} - \dfrac{2}{11} + \dfrac{2}{17} + \dfrac{1}{17} - \dfrac{1}{11}$

（3）$1.5m \div 分速\dfrac{5}{3}m + 2\dfrac{11}{17}km \div 秒速\dfrac{7500}{51}m = \boxed{}$ 秒

（4）1から100までの和は5050です。2016から2115までの和はいくつでしょうか。

（5）123452，85.2×千，0.024×一億，0.1×一千万のうち，一番小さい数を一番大きい
　　数で割るといくつですか。小数で答えなさい。

２０１５年度　理科　解答用紙

1

[1] ①	[1] ②	[2]	[3] ①	[3] ②	[4] ①	[4] ②

[5]	[6]
	→ 　 → 　 → 　 → 　 →

[8]

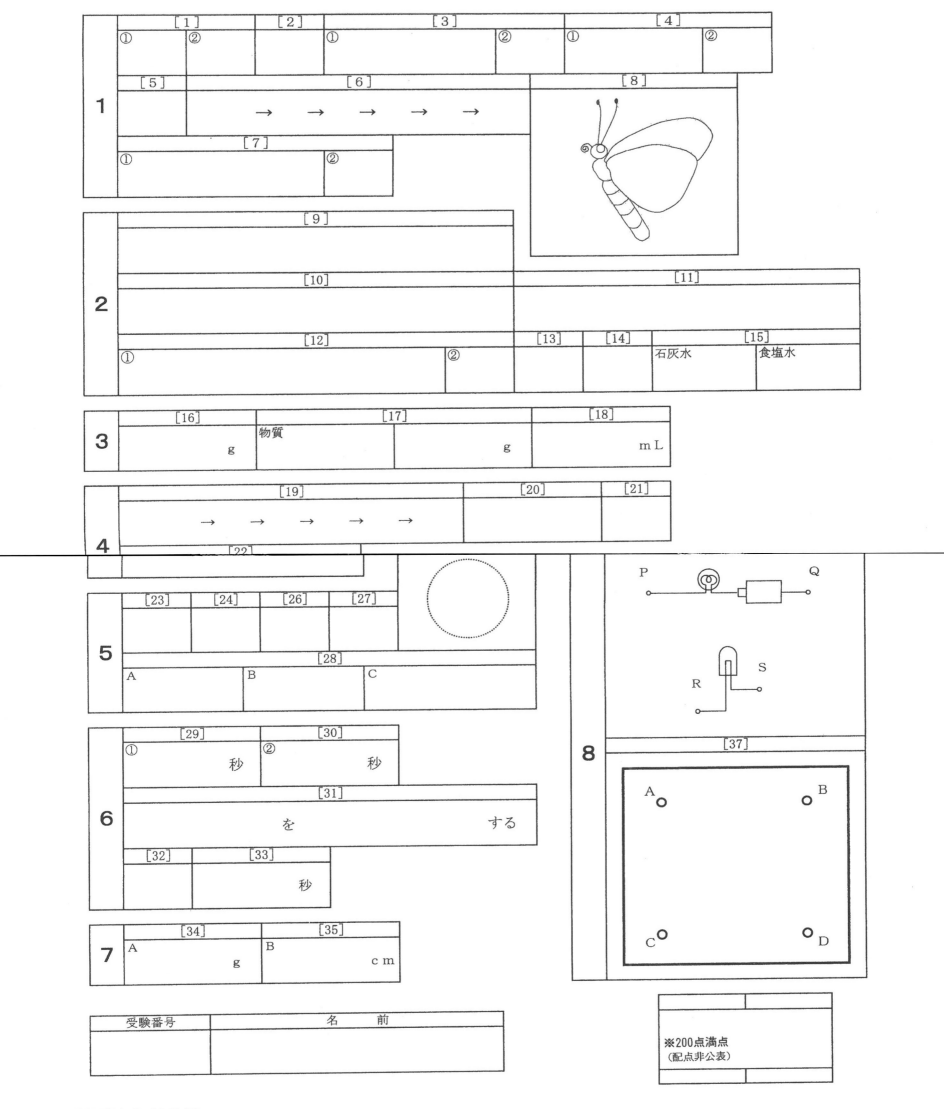

[7] ①	[7] ②

2

[9]

[10]	[11]

[12] ①	[12] ②	[13]	[14]	[15] 石灰水	[15] 食塩水

3

[16]	[17]	[18]
g 物質	g	mL

4

[19]	[20]	[21]
→ 　 → 　 → 　 → 　 →		

[22]

5

[23]	[24]	[26]	[27]

[28] A	B	C

6

[29] ①	[30] ②
秒	秒

[31]
を　　　　　　　　　する

[32]	[33]
	秒

7

[34] A	[35] B
g	cm

8

P 　　　　　　　　Q

R 　　S

[37]
A 〇　　　　　　〇 B   C 〇　　　　　　〇 D

受験番号	名　　前

※200点満点
（配点非公表）

H27. 南山中（女子部）

K 教英出版

2015年度　社会　解答用紙

1

問1	問2	問3	問4	問5	問6

問7		問8		
（3）	（4）	a	b	c

問9

問10	問11

2

問1
⇒　　　　⇒　　　　⇒

問2	
	から。

問3	問4	問5	問6

問7	問8	問9	問10	問11

3

問1	問2	問3

問4	問5	問6	問7	問8

4

問1 (1)	問1 (2)	問2		問3	問4
		(1)	(2)		m

問5		問6	問7
a	b		

番号		名前	

※200点満点
（配点非公表）

H27. 南山中（女子部）
K 教英出版

2015年度　算数　解答用紙

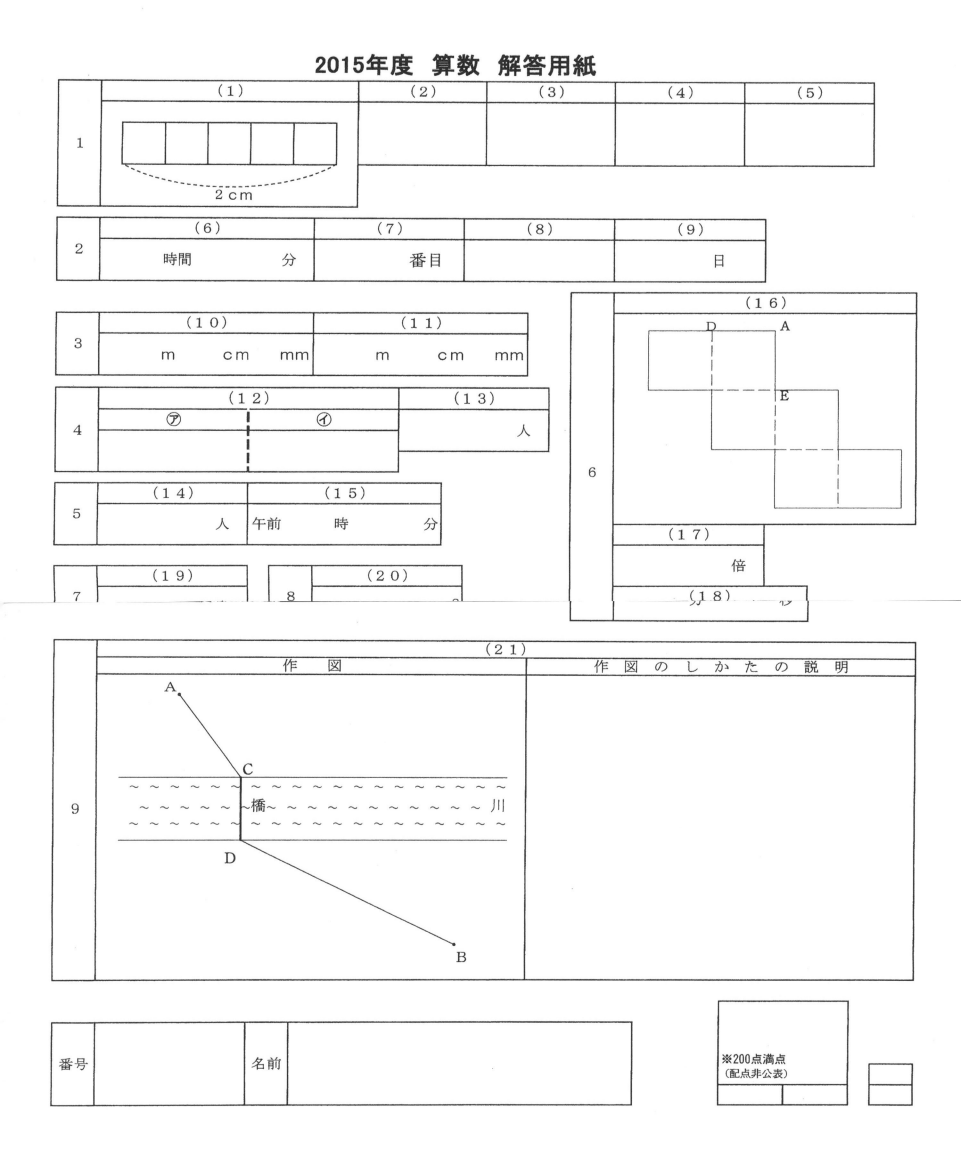

1	（1）					（2）	（3）	（4）	（5）
					2 cm				

2	（6）	（7）	（8）	（9）
	時間　　　分	番目		日

3	（10）	（11）
	m　　cm　　mm	m　　cm　　mm

4	（12）		（13）
	㋐	㋑	人

5	（14）	（15）
	人	午前　　時　　分

6	（16）

D　　　A

E

（17）
倍

（18）

7	（19）

8	（20）

9	（21）	
	作　図	作図のしかたの説明
	A・ C 〜橋〜 川 D B	

番号		名前	

※200点満点
（配点非公表）

問1　鉄道を使って名古屋駅を午前9時ごろ出発し，最短時間で丸亀市に行く場合，JR名古屋駅で午前9時13分発の「JR新幹線のぞみ」に乗車し，途中の駅で午前11時05分発の「JR特急南風」に乗り換えると午前11時47分には，地形図中のJR「まるがめ（丸亀）」駅に到着することが分かりました。

(1)　右の図を参考に，この経路で「JR新幹線のぞみ」から「JR特急南風」への乗り換えを行う駅として，正しいものを次から1つ選びなさい。

ア．新大阪駅
イ．新神戸駅
ウ．岡山駅
エ．広島駅

(2)　この経路の途中に通過する府県はいくつあるか答えなさい。ただし，愛知県と香川県は数に含めません。

問2　地形図中にある次の地図記号をそれぞれ描きなさい。

(1)　税務署　　　　(2)　寺院

問3　地形図から読み取れる丸亀市の様子を述べた文として，**適当でないもの**を次から1つ選びなさい。

ア．丸亀市の海岸部の埋立地には，工場が多く立地している。
イ．丸亀城跡の北側には市役所や警察署，消防署などの公共施設が集まっている。
ウ．土器川の河川敷は畑として利用されている。
エ．丸亀市の中心市街地は，ほぼ標高10m未満の土地に広がっている。

問4　JR「まるがめ（丸亀）」駅から丸亀城跡の堀までの道のりは，地形図上でちょうど4cmでした。実際の距離を答えなさい。

問5　地形図にある丸亀城跡に行ってみると「伊予竹に土佐紙貼りてあわ（阿波）ぐれば讃岐うちわで至極（四国）涼しい」という歌の石碑がありました。この歌が言いあらわしていることを述べた次の文の（　a　）と（　b　）にあてはまる県名をそれぞれ答えなさい。

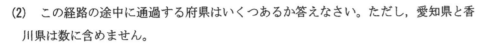
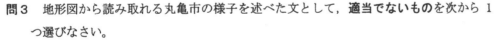

この歌は，古くからこの地域で歌い継がれているもので，竹は愛媛県，紙は（　a　）県，糊は（　b　）県というように材料はすべて香川県に近い地域から取り寄せて作ることができたことを言いあらわしている。

問6　地形図からは，この地域に池が多いことが分かります。その理由を述べた文として，最も適当なものを次から1つ選びなさい。

ア．古くから養殖や栽培漁業がさかんな地域で，ウナギの養殖池として利用しているから。
イ．四国山地からの地下水が自然にわき出すから。
ウ．雨が多いこの地域で，土器川が氾濫した場合に備えて遊水地として利用しているから。
エ．雨が少ないこの地域で，降った雨をためておいて必要なときに農業用水として利用しているから。

問7　地形図にある丸亀城跡から北東の方角を見て撮影した写真を次から1つ選びなさい。

問10　歴史が大好きな，みなみちゃんの言葉として《　　　A　　　》にあてはまる最も適当なものを，次から1つ選びなさい。

ア．「文明開化」といって，西洋の文化がどんどん日本に入ってきたころね。郵便制度が整い，東京から横浜まで鉄道も開通した

イ．人びとが国会開設を求めて運動していたころね。政府はこの運動を厳しく取り締まっていた

ウ．日露戦争で，ロシアに勝利したころね。そして，日本は朝鮮を植民地としていく

エ．米の値段が急に高くなって，全国で米騒動がおこったころね。人びとの民主主義への意識が高まり，普通選挙を求める運動が広がった

問11　下線部⑦について，ゴッホは19世紀に生きたオランダ出身の画家です。下の絵は彼が描いた作品です。人物の背景には□□□が描かれています。□□□とは江戸時代の人びとの様子などを描いた版画で，当時の日本の人びとに人気がありました。ゴッホは自分の作品に，□□□の表現方法を取り入れました。□□□にあてはまる最も適当な語句を答えなさい。

---

③ 昨年6月に開催された2014年ワールドカップサッカーブラジル大会に関して，資料1と2を参考に出場国や開催国ブラジルについての各問いに答えなさい。なお，資料1は，ワールドカップに出場した国のグループリーグ別一覧を示しており，資料2は試合が開催された12の都市の位置を示しています。

【資料1】グループリーグ別の出場国一覧

Aグループ	Bグループ	Cグループ	Dグループ
ブラジル	スペイン	コロンビア	ウルグアイ
クロアチア	オランダ	ギリシャ	コスタリカ
メキシコ	チリ	コートジボワール	イングランド
カメルーン	オーストラリア	日本	イタリア

Eグループ	Fグループ	Gグループ	Hグループ
スイス	アルゼンチン	ドイツ	ベルギー
エクアドル	ボスニア・ヘルツェゴビナ	ポルトガル	アルジェリア
フランス	イラン	ガーナ	ロシア
ホンジュラス	ナイジェリア	アメリカ	韓国

【資料2】ブラジル大会の開催都市

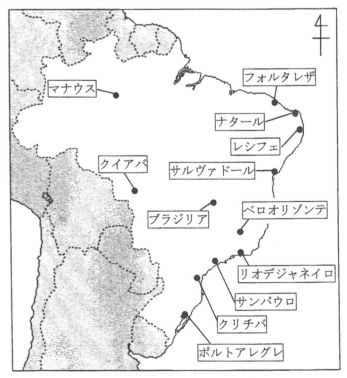

問1　ワールドカップ出場国のうち，アフリカ大陸に位置している国が 5 ヵ国あります。そのうちの 3 ヵ国を答えなさい。

問2　ワールドカップ出場国のうち，1990 年代にユーゴスラビア紛争を経て独立国となった国が 2 ヵ国あります。そのうちの 1 ヵ国を答えなさい。

問3　ワールドカップ出場国のうち，日本に「銅」と「サーモン（さけ）」を多く輸出している南半球に位置する国を答えなさい。

問4　ワールドカップ出場国のうち，イスラーム教徒が多く居住し，石油を多く産出する西アジアの国を答えなさい。

問5　ブラジルは，日本から最も遠くに位置する国のひとつです。資料 2 のリオデジャネイロを示す緯度経度として，最も適当なものを次から 1 つ選びなさい。
　　　ア．南緯 62 度　西経 43 度　　　イ．南緯 62 度　西経 137 度
　　　ウ．南緯 22 度　西経 137 度　　　エ．南緯 22 度　西経 43 度

問6　ブラジルは国土が広いので，国内に時差が存在します。資料 2 の開催都市のうち，10 都市は日本との時差が 12 時間ですが，2 つの都市は 13 時間です。日本との時差が 13 時間の 2 つの都市を資料 2 から選びなさい。

問7　ブラジルには推定で 160 万人もの日系人が居住しています。その理由について述べた文として，最も適当なものを次から 1 つ選びなさい。
　　　ア．20 世紀前半に，ブラジルで農園を切り開いてコーヒーや綿花栽培などの農業を営むために日本から移住した人が多かったから。
　　　イ．20 世紀前半に，ブラジルの大都市で商業や金融業を営むために日本から移住した人が多かったから。
　　　ウ．20 世紀後半に，ブラジルに自動車工場が多く建てられ，そこで働く従業員として日本から移住する人が多かったから。
　　　エ．20 世紀後半に，ブラジルで発展した先端技術産業の技術者として日本から移住する人が多かったから。

問8　ブラジルでは，ワールドカップ開催に反対するデモが多くみられました。開催に反対する人びとの主張を述べた次の文の□□□□にあてはまる最も適当な語句を漢字 4 字で答えなさい。

　　　ブラジルの都市と農村との間には大きな□□□□がある。そして，都市のなかにも富める者とそうでない者がおり，両者の間には大きな□□□□がある。経済成長しているブラジルにお金がないわけではないはずだ。スタジアムの建設をはじめワールドカップのために多額の税金を使うより，教育や医療をととのえて，これ以上□□□□が大きくならないようにすべきだ。

4　香川県丸亀市を示した地形図（縮尺 25,000 分の 1）を見て，各問いに答えなさい。

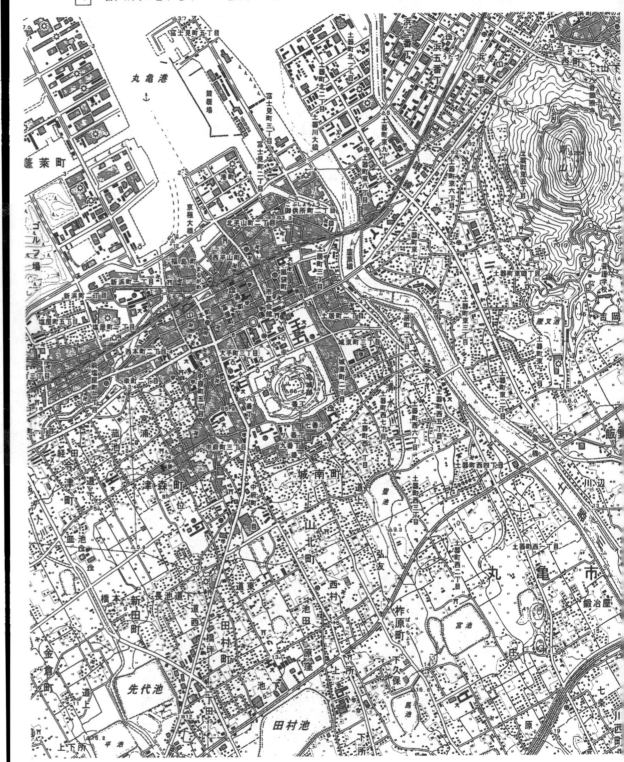

2 次の文章を読み，あとの問いに答えなさい。

　はやと君とみなみちゃんは，ともに南山中学校に通う仲良し兄妹です。夏休みを利用して，お父さんの実家のある東京都（１）市と，お母さんの実家のある京都市に行きました。最初はお父さんの実家のある東京に行きました。

みなみ「ここが古いお寺の跡なの，広いわね。このお寺を建てさせたのが聖武天皇ね。」

はやと「聖武天皇は仏教の力で国を治めようと願ったんだ。そして国ごとに建てたのがこのお寺と尼寺だね。（１）市もこのお寺の名前と同じだね。」

お母さん「もう少し歩いてみましょう。」

　しばらく歩くと，昔の道路に出ました。

お父さん「ここは，昔の鎌倉街道と伝えられている道だよ。」

みなみ「ここから鎌倉までつながっていたのね。」

お父さん「この街道が整備されたころ，①武士がつくった政府が鎌倉に置かれていたよ。これが鎌倉幕府だ。戦いがおこれば，仕えていた家来たちはこの道をとおり，一族を率いてかけつけ，幕府のために戦ったのだよ。」

お母さん「おじいちゃんたちがまっている。そろそろ帰ろう。」

　お父さんの実家で食事をしながら，会話をしています。

おじいさん「明日から京都だな。京都のみなさんによろしく。」

みなみ「東京駅から京都駅まで新幹線であっという間ね。新幹線は東京オリンピックの直前に開業したんだよね。」

おじいさん「東京オリンピックか，なつかしいな。あのころ，日本は急成長し，生活もどんどん豊かになった。工業化が進み，農村では過疎化がすすんだ時代でもあった。そして②ひどい公害がたくさん発生した時代だった。あんな環境破壊はもうイヤじゃ。これからは③環境のことをもっと考えた社会にしないといけないね。」

お父さん「社会を築いていくのは私たちだよ。④世の中を動かすのは政治だけど，その政治を最終的に決定するのは，私たち一人ひとりの国民に与えられた権利だからね。」

お母さん「そのためにも，たくさん学んでね。⑤世界には学校に通えない子どもがたくさんいるの。安全に学校で学べるのは，とても幸せなことなのよ。」

　お母さんの実家がある京都に着きました。

はやと「そういえば，おばあちゃんの家は，京都市の元本能寺町にあるよね。本能寺の変と関係があるのかな。」

おばあさん「むかし，本能寺はこの辺りにあったのよ。」

みなみ「え～，じゃあおばあちゃんの家の辺りに（２）が攻めてきたんだ。」

おばあさん「その（２）を倒して天下人となった豊臣秀吉によって，本能寺は現在の場所に移されたのよ。」

お父さん「みんなで本能寺にお参りに行くとするか。」

　お母さんの実家から本能寺まで，歩いていると‥‥

はやと「ここに六角堂っていうお寺があるね。」

おばあさん「⑥聖徳太子が建てたといわれているお寺よ。このお寺は生け花発祥の地と伝えられているの。生け花はむかし習ったわ。」

みなみ「おばあちゃん，生け花するんだ。そういえば，おばあちゃんの家のお座敷にある（３）に，掛け軸といっしょにきれいなお花が生けてあったね。」

お母さん「もう少し歩きましょう。」

　しばらく歩くと，レンガ造りの建物がみえてきました。

はやと「立派な建物だね。」

おばあさん「これは京都文化博物館の別館よ。1906 年に建てられたもので，もとは日本銀行の京都支店だったのよ。」

みなみ「1906 年というと，≪　　Ａ　　≫ころよね。」

おばあさん「この博物館で，以前⑦ゴッホの絵が展示されていたのよ。とってもみごたえがあったわ。」

お母さん「それぞれの街に，さまざまな時代の様子が伝わるものが残っているものね。こんど名古屋でもどんな時代のものが残っているか，調べてみたらいいわね。」

はやと「名古屋の歴史か，おもしろそうだね。」

お父さん「どれ，本能寺までもう少し歩くとするか。」

問１　下線部①について，鎌倉に幕府を開いたのは源頼朝です。次の各文は，源頼朝が率いていた源氏と，源氏と争っていた平氏についての出来事です。古い順番に並べかえなさい。

ア．源頼朝は父とともに平氏とたたかったが敗れ，伊豆に流された。

イ．平清盛は娘を天皇のきさきとし，生まれた子を天皇にたて，朝廷の重要な地位を平氏が独占した。

ウ．源氏と平氏は，朝廷の命令で地方の反乱を鎮圧するなどして，源氏は東日本に，平氏は西日本に勢力を伸ばしていった。

エ．源頼朝の弟，源義経たちに率いられた源氏の軍は平氏を追いつめ，壇ノ浦の戦いで源氏の勝利を決定づけた。

問2　下線部②について，戦後の高度経済成長の時期に，熊本県水俣市周辺で水俣病が発生しました。原因は化学工場から海に流される工場排水の中に含まれていた有機水銀で，それを取り込んだ魚介類を人間が食べたことによって引き起こされました。当初から水俣市の人たちの中には「工場の排水が原因ではないか」と考える人が少なくありませんでしたが，その考えはなかなか表立って主張されませんでした。その理由を20字（句読点を含む）以内で答えなさい。

問3　下線部③について，地球温暖化の原因の一つとして，二酸化炭素排出量の増加が考えられています。右のグラフのA〜Cは，日本・中国・アメリカのいずれかです。A〜Cの組み合わせとして最も適当なものを次から1つ選びなさい。

ア．A：日本　B：中国　C：アメリカ
イ．A：日本　B：アメリカ　C：中国
ウ．A：中国　B：日本　C：アメリカ
エ．A：中国　B：アメリカ　C：日本
オ．A：アメリカ　B：日本　C：中国
カ．A：アメリカ　B：中国　C：日本

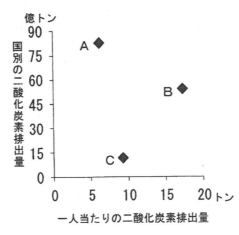

統計年次：2010年

『2014データブック オブ・ザ・ワールド』より作成

問4　下線部④の権利を漢字4字で答えなさい。

問5　下線部⑤について，下の文章は，マララ・ユスフザイさんが2014年のノーベル平和賞を受賞したときの演説の一説です。□□□にあてはまる語句を答えなさい。

> 私と同い年で，とても仲がいい級友の一人は，いつも勇敢で自信に満ちた女の子で，医者になることを夢見ていました。でも，夢は夢のままです。12歳で結婚を強いられ，すぐに男の子を産みました。たった14歳，まだ彼女自身が子どもでした。彼女なら，とてもいいお医者さんになれたでしょう。でも，なれませんでした。□□□だったからです。
>
> （『朝日新聞』2014年12月11日　朝刊より）

問6　下線部⑥について，次の各文のうち聖徳太子に関係があるものは「〇」，関係がないものは「×」と答えなさい。

ア．神のお告げを伝えて人びとをひきつけていた。女の召使1000人が身の回りの世話をしていた。中国の皇帝に使者を送り貢物をし，中国の皇帝から称号を授けられた。

イ．天皇の政治を助ける役職につき，改革をすすめた。朝廷の役人の位を12段階に分け，家がらではなく，一人ひとりの能力に応じて位につくようにした。

ウ．娘を天皇のきさきにして天皇と結びつきを強めることで，大きな力を持った。その力は，世の中がすべて思い通りになる，という意味の歌を詠むほどだった。

エ．中国へ使者を送った。使者は「日がのぼる国の天子，国書を日がしずむ国の天子に届けます」というはじまりの国書を中国の皇帝に差し出した。皇帝はたいへん不機嫌になったが，中国からも日本へ使者が送られた。

問7　（1）にあてはまる語句を答えなさい。

問8　（2）にあてはまる最も適当な人物名を答えなさい。

問9　下の写真は南山中学校女子部にある（3）の様子です。（3）にあてはまる最も適当な語句を答えなさい。

2015 年度

南山中学校女子部　入学試験問題

社　会

【　注意　】

1．試験開始の合図があるまで，この問題冊子の中を見てはいけません。
　　試験開始まで，この【　注意　】をよく読んでください。

2．試験時間は５０分です。

3．解答用紙の受験番号，名前は最初に記入してください。

4．この問題冊子は１３ページで，問題は[1]～[4]です。

5．試験開始の合図後，問題冊子や解答用紙に印刷が悪くて見にくいところや汚れなどのある場合は，だまって手をあげて監督の先生に知らせてください。

6．答えはすべて解答用紙に書き，記号で答えるものはすべて記号で答えなさい。漢字の指定のあるものはかならず漢字で書きなさい。

7．試験終了後は解答用紙のみを提出し，問題冊子は持ち帰ってください。

[1]　次の文章を読み，あとの問いに答えなさい。

　中国やアメリカ・イギリスなどとの戦争が終わり，今年で 70 年です。日本はなぜ戦争をおこなったのでしょうか。

　1929 年にアメリカから始まった不景気は瞬く間に世界に広がりました。日本でも倒産する会社や工場が続出し，街ではたくさんの失業者が出るようになりました。また農村も生活に苦しむ人びとであふれるようになりました。このような状況の中で，一部の軍人や政治家などは，中国に勢力を拡大することによって不景気を脱出しようと考えました。

　1931 年 9 月 18 日，日本軍は①満州を走っていた日本の鉄道の線路を爆破し，それを中国軍のしわざとしました。そして②日本軍の力で鉄道沿線の日本人を守るという名目で中国軍を武力で攻めはじめたのです。これにより満州事変がはじまり，そして 15 年にわたる戦争がはじまったのです。「中国の領土を奪ってやる」と主張してはじめたのではありません。

　その後，≪　　　　　Ａ　　　　　≫

　そして 1937 年 7 月 7 日，盧溝橋事件が起こり，これをきっかけに日中戦争となります。その年の 12 月，日本は当時の中国の首都だった南京を攻め落としました。③その際，武器を捨てた兵士や，女性や子どもを含む多くの中国人が殺害されたのです。

　数年後，日本軍は（ 1 ）を続けるために必要な（ 2 ）資源を求めて東南アジアの地を奪っていきました。そのころヨーロッパでは（ 3 ）と（ 4 ）が台頭してきました。これらの国には独裁的な権力者が登場しており，周辺各国などの領土を奪っていました。日本も満州事変以降，軍部が独裁政権をつくり上げており，（ 3 ）・（ 4 ）と軍事同盟を結び，アジアを支配しようとしました。そのためアメリカやイギリスなどと激しく対立し，これらの国ぐにとの戦争となったのです。

　戦後 70 年間，日本は戦争に参加して外国人を殺したことはありません。これは大変すばらしいことだと思いませんか。その力になったのは，④日本国憲法の平和主義でしょう。昨年，内閣は⑤集団的自衛権を行使できるようにと，閣議決定で憲法の解釈を変更しました。この決定は，自衛の権利をより広く考えるものです。多くの国民は，この決定により日本が戦争に巻き込まれる危険が高まると考えたため，たくさんの反対運動がおきました。また権力を持つ内閣だけで憲法の解釈を変えたため，⑥立憲主義の立場からの批判も多数おきました。

　⑦現在の世界では，あちこちで戦争や紛争がおこっています。これからの日本が戦争や紛争に参加して人を殺すようなことをおこさないためには，私たちは過去の戦争のことをよく勉強し，戦争の事実と向き合い，考えることが必要でしょう。私たち一人ひとりの考えと行動が，日本の，そして世界の未来をつくり上げていくのです。

問1　下線部①について，この鉄道が爆破された場所を，右の地図中から選びなさい（点線は現在の国境です）。

問2　下線部②について，この主張のように「自分の力で自分に関係するものを守る」ことを何と呼びますか，本文中から適当な語句を抜き出しなさい。

問3　《　A　》にあてはまる文章として，適当でないものを次から1つ選びなさい。

ア．中国は日本の行動は侵略であるとして，国際連盟にうったえました。調査をおこなった国際連盟は，日本軍の行動を正当とは認めませんでした。

イ．日本政府は議会の承認なしに，戦争に必要な人や物資を総動員できるようになりました。

ウ．日本は満州国をむりやりつくりあげました。この国の皇帝となったのは中国人（満州人）でしたが，実際に政治の実権を握っていたのは日本でした。

エ．日本国内では，いき過ぎた軍の行動をおさえてとめようとしていた内閣総理大臣を，一部の軍人たちが殺してしまうという事件がおきました。犯人たちは裁判にかけられましたが刑はとても軽いものでした。

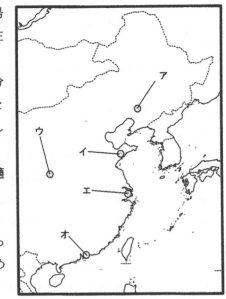

問4　下線部③の出来事を，大多数の日本人が知ったのはいつですか，最も適当なものを次から1つ選びなさい。

ア．出来事がおきた直後。

イ．アメリカ・イギリスなどと戦争を始めた直後。

ウ．アメリカ・イギリスなどに降伏する直前。

エ．第2次世界大戦が終結した後。

問5　（1）にあてはまる最も適当な3字以上の語句を，本文中から抜き出しなさい。

問6　（2）にあてはまる語句として，最も適当なものを次から1つ選びなさい。

　ア．ウラン　　イ．金　　ウ．石油　　エ．石炭

問7　（3）と（4）にあてはまる国をそれぞれ答えなさい。

問8　下線部④について，戦争で原子爆弾の被害を受けた日本は，非核三原則を定め，平和主義の精神を実現する努力をしています。これは「核兵器を（　a　）（　b　）（　c　）」という原則です。（　a　）から（　c　）にあてはまる語句をそれぞれ答えなさい。

問9　下線部⑤について，集団的自衛権を50字（句読点を含む）以内で説明しなさい。

問10　下線部⑥について，立憲主義とは「憲法は（　d　）ためにある」という考え方です。（　d　）にあてはまるものを次から1つ選びなさい。

ア．権力者の権限を制限する　　イ．権力者の権限を拡大する

ウ．国民の権利を制限する　　エ．国民の義務を拡大する

問11　下線部⑦について，下の地図中eの国は第2次世界大戦後に建国されました。その際この地に住むたくさんの人びとが追い出され，難民となりました。それ以後この地域では，宗教の問題もからみ，大規模な戦争や紛争が絶えません。eの国の多くの人びとが信じる宗教と，多くの難民が信じる宗教の組み合わせとして最も適当なものを次から1つ答えなさい。

ア．地図中e：キリスト教
　　難民：ユダヤ教

イ．地図中e：キリスト教
　　難民：イスラーム教

ウ．地図中e：ユダヤ教
　　難民：キリスト教

エ．地図中e：ユダヤ教
　　難民：イスラーム教

オ．地図中e：イスラーム教
　　難民：キリスト教

カ．地図中e：イスラーム教
　　難民：ユダヤ教

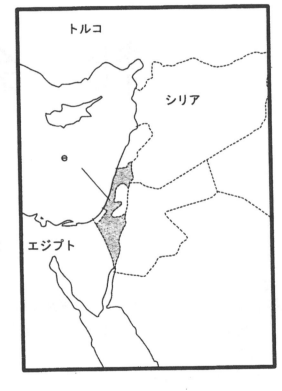

2015 年度

南山中学校女子部　入学試験問題

算　数

【　注意　】

1．試験開始の合図があるまで、この問題冊子の中を見てはいけません。
　　試験開始まで、この【　注意　】をよく読んでください。

2．試験時間は５０分です。

3．解答用紙の受験番号、名前は最初に記入してください。

4．この問題冊子は９ページで、問題は①〜⑨です。

5．問題冊子や解答用紙に印刷が悪くて見にくいところや汚れなどのある場合は、だまって
　　手をあげて監督の先生に知らせてください。

6．答えはすべて解答用紙に書いてください。

7．計算用紙はありません。各問題の余白で計算してください。

8．試験終了後は解答用紙のみを提出し、問題冊子は持ち帰ってください。

9．円周率は３．１４とします。

10．定規は直線を、コンパスは円をかくために使います。

---

① （２）〜（５）は □ にあてはまる数を答えなさい。

（１）右の図は，２cm の長さのテープを拡大し，
同じ長さに５つに分けたものです。
$\frac{2}{5}$ cm の長さのテープをえんぴつでぬりつぶし
なさい。解答用紙の図にぬりつぶすこと。

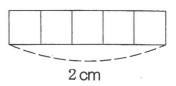

2 cm

（２）２時間４６分４０秒÷１時間６分４０秒＝ □

（３）６００００kL÷５ha×１０m＝ □ a　［kL, ha, m, a は単位］

（４）$0.25 + \left\{ 3\frac{1}{5} \div 4 - \frac{1}{7} \times \left(\frac{5}{6} - \frac{3}{5} \right) \right\} \times 5 = $ □

（５）$\frac{1}{\frac{1}{2}+1} = 1 \div \left(\frac{1}{2} + 1 \right)$ と計算します。　$\cfrac{1}{\cfrac{1}{\cfrac{1}{\frac{1}{2}+1}+1}+1} + 1 = $ □

2

(6) 縮尺５０００００分の１の地図上で，中部国際空港と那覇空港の距離は２６cm です。ある飛行機の速さは分速１０km です。この飛行機で中部国際空港から那覇空港まで行くのに，何時間何分かかるでしょうか。

(7) あるクラスに４１人の生徒がいます。出席番号順に４人ずつが１つのグループになって当番の仕事をします。出席番号が１番から４番までのグループが当番の仕事をしてから，再び出席番号が１番から４番までのグループが当番の仕事をするのは，最初から数えて何番目のグループですか。ただし，４１番の次は１番に続きます。

(8) 最初にもっているお金の $\frac{2}{13}$ を使いました。次に，残りの何分のいくつにあたるお金を使うと，最後に残ったお金の金額は，最初に使った金額と同じになりますか。

(9) あるきめられた面積の畑を耕すのに，機械Ａだけでは２０日，機械Ｂだけでは３０日，機械Ｃだけでは４０日かかります。いま，この機械Ａ，Ｂ，Ｃの３台を同時に使って，その畑を耕し始めました。ところが，ある日，その畑を耕そうとしたら，機械Ｂが故障して動かないので，機械Ｂはその日から何日かは使えませんでした。そのため，１２日かかり耕し終えました。機械Ｂは何日使えなかったでしょうか。

3

校庭に運動会の徒競走のコースを８つ描こうとしています。一番内側を第１コース，一番外側を第８コースとします。各コースの幅は１２０cm で，内側のラインは，長方形の両側に半円※がつながった形をしています。その長方形の２つの辺は半円の直径で，残りの２辺の長さはどちらも８０m です。

下の図は，第１コースから第４コースまでの内側のラインを描いたものです。第１コースの内側のラインの半円を半径３８m でかきました。

走者は自分のコースの内側と外側のラインから同じ距離のところを矢印の向き ←■■■ に走り，ラインの幅は考えないものとします。

※半円とは，円を直径で折ってできる図形です。

(１０) 走者が第１コースを１周走るとき，走る道のりは何m 何cm 何mm ですか。

(１１) 第８コースのスタートラインは，第１コースのスタートラインより何m 何cm 何mm 先に描くことになりますか。

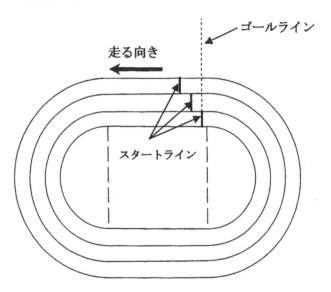

4

みなみさんのクラスには４０人の生徒がいます。第１問は２点，第２問は３点，第３問は５点の合計１０点のテストをおこないました。このとき，クラスの平均点は６.２５点でした。

（１２）下の表の ㋐，㋑ にあてはまる数を答えなさい。

得点(点)	10	8	7	5	3	2	0
人数(人)	4	㋐	10	8	㋑	1	1

（１３）３問のうち，いずれか１問だけ正解した生徒は１１人でした。３問のうちちょうど２問正解した生徒の人数を答えなさい。

5

ある日のテーマパークでは午前９時の時点で，入り口の前に１８００人の行列があり，さらに毎分１２人ずつの割合で増えています。午前９時に入り口を４つ開けたら３０分で行列がなくなりました。

（１４）１つの入り口を１分間に何人ずつ通りましたか。

（１５）もし，午前９時に入り口を９つ開けたとしたら，行列がなくなるのは午前何時何分ですか。

6

　1辺が8cmの立方体を，図1のように点B，点D，点Pを通る平面で切り取った立体を考えます。また，辺APの長さと辺PEの長さは等しいとします。

（16）図2は，図1の立体の展開図をかいている途中です。定規を使って，解答用紙の展開図に点P，辺BD，辺BP，辺DPをかき，図1の立体をつくるのに必要のない部分をえんぴつでぬりつぶしなさい。なお，点Pを作図するときは，正方形の2本の対角線の交わった点を使い，定規の目もりとコンパスは使わないようにしなさい。

（17）1辺が8cmの立方体の体積は，1辺が4cmの立方体の体積の何倍かを計算し，1辺の長さを2倍にした立方体の体積は，元の立方体の体積の何倍になるかを答えなさい。

（18）（16）の展開図を組み立てた立体の三角形BCDを切り取り，三角形BPDを貼って水そうを作り，水平な机の上におきました。この水そうに毎分16cm³の割合で水を入れていきます。いま，辺GCのところで測って，底面EFGHから6cmの高さまで水を入れました。水そういっぱいに水を満たすには，あと何分何秒かかりますか。

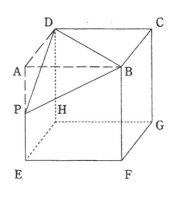

図1

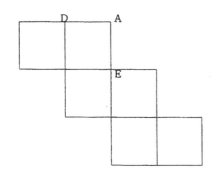

図2

7

（19）下の円グラフは，ある中学校のある年の1年生の通学区域調査の結果です。三重県内から通学している生徒は岐阜県内から通学している生徒より10人少なく，名古屋市内から通学している生徒は三重県内から通学している生徒の13倍でした。また，名古屋市外で愛知県内から通学している生徒は80人でした。円グラフで，三重県内から通学している生徒の部分の中心角は15°でした。この1年生全体の人数は何人でしょうか。

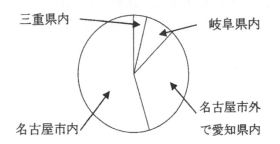

K教英出版

8

(20) 右下の図において，正方形 ABCD の面積を求めなさい。

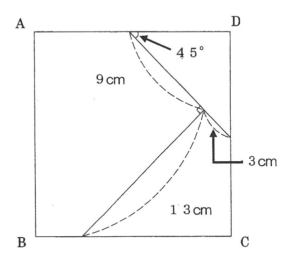

9 作図をするときは，図の下の注意を守ってください。

(21) 下の図のように，川幅がすべて同じでまっすぐな川があり，その川岸に垂直で点 C と点 D を通るように橋がかけられています。いま，この橋が古くなったので，新しい橋をつくろうとしています。川の両側に 2 地点 A，B があり，地点 A から出発して，この川の川岸に垂直な橋を通り，地点 B へ行く道のりを最小にする道路をつくるには，新しい橋をどの位置につくればよいか，定規とコンパスを用いて解答用紙に作図しなさい。また，解答用紙にその作図のしかたを説明しなさい。ただし，橋の幅は考えないものとします。

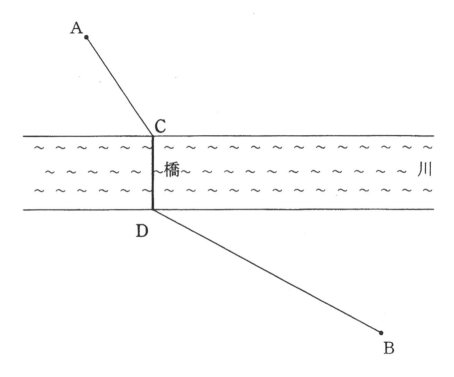

注意
・1 番目にかいた円の中心（コンパスの針をさしたところ）に×印とその横に①を書く。その中心を使ってかいた円または円の一部にも①と書く。
・2 番目にかいた円の中心に×印とその横に②を書く。その中心を使ってかいた円または円の一部に②と書く。
・以下，円または円の一部をかくたびに同じように書く。

2015 年度

南山中学校女子部　入学試験問題

理　科

【　注意　】

1．試験開始の合図があるまで，この問題冊子の中を見てはいけません。

　　試験開始まで，この【　注意　】をよく読んでください。

2．試験時間は５０分です。

3．解答用紙の受験番号，名前は最初に記入してください。

4．この問題冊子は９ページで，問題は 1 ～ 8 です。

5．問題冊子や解答用紙に印刷が悪くて見にくいところや汚れなどのある場合は，だまっ
　　て手をあげて監督の先生に知らせてください。

6．答えはすべて解答用紙に書き，記号で答えるものはすべて記号で答えなさい。

7．試験終了後は解答用紙のみを提出し，問題冊子は持ち帰ってください。

---

1 モンシロチョウを卵から育てました。

[1] モンシロチョウの卵について，次の①，②に答えなさい。

　①モンシロチョウの卵はどれですか。次のア～エから１つ選びなさい。

　②モンシロチョウの卵が産みつけられるのはどこですか。次のア～エから１つ選びなさい。

　　ア　キャベツの葉　　　　　　イ　キャベツ畑の土の中

　　ウ　カラタチの葉　　　　　　エ　カラタチの根もとの土の中

[2] もうすぐ幼虫が出てくる卵は，産みつけられたばかりの卵と少しようすがちがいました。
　　正しいものを次のア～エから１つ選びなさい。

　　　ア　形が細長くなっていた　　　　　　イ　少し大きくなっていた

　　　ウ　色がこくなったところがあった　　エ　卵の表面のすじがなくなっていた

[3] モンシロチョウの幼虫やその育て方について，次の①，②に答えなさい。

　①幼虫が卵から出て，最初に食べるものは何ですか。

　②育てるときに気をつけることはいろいろあります。してはいけないことを，次のア～エか
　　ら１つ選びなさい。

　　　ア　毎日，えさの新しい葉を入れる。

　　　イ　古い葉によう虫がのっているときは，よう虫をやさしく指でつまんで新しい葉に
　　　　　のせ，古い葉をすべて取りのぞく。

　　　ウ　ふんのそうじをする。

　　　エ　水でぬらしたティッシュペーパーで葉の切り口をつつみ，アルミニウムはくで
　　　　　おおう。

[4] 何回か皮をぬいで２cmくらいになった幼虫について，①，②に答えなさい。

　　①２cmくらいになった幼虫は葉をたくさん食べて，大きなふんをするようになりました。
　　　ふんの色はなに色ですか。

　　②２cmくらいになった幼虫が，一日中，えさを食べずにじっと動かないときがありまし
　　　た。何をしていたのでしょうか。最もてきとうなものを，次のア～エから選びなさい。

　　　ア　食べたものをよく吸収するためにじっとしている。

　　　イ　ねむっている。

　　　ウ　皮をぬぐ準備をしている。

　　　エ　日にあたって，からだをあたためている。

[5] 幼虫が皮をぬぐときは，いつも決まったところ
　　からぬぎはじめます。ぬぎはじめる場所を，
　　右の図のア～エから選びなさい。

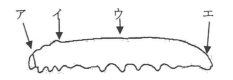

［6］えさをたくさん食べて大きくなった幼虫は，やがてさなぎになりました。次のア～カはさなぎになるころから成虫になるまでのようすです。正しい順にならべなさい。

　　ア　えさを食べなくなる。
　　イ　皮をぬぐ。
　　ウ　さなぎになる。
　　エ　皮を通してはねが見えるようになる。
　　オ　糸をかける。
　　カ　成虫が出てくる。

［7］こん虫には，モンシロチョウのように幼虫がさなぎになってから成虫になるものと，さなぎにならないで成虫になるものがあります。次の①，②に答えなさい。

　　①幼虫がさなぎになってから成虫になることを何といいますか。**漢字**で答えなさい。
　　②幼虫がさなぎにならないで成虫になるこん虫のグループを，次のA～Dから選びなさい。

　　　　A　ダンゴムシ　　カナブン　　アリ
　　　　B　アブラムシ　　クモ　　アメンボ
　　　　C　シオカラトンボ　　オオカマキリ　　ショウリョウバッタ
　　　　D　カイコガ　　アゲハ　　アブラゼミ

［8］右の図はモンシロチョウの成虫のからだをあらわしています。解答用紙の図にあしをかきなさい。

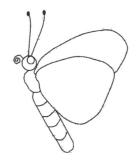

［2］塩酸，炭酸水，食塩水，水，アンモニア水，石灰水の入った試験管を用意して，水溶液（すいようえき）の性質を調べました。ただし，答えが複数あるときはすべてを答えなさい。

［9］においがある水溶液はどれですか。

［10］気体がとけている水溶液はどれですか。

［11］液を蒸発皿に入れて熱したあと，とけていたものが出てくる水溶液はどれですか。

［12］金属をとかす水溶液について，次の①，②に答えなさい。

　　①　金属のアルミニウムをとかす水溶液はどれですか。
　　②　①の水溶液でアルミニウムをとかしたとき，あわが出ました。この実験をするときは近くで火を使ってはいけません。その理由を次のア～エから１つ選びなさい。

　　　　ア　出た気体は，ものを燃やす性質があるから
　　　　イ　出た気体が，燃えやすい性質だから
　　　　ウ　試験管に残った液体が，燃えやすい性質だから
　　　　エ　火によって温度が上がると，あわが出なくなるから

［13］アルミニウムをとかして，あわが出ていったあとに残った液を１滴（てき）スライドガラスに取り，ドライヤーで下からスライドガラスをあたためました。どうなりますか。次のア～エから１つ選びなさい。

　　　　ア　白色の固体が出てくる。
　　　　イ　黄色の固体が出てくる。
　　　　ウ　細かくなった金属が出てくる。
　　　　エ　何も出てこない。

下の表は，いろいろな水溶液をリトマス紙につけて色の変化を調べた記録です。

	A	B	C	D
赤色リトマス紙	色は変えない	青色になった	青色になった	色は変えない
青色リトマス紙	赤色になった	色は変えない	赤色になった	色は変えない

［14］A～Dのうちで，実際にはおこらない色の変化の組み合わせがあります。リトマス紙の色の変化がまちがっているものを，表のA～Dから選びなさい。

［15］石灰水，食塩水はそれぞれどれですか。表のA～Dから１つずつ選びなさい。

3 右の表は，食塩やホウ酸について，水の温度と
とける量を調べたものです。これを使って，次の
問題に答えなさい。ただし，答えが割り切れない
ときは，小数第二位を四捨五入して答えなさい。

50 mL の水にとける量

水の温度	食塩	ホウ酸
10℃	17.9 g	1.8 g
20℃	17.9 g	2.4 g
30℃	18.0 g	3.4 g
40℃	18.2 g	4.4 g
50℃	18.3 g	5.7 g

[16] 40℃の水150mLに，食塩は何gまでとけ
ますか。

[17] 50℃の水50mLに，食塩18.3gと
ホウ酸5.7gを混ぜたものをすべてとかす
ことができます。食塩5.0gとホウ酸5.0gを混ぜたものを，50℃の水50mLに
とかしました。水溶液の温度を20℃に下げたら，とけていた物質が1種類だけ出てき
ました。何という物質が何g出てきましたか。

[18] 50℃の水50mLに，ホウ酸5.7gをとかしました。この水溶液の水を蒸発させて
水の量をへらすと，ホウ酸が出てきます。何mLの水を蒸発させてから50℃にする
と3.4gのホウ酸が出てきますか。

4 川の近くにあるがけで地層の観察をすると，
いくつかの層からできていました。右の図は
そのときのスケッチです。

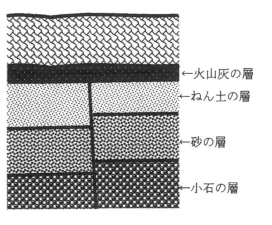
←火山灰の層
←ねん土の層
←砂の層
←小石の層

[19] 地層をみると，その地域で何がおこった
かを推定することができます。スケッチ
を参考にして，この地域でおこったこと
を順にならべ，記号で答えなさい。
    ア　地層がずれた
    イ　地面がけずられて平らになった
    ウ　火山灰の層ができた
    エ　ねん土の層ができた
    オ　砂の層ができた
    カ　小石の層ができた

[20] ねん土など細かいつぶが固まってできた岩石を何というか答えなさい。

[21] 火山灰の層で見られるつぶと小石の層で見られるつぶの形は，どのようになっていますか。
正しいものを次のア〜エから1つ選び，記号で答えなさい。
    ア　火山灰の層のつぶも小石の層のつぶも角がなくまるみをおびている。
    イ　火山灰の層のつぶは角ばっているが，小石の層のつぶは角がなくまるみをおびて
      いる。
    ウ　火山灰の層のつぶは角がなくまるみをおびているが，小石の層のつぶは角ばって
      いる。
    エ　火山灰の層のつぶも小石の層のつぶも角ばっている。

[22] 砂の層の中からシジミの化石が見つかりました。この層ができた時はどのような環境だ
ったのでしょうか。簡単に答えなさい。

5 図1は、よく晴れた日に、名古屋市にある南山中学校の屋上で、月をスケッチしたものです。

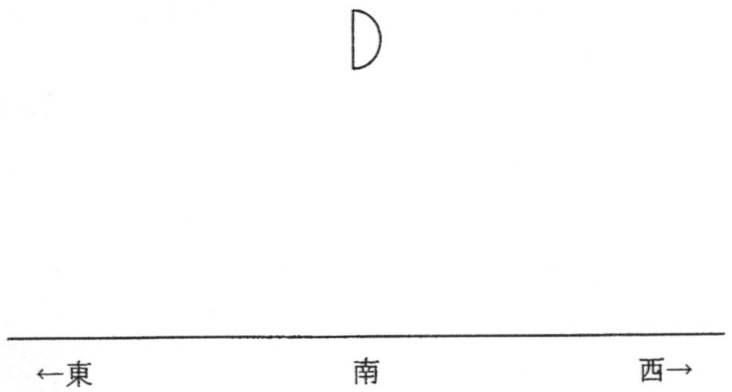

[23] 図1の月は、どの時刻に観察されたものですか。最も近いものを次のア～エから1つ選び、記号で答えなさい。

ア　午前0時ごろ（真夜中）

イ　午前6時ごろ

ウ　正午ごろ

エ　午後6時ごろ

←東　　　　　南　　　　　西→

図1

[24] 図1の月が地平線にしずむとき、どのように見えますか。最も近いものを次のア～エから1つ選び、記号で答えなさい。

ア　　　　イ　　　　ウ　　　　エ

地平線

[25] 図1の月を観察した3日後には、図1の月と同じ方角にどのような形の月が見えますか。例にならって解答用紙にかきなさい。

例　図1の月

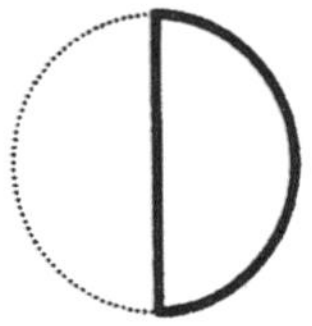

[26] 与謝蕪村は「菜の花や　月は東に　日は西に」という俳句をよみました。図1の月を観察してから、与謝蕪村が見ていた月と同じ形の月を観察できるのは、およそ何日後ですか。最も近いものを次のア～エから1つ選び、記号で答えなさい。

ア　3日後　　イ　7日後　　ウ　15日後　　エ　29日後

[27] 松尾芭蕉は「明けゆくや　二十七夜も　三日の月」という俳句をよみました。そのときに松尾芭蕉が見ていた月はどの方角ですか。次のア～エから1つ選び、記号で答えなさい。

ア　東の空　　イ　西の空　　ウ　南の空　　エ　北の空

[28] 月についてまとめた次の文の［A］～［C］にあてはまる言葉を答えなさい。

> 月の表面は、［A］とよばれる平らな部分と、［B］とよばれる山や谷の部分があり、［A］の部分が暗く、［B］の部分が明るく見えます。［B］の部分には、［C］とよばれるくぼ地が多く見られます。

6 イタリアの学者ガリレオ・ガリレイは、教会で天じょうからつるされたランプのゆれを見て、ふりこが1往復するのにかかる時間の規則性を発見したといわれています。図3のようなふりこの実験で、ふりこの長さ、おもりの重さ、おもりの高さを変えて、ふりこが1往復するのにかかる時間を測ったところ、下の表のような結果が得られました。まさつや空気抵抗は考えないものとして、答えなさい。ただし、図は正確ではありません。

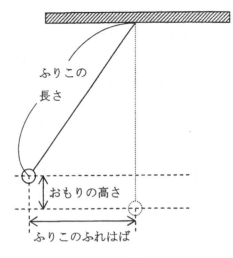

図3

表　ふりこの条件を変えたときの、ふりこが1往復するのにかかる時間

	①	②	③	④	⑤	⑥
ふりこの長さ（cm）	10	40	40	90	90	160
おもりの重さ（g）	20	20	20	10	40	20
おもりの高さ（cm）	5	5	20	20	20	20
1往復の時間（秒）	0.6	1.2	1.2	1.8	1.8	2.4

[29] ①のふりこのおもりの重さを10gに変えたとき、ふりこが1往復するのにかかる時間は何秒になりますか。

[30] ④のふりこのおもりの高さを40cmに変えたとき、ふりこが1往復するのにかかる時間は何秒になりますか。

[31] ⑤のふりこが1往復するのにかかる時間を半分にするには、「ふりこの長さ」、「おもりの重さ」、「おもりの高さ」の3つの条件のうち、どの条件をどのように変えればよいでしょうか。

[32] ふりこの長さが一定のときの、ふりこのふれはばと1往復するのにかかる時間との関係について、正しいものを次のア～オから1つ選び、記号で答えなさい。

ア　ふれはばが小さいほど、1往復するのにかかる時間は短くなる。

イ　ふれはばが小さいほど、1往復するのにかかる時間は長くなる。

ウ　ふれはばが大きいほど、1往復するのにかかる時間は短くなる。

エ　ふれはばが大きいほど、1往復するのにかかる時間は長くなる。

オ　ふれはばには関係なく、1往復するのにかかる時間は一定である。

[33] 図4のように，⑥のふりこを固定した天じ
ょうの真下７０ｃｍの位置に，ふりこの運
動をさえぎるようにくぎを取り付けました。
このとき，ふりこが１往復するのにかかる
時間は何秒になりますか。ただし，糸がく
ぎに巻きつくことはありません。

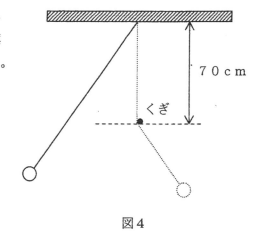

図４

7 長さ６０ｃｍ，重さ６０ｇの太さの等しい棒があり，図5のように棒の中心をつり下げると，
棒は水平になりつり合います。図6のように左端から２０ｃｍのところをつり下げると，水平
につり下げることができず，右側が下がってしまいます。図7のように，左端に３０ｇのおも
りをつるすことで，水平につり合わせることができます。棒はすべて水平につり合っており，
糸の重さは考えないものとして答えなさい。ただし，図は正確ではありません。

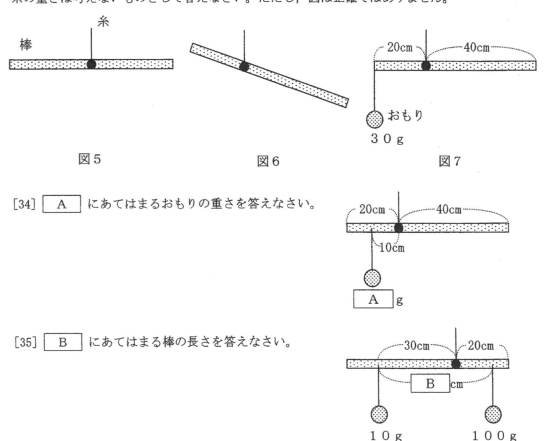

図５　　　　　図６　　　　　図７

[34] ┌─┐
     │Ａ│ にあてはまるおもりの重さを答えなさい。
     └─┘

[35] ┌─┐
     │Ｂ│ にあてはまる棒の長さを答えなさい。
     └─┘

8 豆電球とかん電池をつかって配線１を，発光ダイオードだけをつかって配線２をつくりまし
た。かん電池や豆電球，発光ダイオードはそれぞれ新しく，同じ種類のものを使用するとして
答えなさい。

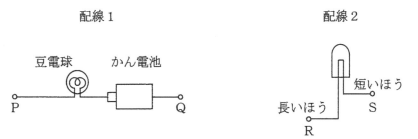

配線１　　　　　　　　配線２

[36] 配線１と配線２と導線２本のみを使って，豆電球と発光ダイオードの両方を点灯させます。
どのように配線すればよいか，解答用紙に導線２本をかきなさい。ただし，導線の両端以
外はビニルでおおわれているものとし，切ったりビニルをはがしたりしてはいけないもの
とします。

[37] 図8のような箱に４つの端子Ａ～Ｄがついています。これ
らの端子は箱の中でかん電池や導線とつながっていますが，
箱の中は見えないようになっています。この箱の端子に，
配線１や配線２をつなげると下の表のような結果になりま
した。箱の中のかん電池や導線がどのようにつながってい
るか，考えられるもののうち１つを解答用紙にかきなさい。

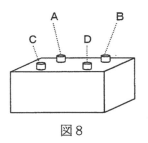

図８

表１　配線１をつないだ結果

P	Q	豆電球のつき方
A	B	点灯した
A	C	点灯しなかった
A	D	点灯した
B	C	点灯しなかった
B	D	点灯しなかった
C	D	点灯しなかった

表２　配線２をつないだ結果

R	S	ダイオードのつき方
A	B	点灯しなかった
A	C	点灯しなかった
A	D	点灯しなかった
B	C	点灯しなかった
B	D	点灯した
C	D	点灯しなかった

2014 年度

南山中学校女子部　入学試験問題

算　数

【　注意　】

1．試験開始の合図があるまで、この問題冊子の中を見てはいけません。

　　試験開始まで、この【　注意　】をよく読んで下さい。

2．試験時間は５０分です。

3．この問題冊子は7ページで、問題は1～13です。

4．試験開始の合図後、問題冊子や解答用紙に印刷が悪くて見にくいところや汚れなどの

　　ある場合は、だまって手をあげて監督の先生に知らせて下さい。

5．答えはすべて解答用紙に書いて下さい。

6．解答用紙の受験番号、名前は最初に記入して下さい。

7．試験終了後は解答用紙のみを提出し、問題冊子は持ち帰って下さい。

8．円周率は3.14とします。

9．定規は直線を、コンパスは円をかくために使います。

1

　　　　にあてはまる数を答えなさい。

（1）　$9 \times 8 \times 7 \times (6-5) \times 4 - 3 + 2 - 1 = \boxed{}$

（2）　$\dfrac{3}{2} \times \left\{ 4 - \dfrac{5}{36} \div \left(\dfrac{5}{12} - \dfrac{3}{8} \right) \right\} = \boxed{}$

（3）　$666 \times 666 - 777 \times 555 = \boxed{}$

（4）　$10兆170億 \times \dfrac{1.08}{1.05} = 10兆\boxed{}億$

（5）　$\left(\dfrac{11}{4} - \boxed{} \div 6 \right) \div 5 = \dfrac{9}{20}$

2

（6）　次の５つの数のうち，２番目に小さいものはどれですか。

　　　　$\dfrac{1}{12}$ ，　$\dfrac{15}{179}$ ，　$\dfrac{3}{32}$ ，　$\dfrac{5}{62}$ ，　$\dfrac{6}{71}$

3

　　あるスーパーマーケットで，２種類の牛肉パックが売られています。

　２４０ｇ入りパックの値段は９６０円，２２０ｇ入りパックの値段は１１００円

で，合わせて何パックか買うことにします。

（7）　ちょうど3kgの牛肉を買うために必要な金額を答えなさい。

4

　列車の定員数は，つり革の数と座席の数の合計数とします。ある列車の定員数と座席数の比は２６：９であり，この列車に５０人が乗車すると全員が座れますが，６０人が乗車すると何人かは座れなくなります。

（８）この列車の定員数を求めなさい。

5

　アキさんはこれまでに１００点満点のテストを毎日１回ずつ受けています。昨日までに受けたテストの平均点は６４点であり，今日までに受けたテストの平均点は６８点です。

（９）アキさんが今日までに受けたテストの回数は，もっとも多くて何回ですか。

6

　家から３６００ｍ離れたとなり町のデパートへ，姉は歩いて，妹は自転車で行きました。２人ともそれぞれ一定の速さで進み，妹が姉より遅れて家を出ました。次のグラフは，その様子を表しています。

（１０）妹が姉を追いぬいたときからとなり町に着くまでにかかった時間は何分何秒ですか。

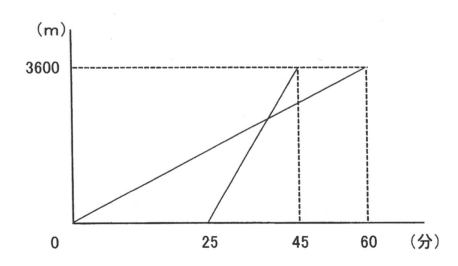

7

　ある規則にしたがって，下の表のように整数が並んでいます。例えば，３行目の４列目の数は４１です。

（１１）６行目に並んでいる数の１列目から２０列目までの和を求めなさい。

（１２）５０１は何行目の何列目にありますか。

	1列	2列	3列	4列	5列	6列	7列	‥‥‥‥
1行	1	13	25	37	49	61	73	‥‥‥‥
2行	3	15	27	39	51	63	75	‥‥‥‥
3行	5	17	29	41	53	65	77	‥‥‥‥
4行	7	19	31	43	55	67	・	‥‥‥‥
5行	9	21	33	45	57	69	・	‥‥‥‥
6行	11	23	35	47	59	71	・	‥‥‥‥

8

　図のように，７つの長方形を重ねることなくすき間なく並べ，長方形ＡＢＣＤが作られています。また，面積が分かっている長方形はその中に面積が記入されています。

（１３）長方形ＡＢＣＤの面積を求めなさい。

A　　　　　　　　　　　　　　　　　D
　　９０㎠　　　　　　４８㎠
　　　　　　　　２４㎠
　　　　　　　　７２㎠　　　　９６㎠
B　　　　　　　　　　　　　　　　　C

9

　図は，正方形の紙を1回折ったもので，㋐の角の大きさが62度です。
（14）㋑の角の大きさは何度ですか。

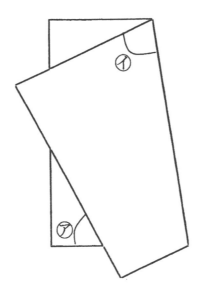

10

　図のように，直角をはさむ2つの辺の長さが10cmの直角二等辺三角形ABC
と半径5cmの円が重なっています。A，Cは円の上にあります。
（15）㋐の部分の面積と㋑の部分の面積の差を求めなさい。

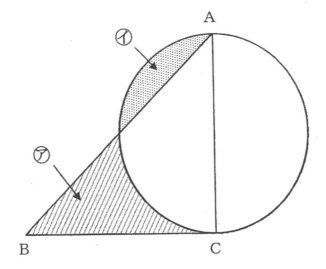

11

　図のように立方体の3つの面ABCD，面BEFC，面CFGD上に等間隔の
線がかかれています。図に見えている線の上を通ってAからFまで行きます。次
のそれぞれの場合について，何通りの行き方があるか答えなさい。
（16）Cを通ってAからFまで最短距離で行く場合
（17）AからFまで最短距離で行く場合

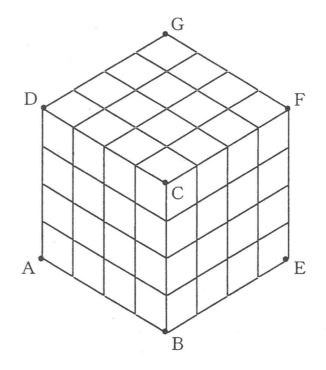

1 2

　図1は，1辺の長さが1cmの正三角形8個をはり合わせてできた立体の見取図です。図2はこの立体の展開図です。

（18）図2を組み立てたとき，頂点Aに重なる点は㋐〜㋖のうち何個ですか。

（19）図2を組み立てたとき，頂点Dは㋐〜㋖のどれですか。

（20）点Gは辺BEの真ん中の点，点Hは辺BCの真ん中の点とします。

　　3点A，G，Hを通る平面と辺BFとの交点をIとするとき，点Bから点Iまでの長さを求めなさい。

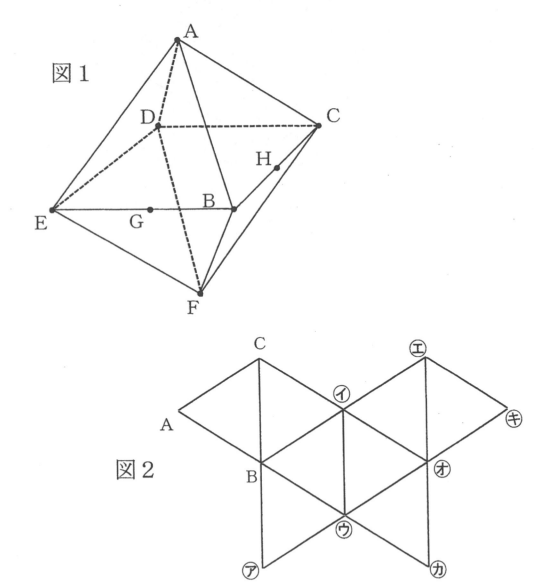

図1

図2

1 3

（21）定規とコンパスを用いて，3つの角の大きさが30°，60°，90°である直角三角形ABCをかきなさい。また，どのように作図したのかを説明しなさい。ただし，解答用紙にかかれている辺ABは，3つの辺の中でもっとも短いものとします。

　作図するとき，以下の注意を守ってください。

注意　・定規やコンパスを使ってかいた線やコンパスの針をさした所は，すべて解答らんのわく内におさめること。

　　　・コンパスの針をさすのは3回以内とし，針をさした所に×を書くこと（×の真ん中がコンパスの針をさした所になるようにする）。

2014 年度

南山中学校女子部　入学試験問題

理　科

【　注意　】

1．試験開始の合図があるまで、この問題冊子の中を見てはいけません。

　　試験開始まで、この【　注意　】をよく読んで下さい。

2．試験時間は５０分です。

3．この問題冊子は８ページで、問題は 1 ～ 6 です。

4．試験開始の合図後，問題冊子や解答用紙に印刷が悪くて見にくいところや汚れなどの

　　ある場合は、だまって手をあげて監督の先生に知らせて下さい。

5．答えはすべて解答用紙に書き、記号で答えるものはすべて記号で答えなさい。

6．解答用紙の受験番号、名前は最初に記入して下さい。

7．試験終了後は解答用紙のみを提出し、問題冊子は持ち帰って下さい。

---

1 アサガオは一つの花の中におしべとめしべがありますが，ツルレイシはおしべとめしべが別々の花についています。以下の問題に答えなさい。

［1］アサガオの花びらの一部を切り開いたときに観察することができる，花のつくりを解答用紙の図にかきなさい。

［2］ツルレイシの花でおしべだけの花を何といいますか。

［3］ツルレイシのようにおしべとめしべが別々の花についている植物を下のア～クからすべて選び，記号で答えなさい。

　　ア　カボチャ　　　　イ　コスモス　　　　ウ　ヘチマ
　　エ　タンポポ　　　　オ　キュウリ　　　　カ　ナス
　　キ　サヤエンドウ　　ク　キャベツ

　ツルレイシと同じようにトウモロコシもおしべとめしべが別々の花についています。ツルレイシはおもに［A］によって花粉が運ばれますが，トウモロコシは［B］によって花粉が運ばれます。右下の図のようにトウモロコシにはヒゲがあります。図のヒゲはトウモロコシの［C］の先の部分です。このヒゲの奥には他の植物と同じように，実になる部分がついています。

ヒゲ

［4］上の文章の［A］，［B］，［C］，にあてはまる言葉を書きなさい。

［5］実になる部分を何といいますか。

［6］トウモロコシのヒゲの特ちょうとしてあてはまるものを下のア～エからすべて選び，記号で答えなさい。

　　ア　受粉する前のヒゲはさらさらしている。
　　イ　受粉する前のヒゲはべたべたしている。
　　ウ　受粉した後のヒゲは長く伸びる。
　　エ　受粉した後のヒゲは短く縮れる。

［7］ヒゲと実になる部分はどのようにつながっていますか。解答用紙のトウモロコシの実にヒゲをかきなさい。

［8］トウモロコシと同じように［B］によって花粉が運ばれる植物を下のア～クからすべて選び，記号で答えなさい。

　　ア　エノコログサ　　イ　タンポポ　　　ウ　マツ
　　エ　ツツジ　　　　　オ　レンゲ　　　　カ　イチゴ
　　キ　ヘチマ　　　　　ク　スギ

［9］トウモロコシと同じように［B］によって花粉が運ばれる植物の特ちょうとしてあて
はまるものを下のア〜カからすべて選び，記号で答えなさい。

　　ア　花粉がとても多い。

　　イ　花粉が少ない。

　　ウ　花が派手。

　　エ　花が地味。

　　オ　花は春にしかさかない。

　　カ　花は冬にしかさかない。

2　ものが燃えるときには，「酸素」「燃えるもの」「高い温度」の３つがそろっていること
が必要です。以下の問題に答えなさい。

エジソンは京都の竹を炭にして，電球のフィラメントを作りました。

［10］竹を炭にする方法として正しいものを下のア〜エから選び，記号で答えなさい。

　　ア　竹をラップフィルムで包み，電子レンジにかける。

　　イ　竹をアルミニウムはくで包み，電子レンジにかける。

　　ウ　竹をラップフィルムで包み，ガスバーナーで焼く。

　　エ　竹をアルミニウムはくで包み，ガスバーナーで焼く。

［11］竹の炭は空気がたくさんあるところで，マッチの炎（ほのお）で火をつけると燃えます。この
時，何が「高い温度」にしていますか。

［12］炭が燃えた後に残るものは何ですか。

シャープペンシルのしん（以下「しん」としま
す）を使って図のような装置をつくり実験をしま
した。電気を流すとしんは熱くなり，電球のように光
りました。しかし，しばらくするとしんは下の図の
ように，中心が細くなり切れてしまいました。

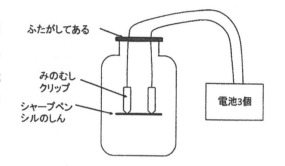

切れたシャープペンシルのしん

ビンの中の気体の種類を変えて，しんが切れるまでの時間を計りました。また，しんが切
れた後，すぐに石灰水（せっかいすい）を入れてよくふり混ぜました。下の表はその結果です。しんは竹の炭
と同じ成分でできています。

	ビンの中の気体	切れるまでの時間	石灰水の変化
実験①	空気	２８秒	白くにごった
実験②	ろうそくを燃やした後の気体	３０秒	白くにごった
実験③	ちっ素	２分	変化はなかった

［13］　実験①の結果から，しんは何に変化したと考えられますか。

実験②では，ビンの中でろうそくを炎が自然に消えるまで燃やした後，しんを入れて電気を流しました。

1 g のろうそくを燃やすと 3 g の酸素が使われることがわかっています。ビンの中に入る空気の体積は 500 mL です。ろうそくを燃やす前は空気で満たされていました。炎が自然に消えた後，残ったろうそくの重さを量ると 7 mg 減っていました。

[14] 空気の中にふくまれているちっ素と酸素の割合を簡単な整数の比で答えなさい。

[15] 実験②で，ろうそくが燃えるのに使われた酸素は何 mg ですか。整数で答えなさい。

[16] ろうそくが燃えた後のビンの中には何 mg の酸素が残っていますか。ただし，酸素は 1 L のとき 1.3 g の重さがあることがわかっています。整数で答えなさい。

[17] [16]で計算した重さの酸素は何 mL になりますか。四捨五入して整数で答えなさい。

[18] ろうそくを燃やした後のビンの中の気体を酸素用の検知管で測定すると，検知管が示す値は何％(体積の割合)になりますか。四捨五入して整数で答えなさい。

[19] ろうそくを燃やした後のビンの中には酸素が残っていますが，ろうそくの炎は自然に消えてしまいました。その理由を説明しなさい。

[20] 実験③でしんが切れたのはなぜですか。下のア～オから選び記号で答えなさい。

　　ア　しんが燃えたから。
　　イ　しんが気体にすがたを変えたから。
　　ウ　しんが石灰水にとけたから。
　　エ　しんが炭になったから。
　　オ　しんが光になったから。

3　2013年8月3日の夜，愛知県で星空の観察をしました。以下の問題に答えなさい。

はくちょう座，こと座，[A] 座は図1のように見えました。はくちょう座の [B]，こと座のベガ，[A] 座のアルタイルの3つの星は，三角形にならんでいて夏の大三角とよばれています。

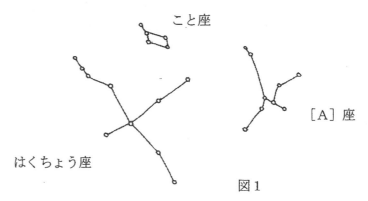

図1

[21] [A] の星座の名前を答えなさい。

[22] 解答用紙の図の中の [B] の星を，〇で囲みなさい。

[23] 天の川はどの向きに見えますか。下のア～ウから選び記号で答えなさい。

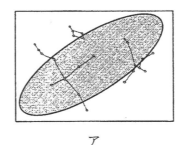 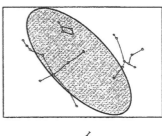 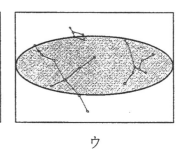

　　ア　　　　　　イ　　　　　　ウ

[24] 星には明るさや色のちがうものがあります。色のちがいは星の表面の温度によるものです。次の3つの星の色を，温度の高い順に記号でならべなさい。

　　ア　白　　　イ　赤　　　ウ　青白

[25] こと座のベガは，白，赤，青白のどの色にもっとも近いですか。

[26] この夜は，流れ星もたくさん見えました。8月の初めごろにたくさん見られる流れ星は，どの向きに流れますか。下のア～オから選び記号で答えなさい。

　　ア　すべて東から西に流れる。
　　イ　すべて西から東に流れる。
　　ウ　いろいろな方向から1つの星座に向かって流れる。
　　エ　1つの星座からいろいろな方向に流れる。
　　オ　規則はなくいろいろな方向に流れる。

[27] ２０１３年は８月２１日が満月でした。８月３日の月はどんな形でしたか。
下のア～カから選び記号で答えなさい。

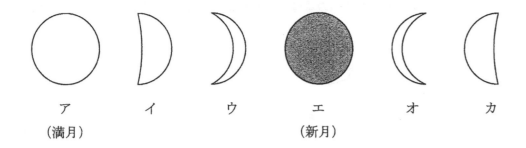

　ア　　　　イ　　　　ウ　　　　エ　　　　オ　　　　カ
（満月）　　　　　　　　　　（新月）

[28] 図２は，望遠鏡で月の表面の『晴れの海』をスケッチしたものです。目で見ると実際
の月ではどのように見えますか。下のア～エの中から選び記号で答えなさい。

図２

晴れの海

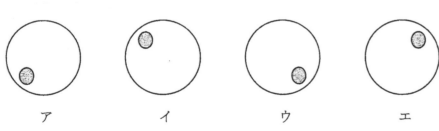

　ア　　　　イ　　　　ウ　　　　エ

[29] 月にあてはまること，太陽にあてはまることを下のア～カからすべて選び，それぞれ
記号で答えなさい。同じものを選んでもかまいません。
　ア　同じもようだけ見える。
　イ　観察するときは，しゃ光板を使って見る。
　ウ　形が変わって見える。
　エ　自分で光っている。
　オ　球形をしている。
　カ　東から出て南の空を通り西にしずむ。

[4]　電気について実験をしました。以下の問題に答えなさい。
手回し発電機にコンデンサーをつなぎ，電気をためました。電気をためたコンデンサーに
豆電球と発光ダイオードをつなぎ，明かりのついている時間を計りました。

[30] 次のア～エから**まちがっているもの**をすべて選び，記号で答えなさい。
　ア　コンデンサーに電気をためるとき，手回し発電機は速く回すほどたくさんの電
　　　気を作ることができるので，できるだけ速く回したほうがよい。
　イ　コンデンサーに電気をためるとき，手回し発電機を長く回せば回すほどたくさ
　　　んの電気をためることができる。
　ウ　発光ダイオードを光らせるときは，発光ダイオードの＋極とコンデンサーの＋
　　　たんしをつなぐ。
　エ　豆電球を光らせるときは，豆電球のたんしをコンデンサーのどちらのたんしに
　　　つないでもよい。

[31] コンデンサーが同じだけ電気をためているとき，豆電球と発光ダイオードではどちら
が長く明かりがついていましたか。記号で答えなさい。
　ア　豆電球　　　イ　発光ダイオード　　　ウ　同じ長さ

[32] 次のようにして手回し発電機のハンドルをまわしました。手ごたえが重い順に記号で
ならべなさい。

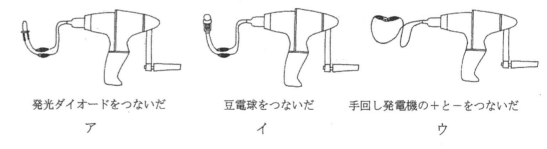

　発光ダイオードをつないだ　　　豆電球をつないだ　　　手回し発電機の＋と－をつないだ
　　　　　ア　　　　　　　　　　　　イ　　　　　　　　　　　　ウ

[33] 下の文は，電気について書かれています。①，②にあてはまる言葉を漢字で書きな
さい。［A］［B］［C］には下の□□□から選んで記号で答えなさい。

　大昔の［A］などからできている石炭や石油などのことを①といい，火力発電所では
①を燃やしてその熱で電気を作ります。そのほか②に光をあてても電気を作ることが
できます。作られた電気はわたしたちの生活の中で，いろいろなものに変えて利用されて
います。たとえばストーブでは［B］に，電子オルゴールでは［C］に変わります。

ア　運動	イ　熱	ウ　光	エ　音
オ　岩石	カ　植物	キ　火山	ク　海水

5 ばねを使って実験をしました。以下の問題に答えなさい。
ぶら下げるおもりの重さをいろいろに変え，ばねの長さをはかり，表のような結果になりました。ただし，ばねの重さは考えないことにします。

おもりの重さ〔g〕	100	200	300	400
ばねの長さ〔cm〕	6.4	10.0	13.6	17.2

[34] 表の結果をグラフに書きなさい。線で結ばず ● で書きなさい。

[35] 月では，ものの重さは地球での6分の1になります。このばねを月に持っていって
　　 1380gのおもりをつるしたとき，ばねの長さは何cmになりますか。グラフから
　　 関係を読み取り，計算で四捨五入して小数第1位まで答えなさい。

[36] 月で300gのおもりを上皿天びんではかりました。何gの分銅とつりあいますか。
　　 整数で答えなさい。

[37] このばねを半分に切って150gのおもりをつるしました。ばねの長さは何cmにな
　　 りますか。小数第1位まで答えなさい。

6 虫めがねで遊びました。[38]，[39] についてどのように見えるか，それぞれ
下のア〜エから選び，記号で答えなさい。
[38] 手をのばして遠くのけしきを見たとき。
[39] 本に近づけて書いてある字を見たとき。
　　　　　　　　　　　　　　　　　　　　[38]

　　ア　小さく同じ向きに見える。
　　イ　大きく同じ向きに見える。
　　ウ　小さく反対向きに見える。
　　エ　大きく反対向きに見える。

　　　　　　　　　　　　　　　　　　　[39]

2014 年度

南山中学校女子部　入学試験問題

社　会

【　注意　】

1. 試験開始の合図があるまで，この問題冊子の中を見てはいけません。
   試験開始まで，この【　注意　】をよく読んで下さい。

2. 試験時間は５０分です。

3. この問題冊子は１３ページで，問題は 1 ～ 4 です。

4. 試験開始の合図後，問題冊子や解答用紙に印刷が悪くて見にくいところや汚れなどのある場合は，だまって手をあげて監督の先生に知らせて下さい。

5. 答えはすべて解答用紙に書き，記号で答えるものはすべて記号で答えなさい。漢字の指定のあるものはかならず漢字で書きなさい。

6. 解答用紙の受験番号，名前は最初に記入して下さい。

7. 試験終了後は解答用紙のみを提出し，問題冊子は持ち帰って下さい。

1 　次の新聞記事を読んで，あとの問いに答えなさい。

> **和食，世界遺産に　もっと魅力を味わおう**
>
> 「和食」がユネスコ（国連■■■■■■機関）の世界無形文化遺産として 12 月に登録される。政府は登録をきっかけに，①和食を海外に積極展開し，日本産の農水産物の輸出拡大も図る考えだ。私たちも，その奥深さと可能性を再認識し，すたれさせることなく伝えていきたい。
>
> 日本の無形文化遺産は歌舞伎，結城 紬 などに次ぎ 22 件目。食の関係ではフランスの美食術，イタリアやモロッコの地中海料理などがすでに登録され，今回は韓国の「キムチとキムジャン文化」も内定した。
>
> ②和食が，世界に誇るべき特色はいくつもある。まず，自然を大事にしている点だ。③素材の 旬 にこだわり，地域の風土・気候に根ざし，材料を最後まで使い切ってむだにしない。
>
> また，見て美しく楽しい。どこからながめても同じ姿の対 称的な盛りつけではなく，四季のうつろいも取り込んで食べる人を喜ばす。
>
> 多様な調理法も例をみない。生のほか，焼く，煮る，蒸す，揚げる，あえる，発酵させる，干すと幅広い。この結果，④包丁などの道具，食べ物を盛る皿や 器 も多彩だ。
>
> さらに「だし」に代表されるうまみが味の土台をつくっている。うまみは 5 番目の味覚として，英語でも「UMAMI」と表現される。
>
> そして，動物性脂肪が少なく食物繊維は多いので，健康にいい。
>
> こうした特色に加え，「おせちと正月」など年中行事に深くかかわり，家族や地域の 絆 を生んできた文化的な側面も評価された。
>
> 国際的に和食は注目を浴びている。日本食レストランは各国で人気だし，欧米の料理人には「だし」を使ったり，ゴボウやカブ，ユズなどの食材を用いたりする動きがある。
>
> こうした一方で，和食の未来を支える足元は危うい。
>
> 家庭でもアジアや欧米の料理が，手軽に食べられるようになった半面，和食に親しむ機会は減った。伝統野菜など地域独自の食材や昔ながらの料理法は，大量生産が進む中で途絶えかけているものもある。
>
> 食品会社が 2011 年に発表したアンケートによると，⑤「昆布，かつお節，煮干しなどの素材からだしを取っている」との回答は 2 割にすぎない。一人きりで食べる「孤食」や，家族一緒でも各自がばらばらに好きなものを食べる「食 卓崩壊」という現象も近年問題になっている。
>
> ⑥世界への売り込みも大事だが，学校や地域で和食の魅力を味わい，特色を学び，食材や調理法を受け継いでいく取り組みが欠かせない。和食に 育まれてきた私たち自らが，世界に向けて胸を張って，その価値を語れるようにしよう。
>
> （毎日新聞 2013 年 10 月 27 日より）

問1　文中の■■■■■に入れるのにふさわしい語句を漢字6字で答えなさい。

問2　下線部①に関連して，世界に向けて日本食を発信することは，政府の成長戦略である〇〇〇・ジャパン行動計画の柱の一つになっています。今回の「和食」の世界無形文化遺産登録は，それを後押ししてくれるかもしれません。

さて，「〇〇〇・ジャパン」とは，漫画(まんが)やアニメ，ゲーム，J-POP などの文化をはじめ，日本ならではの文化を海外に売り込んでいこうという取り組みを指して使われている言葉です。〇〇〇に入れるのにふさわしい語句をカタカナ3字で答えなさい。

問3　下線部②について，多様な山海の幸を素材に用いる「和食」は，その味わいとともに，栄養バランスに優れているといわれます。この日本の伝統的な食習慣（右の絵のような基本的な和食の献立(こんだて)）を表現する言葉として最も適当なものを，次から選びなさい。

日本女子大学健康サポートグループ HP より

　　ア．一期一会(いちごいちえ)　イ．和魂洋才(わこんようさい)　ウ．日常茶飯(にちじょうさはん)
　　エ．一汁三菜(いちじゅうさんさい)　オ．地産地消(ちさんちしょう)

問4　下線部③に関連して，次の(1)－(4)に答えなさい。

(1)　「冬が旬」と言えるものの組み合わせとして最も適当なものを，次から選びなさい。
　　ア．トマト－きゅうり　イ．はくさい－だいこん　ウ．とうもろこし－おくら
　　エ．なす－ほうれんそう　オ．いんげん－たけのこ

(2)　次のグラフは，東京の市場に入荷(にゅうか)したある野菜の 2012 年の統計資料です。ある野菜とは何か，答えなさい。

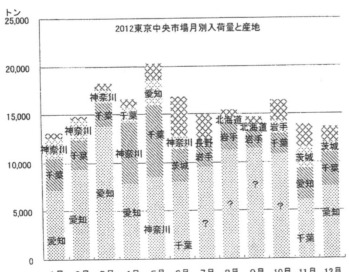

独立行政法人農畜産業振興機構野菜情報総合把握システム「ベジ探」の統計資料をもとに作成

(3)　前ページのグラフ中の？にあてはまる県名を漢字で答えなさい。

(4)　わたしたちは，前ページのグラフを見てわかるように，その野菜を一年中いつでも手に入れることができます。その理由を，前ページのグラフを参考にして40字(くとうてん)（句読点を含む）以内で説明しなさい。

問5　下線部④に関連して，日本の伝統工芸品とその産地の組み合わせとしてまちがっているものを次から2つ選びなさい。
　　ア．関の包丁－岐阜県　イ．南部鉄器(はかた)－秋田県　ウ．西陣織(にしじん)－京都府
　　エ．博多人形(はかた)－福岡県　オ．丸亀(まるがめ)うちわ－香川県　カ．輪島塗(ねり)－石川県
　　キ．伊万里焼(いまり)，有田焼－長崎県　ク．加賀友禅(ゆうぜん)－石川県　ケ．萩焼(はぎ)－山口県
　　コ．大島つむぎ－鹿児島県

問6　下線部⑤に関連して，次の記述のうちまちがっているものを2つ選びなさい。
　　ア．昆布は海水温の低い海で育つため，国内では北海道産が大半を占めている。また，養殖(ようしょく)ものも増えてきている。
　　イ．かつおの漁獲量が多い有名な港としては，焼津や枕崎(やいつ)(まくらざき)などがある。近年は養殖ももの出回るようになった。
　　ウ．かつお節の産地としては，かつおの水揚げの多い鹿児島県と静岡県が有名である。かつお節に加工するのにも新鮮(しんせん)さは大切な要素の一つなのである。
　　エ．煮干しとして使われている魚は，その大半が寒流にのって日本近海にやってくるいわしの仲間である。
　　オ．かつおは一本づりやまき網漁法(あみ)で，いわしはまき網漁法や定置網漁法でとられている。

問7　下線部⑥に関連して，昨年，日本時間の9月8日午前5時20分ころ，2020年夏季五輪開催地(かいさい)を「トウキョウ」と発表するＩＯＣ（国際オリンピック委員会）会長の言葉をテレビの生放送で聴いた人も少なくないでしょう。

ところで，開催地の最終決定を行う会議は，南アメリカのある国の首都ブエノスアイレスで開催されていました。

(1)　ある国とはどこか答えなさい。

(2)　「東京」開催が発表された時のブエノスアイレスの日付や時間帯はいつ頃(ごろ)だったか。次のページの世界地図を参考にして，最も適当なものを次から選びなさい。
　　ア．9月7日の早朝だった。
　　イ．9月7日の昼頃だった。
　　ウ．9月7日の夕方頃だった。
　　エ．9月8日の昼頃だった。
　　オ．9月8日の夕方頃だった。

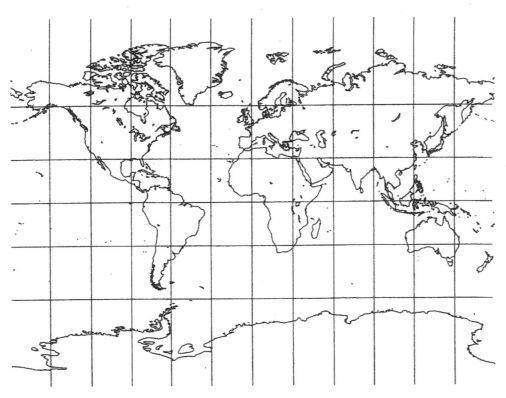

※緯線と経線は，それぞれ30度ごとにひかれています。

2　次の文章を読んで，あとの問いに答えなさい。

　まだ食べられる食料を捨ててしまう「食品ロス」が，日本国内だけでも年間500万〜800万トンあると推計されています。2011年の世界の食料援助量が390万トン（WFP発表の数値）といわれているので，その約2倍の量に当たります。本当にもったいない話です。①日本が多くの食料を海外からの輸入に頼っている事実を知ると，罪悪感さえいだく人もいるのではないでしょうか。②世界の栄養不足人口が約9億人といわれるなか，世界共通語にもなった「もったいない（MOTTAINAI）」という言葉の発祥の地である日本は，このままでいいのでしょうか？

　昨年の10月，③★★府と農林水産省などの関係省庁が，「食品ロス削減国民運動（NO-FOODLOSS PROJECT）をスタートすることを発表し，企業や国民に協力を求める呼びかけを行いました。また，多くの人に関心を持ってもらおうと，右のロゴマークなども作られました。

　そういった取り組みの一つとして，お菓子や飲料の納品期限を延長してメーカー（製造会社）への返品を減らし，廃棄されないようにする試みが始まりました。お菓子や飲料は，製造日から賞味期限までの期間の3分の1を過ぎると④□□店舗に納品できなくなる「3分の1ルール」という業者どうしの習慣があります。これを「2分の1」に見直すというものです。例えば，賞味期限が1年なら，納品日が製造後　A　ヵ月を一日でも過ぎると返品されていましたが，見直されれば，　B　ヵ月まで納品を認めることになります。メーカーや卸売業者は④□□業者の注文にすぐに応じられるようにするため在庫を多めに持っていて，期限を過ぎてしまうケースがずいぶんとあるのです。大手の30を超える会社が参加して始まったこのルールが一般的になり，参加する会社が増えていけば，廃棄される食料は確実に減るでしょう。

　ただ，⑤お店で発生する食品ロスは，お弁当やパン，お惣菜などのほうが多いようです。こちらは今回の試みの対象にはなっていないのですが，将来的には食品業界全体に廃棄を減らす工夫が広がっていくことを期待したいものです。

　一方で，わたしたち消費者も意識すべきことがあるのではないでしょうか。まずは，「食べ残し」をしないとか……。外食した場合にも食べ残したものを「持ち帰り容器」などに入れて持って帰ることができるように，法律などを少しゆるめることも検討されているようです。ただ，食品ロスの半分近くは家庭で発生しているといわれています。京都市の調査によれば，家庭から出される生ゴミの22%が手つかずの食品だといいます。⑥冷蔵庫の中から直接ごみ箱へといったことも少なくないからです。「もったいない」ですね。

　⑦「食の安全・安心」への関心が高まっている昨今ですが，「食品ロス」の問題も同時に考えていかなければならない重要な課題の1つではないでしょうか。

［農林水産省などの資料をもとに作成］

食べものに，
もったいないを，
もういちど。
NO-FOODLOSS PROJECT

-4-

-5-

注(1) WFP：国際連合の活動の一つで「世界食糧計画」のこと。
注(2) ロゴマークは、真ん中の丸を赤色の皿、下の2本線は箸をイメージし、涙で「もったいない」の感情を表現したもの。

問1　文中のＡ，Ｂそれぞれに適当な数字を入れなさい。

問2　下線部①について、次の記述のうちまちがっているものを1つ選びなさい。
　　ア．日本の食料自給率は、先進国のなかでは最も低い数値になっている。
　　イ．食料自給率には、いろいろな計算方法があるが、「熱量（カロリー）」からみた日本のそれは、40%くらいである。
　　ウ．日本の食料輸入が増えた理由としては、外国産食料の値段の安さや、交通や輸送技術の発達などがあげられる。
　　エ．政府が農産物の輸入制限をなくして自由化したため、外国産が増えた。
　　オ．日本の食生活の洋風化が進んだことで小麦や乳製品などの消費量が増えたが、それに国内の生産が追いつかず、輸入が増えた。

問3　下線部②について、次の記述のうちまちがっているものを1つ選びなさい。
　　ア．栄養不足人口の割合の高い国はアジアにもみられる。
　　イ．栄養不足人口の割合を国ごとでみると、その割合の高い国はアフリカに多い。
　　ウ．栄養不足の犠牲になっているのは大半が子どもたちである。身体の成長をさまたげるだけでなく、経済的な理由から学校にも通えずに働いている子どもも少なくない。
　　エ．栄養不足が原因で、アジアやアフリカでは人口が少しずつ減り始めている。
　　オ．世界の人口からすると、およそ8人のうち1人が飢えに苦しんでいることになる。

問4　文中の空らん③（★★）に入れるのにふさわしい語句を、漢字2字で答えなさい。

問5　文中の空らん④（□□）に入れるのにふさわしい語句を、漢字2字で答えなさい。

問6　下線部⑤に関連して、商店街やスーパーマーケットなどは売れ残りを防ぐためにどのような工夫をしていますか。解答らんにある「製造されてから」に続けて意味が通るように答えなさい。

問7　下線部⑥に関連して、冷蔵庫などの大型家電4品目が法律に基づいてリサイクルされていることは皆さんも知っているでしょう。携帯電話や電子ゲーム機などの小型家電についても、昨年の4月に「小型家電リサイクル法」が施行され、市区町村が住民から回収し、再資源化を図る取り組みが始まりました。環境省によれば、1年間に発生する使用済み小型家電は約65万トンで、その中に含まれるレアメタルと呼ばれる金属の価値は844億円に相当するとのことです。使用済み小型家電を鉱山にみたて「□□鉱山」と呼んで、再資源化を求める声は以前からあがっていたのですが、それがようやく始まったといえます。文中の空らんにあてはまる漢字2字の語句を答えなさい。

問8　下線部⑦について、次の記述のうちから、この「食の安全・安心」への取り組みと言えないものを1つ選びなさい。
　　ア．「トレーサビリティ」と呼ばれるしくみを取り入れる動きが広がってきた。
　　イ．「有機栽培」と呼ばれる農法で生産されたものを買い求める人が増えてきた。
　　ウ．商品のパッケージに生産者の顔写真やプロフィール、どのようにして作っているかを表示したものが店頭に並ぶようになった。
　　エ．「プライベートブランド」と呼ばれるオリジナル商品が店頭に並ぶようになった。
　　オ．最近は、携帯電話のバーコードリーダーなどでも産地などを確認することができるサービスも登場している。

3 富士は日本一の山。誰もが一度は歌った事があるでしょう。わたしたちは，小さな頃からこの山について歌い，誰もが一度はこの山を描いて育ちます。富士山ほど，昔から歌われ，描かれてきた山は他にはないでしょう。昔の人々は，この山をどのように歌い，描いてきたのでしょうか。以下の文章を読んで，あとの問いに答えなさい。

　①山部赤人という人物が②『万葉集』に歌を残しています。天高くそそりたち，何にも勝る富士の偉大さをたたえた歌です。また，③聖徳太子が神馬に乗り富士山を飛び越えたという伝説が，④平安時代のはじめに書かれたとされる『聖徳太子伝歴』に残されています。これは，富士山登山の伝承として残っている最古のものです。富士山は古くから噴火が確認され，その噴火をおさめるために，ふもとには浅間神社が建てられました。修行僧や修験者などの登山もみられ，この山は多くの人から信仰されたのです。

　12世紀頃には，京の都と⑤鎌倉との間を行き来する人が飛躍的に増えました。この時代の旅人たちの歌や日記には富士山が多く登場します。また，⑥室町時代には，「富士山」という能も演じられるなど当時の文化に富士山が影響をあたえています。

　江戸時代になると，松尾芭蕉が野ざらしの旅で，雲や霧で様々な姿をみせる富士山の美しさをよみました。⑦産業や交通の発達にともない，五街道も整備され，中でも⑧東海道を通る人々の日記には富士山の記述が多くみられるようになりました。この時代には⑨浮世絵にも多くの富士山が登場します。

　明治時代には，正岡子規は，短歌や俳句で富士山について多くよみ，夏目漱石は，『虞美人草』や『三四郎』という小説の中で⑩日露戦争後の近代化に奔走する日本社会と対比させる存在として富士山を登場させています。⑪1939年には，太宰治が『富嶽百景』にて，「富士には，月見草がよく似合ふ。」という名文を残しています。その後も多くの作家が富士山を対象として作品を書き上げました。

　そして2013年，富士山は世界文化遺産に登録されました。富士山が文学や絵画の題材になってきたことや，富士信仰について評価され，「富士山-信仰の対象と芸術の源泉」という名称で登録されたのです。日本の景勝地として知られる「三保の松原」も，当初は登録を除外されていましたが，最終的には世界遺産に登録されました。いまや，広告やポスター，千円札の裏側にも描かれている富士山の姿をみない人はいないでしょう。富士山はこれからも大きくそびえ立ち，世の中の人々に歌われ，描かれ続けていくことでしょう。

参考：2013 角川学芸出版. 久保田淳『富士山の文学』

問1　下線部①の人物は，富士山の地理的な位置を「（ X ）の国と（ Y ）の国と，それぞれの国の中に立っている」と書いています。X，Yにあてはまる組み合わせとして正しいものを次から1つ選びなさい。

ア．X-駿河　Y-甲斐　　イ．X-信濃　Y-駿河　　ウ．X-信濃　Y-甲斐

問2　下線部②について，万葉集がつくられた頃の日本の様子について述べたものとして最も適当なものを選びなさい。

ア．米づくりが九州北部に伝わり，その後東日本へと広がり，人々の食生活は米が主食となっていった。

イ．邪馬台国の女王卑弥呼が30ほどの国々を従え，魏の皇帝から「親魏倭王」の称号と金印，銅鏡100枚などをおくられた。

ウ．大和・河内地方では，勢いの強いくにができ，他のくにの王を従えて統一し始め，その中心である大王を中心とした豪族たちによる大和政権が生まれた。

エ．聖武天皇は，仏教の力に頼って国を守ろうと，国ごとに国分寺・国分尼寺，都には東大寺を建て，大仏をつくらせた。

オ．藤原氏がむすめを天皇のきさきとし，生まれた子を天皇にたてて，天皇にかわって政治を進めていた。

問3　下線部③について，彼が進めた政治について述べた次の文のうち正しいものを1つ選びなさい。

ア．人々が伝染病に苦しむなど世の中が乱れ，行基の協力をえて大仏づくりを進めた。

イ．隋と対等な国の交わりを結ぼうとしたが，隋の皇帝を怒らせ遣隋使は廃止された。

ウ．土地や人々は国のものとなり，租・庸・調など税の制度が統一された。

エ．役人の位を十二段階に分けて，能力によって取り立てた。

オ．中臣鎌足らとともに蘇我氏を倒し，大化の改新を成しとげた。

問4　下線部④について，平安時代の文学について以下の問いに答えなさい。

（1）この時代には漢字をもとにして，日本独自の文字がつくられました。それを何といいますか。

（2）漢字よりも，（1）の文字を使うことによって，どのような表現ができるようになりましたか。説明しなさい。

問5　下線部⑤について，当時の鎌倉幕府について述べた次の文のうち正しいものを2つ選びなさい。

ア．源氏の将軍が3代目で途絶えると，将軍を助ける役職に足利氏がつき幕府の政治を進めた。

イ．地方には私有地などで年貢の取り立てを行った守護と，軍事・警察の仕事にあたった地頭が設置された。

ウ．九州に二度にわたっておしよせた元という国の軍に対して，御家人たちは集団戦法や火薬兵器を使って激しく戦ったが，二度とも大損害を受けた。

エ．御家人の中には，元軍との戦いでのほうびとして領地をもらうために，鎌倉まで出かけていって役人にうったえた者もいた。

オ．将軍の「ご恩」に対して，武士たちは「奉公」をちかい，戦いがおこれば「いざ鎌倉」とかけつけ，幕府のために戦った。

問6　下線部⑥について，この時代の文化について述べた次の文のうち**まちがっているもの**を2つ選びなさい。

　ア．雪舟は，中国にわたって水墨画の修行をかさね，帰国後は中国の形式にとらわれない日本独自の水墨画を完成させた。

　イ．町や村では，祭りや盆踊りがさかんになり，農民が行っていた素朴な踊りは，歌舞伎や狂言へと発展し，各地の祭りなどでさかんに演じられた。

　ウ．京都の祇園祭は，応仁の乱で一時中断したが，京都の町の人によってよみがえり，現在にも受け継がれている。

　エ．東求堂のような書院造が発達し広まるとともに，床の間に生け花がかざられ，庭には滝や水面を表現する石庭がつくられるようになった。

　オ．世の中に対する不安から仏教が説く極楽浄土へのあこがれが強まり，天皇による熊野もうでが行われたり，多くの阿弥陀堂がつくられた。

問7　下線部⑦について，江戸時代の産業の発達について述べた次の文のうち**最も適当でないもの**を1つ選びなさい。

　ア．備中ぐわを使って耕し，干したイワシなどの肥料を使い農産物の生産を高めた。

　イ．このころ西日本では，稲を刈った後に麦などをつくる二毛作が広まり始めた。

　ウ．綿・なたね・茶などの商品作物が栽培され，収入を増やす農民も増えてきた。

　エ．幕府や藩も特産物をつくる産業に力を入れたため，各地の産業が発達した。

問8　下線部⑧について，下の図は東海道を示したものである。江戸から京都に至るまで，通過する現在の都道府県の数として正しいものを次から1つ選びなさい。（東京都，京都府を数に含める。）

　ア．5つ　　　　イ．6つ　　　　ウ．7つ　　　　エ．8つ　　　　オ．9つ

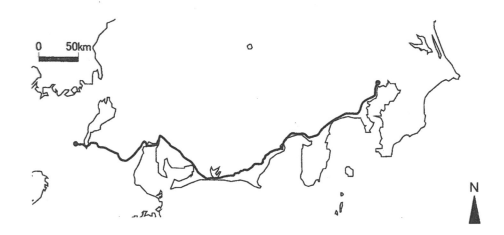

問9　下線部⑨について，以下の問いに答えなさい。

　(1)　代表的な浮世絵師の一人で，風景画に関心を深め，江戸から京都までの風景を描いた『東海道五十三次』を完成させた人物を**漢字**で答えなさい。

　(2)　下の絵は，(1)の人物が富士山を描いたものである。この絵を参考に，それが描かれた位置としてふさわしいものを地図中から記号で選びなさい。

 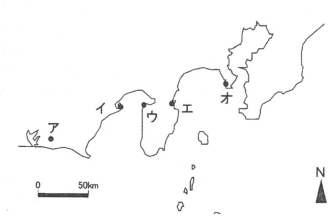

問10　下線部⑩について，日露戦争後の日本とアジアや欧米との関係について述べたA～Cの出来事を，古い順に並びかえたものとして正しいものを次から1つ選びなさい。

　A　日本は，韓国に対する支配を強め，韓国を併合して朝鮮とし植民地にした。

　B　ヨーロッパを主な戦場として第一次世界大戦がおこった。

　C　日本は，アメリカとの間で関税自主権の回復を決めた。

　ア．A－B－C　　イ．A－C－B　　ウ．B－A－C

　エ．B－C－A　　オ．C－A－B　　カ．C－B－A

問11　下線部⑪について，この年の出来事として正しいものを次から1つ選びなさい。

　ア．日中戦争が起こる。

　イ．第二次世界大戦が起こる。

　ウ．太平洋戦争が起こる。

　エ．日本が国際連盟を脱退する。

H26. 南山中（女子部）
K 教英出版

4 わたしたちは，日本国憲法によって基本的人権が保障されています。今ではあたり
まえのように保障されている権利も，あたりまえではない時代があったのです。以下の問
いに答えなさい。

問1　江戸時代には，キリスト教は幕府の支配を脅(おびや)かすとして，迫害(はくがい)が強められ，鎖国(さこく)も行
われました。キリスト教が伝わってから，鎖国をするまでの間，どのように受け入れら
れてきたのでしょうか。それについて述べた次の文のうちまちがっているものを2つ選
びなさい。
　　ア．スペイン人宣教師であるフランシスコ＝ザビエルが日本に伝えた。
　　イ．伝来以降，大名などの保護もあり，西日本を中心に信者が増えていった。
　　ウ．織田信長は，仏教勢力と対抗(たいこう)するためにキリスト教の布教を許した。
　　エ．豊臣秀吉は，キリスト教徒の弾圧(だんあつ)を主な目的として，太閤検地(たいこう)をおこなった。
　　オ．徳川家康は，島原・天草一揆(いっき)に12万の兵をおくり，これを鎮圧(ちんあつ)した。

問2　江戸幕府は，キリスト教の取り締(し)まりのために，絵踏みをおこなわせるだけでなく，
共同で年貢を納めさせ，きまりを破る者があると共同で責任を負わせる仕組みも利用し
ました。この仕組みを何といいますか。

問3　江戸幕府が滅(ほろ)び，明治維新(いしん)がおこなわれると，江戸時代の身分社会も大きく改革され
ました。それについて述べた次の文のうち，最も適当なものを選びなさい。
　　ア．すべての国民は平等であるとされ，もとの農民や町人などにも名字が許されたが，
　　　　職業や住む場所は自由に選べなかった。
　　イ．一定の年齢(ねんれい)になれば，すべての子どもに教育を受けさせようとしたが，はじめのこ
　　　　ろは就学率が低く，また男女の就学率に大きな差がみられた。
　　ウ．女性の地位向上をめざす運動が活発になり，女性の地位を低くみる考え方やならわ
　　　　しはしだいにうすれていった。
　　エ．北海道に古くから住んでいたアイヌの人びとも平民となり，彼らの生活様式や言語
　　　　が尊重された。

問4　明治維新の改革は，すべて政府が中心となって行い，国民は政府の方針に従うも
のとされていました。しかし，人びとの間にも政治参加を要求する声が高まり，憲
法の制定や国会の開設を政府に求める動きが各地に広がっていきました。この運動
を何と言いますか。

問5　右の絵は，1890年に行われた初めての選挙の様子を描いたものです。この絵につい
て述べた文のうち，最も適当なものを選びなさい。

　　ア．この絵は，立会人や警官が投票者に圧力をかけ
　　　　て，公正な選挙が行われていない様子を描いて
　　　　いる。
　　イ．この絵は，立会人や警官が投票者の不正が無い
　　　　ようきびしく監視(かん)し，公正な投票がなされてい
　　　　る様子を描いている。
　　ウ．この絵は，大勢の人が緊張(きんちょう)した顔で投票を見守り，有権者の誰もがいやいや選挙
　　　　をせざるを得ない状況であったことを描いている。
　　エ．この絵は，立会人や警官が投票の妨害(ぼうがい)をしないか，大勢の人が見張っている様子を
　　　　描いている。

問6　十五年戦争が始まると，国中が軍国主義に染まり，教育
や思想の統制も厳しくなりました。戦争が長期化するにつ
れて国民にも戦争に協力しなければならない風潮が生まれ
ました。右の写真は，1940年に東京に設置された立て看板
です。○○○○のなかにあてはまる語句を4字で答えなさ
い。

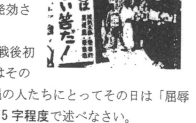

問7　1945年8月に戦争が終わりました。その後，日本はサン
フランシスコ平和条約に調印し1952年4月28日に発効さ
れ，独立を果たしました。
　　昨年，政府は4月28日を「主権回復の日」とし，戦後初
めて記念式典を行いました。しかし，沖縄の人たちはその
日に，「屈辱(くつじょく)の日」として抗議しました。なぜ，沖縄の人たちにとってその日は「屈辱
の日」なのですか。次の文にあてはまる形で理由を15字程度で述べなさい。

サンフランシスコ平和条約が発効してからも，沖縄は， 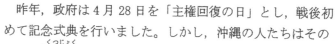 から。

2014年度 算数 解答用紙

1	（1）	（2）	（3）	（4）	（5）

2	（6）

3	（7）
	円

4	（8）
	人

5	（9）
	回

6	（10）
	分　　　　秒

7	（11）	（12）
		行目の　　　列目

8	（13）
	cm²

9	（14）
	度

10	（15）
	cm²

11	（16）	（17）
	通り	通り

12	（18）	（19）	（20）
	個		cm

	（21）	
13	作図	説明
	A●————————●B	

番号		名前	

※200点満点
（配点非公表）

2014年度　理科　解答用紙

1

[2]	[3]

[4]			[5]
A	B	C	

[6]	[8]	[9]

1の[1]

2

[10]	[11]	[12]	[13]

[14]	[15]	[16]	[17]	[18]
：	m g	m g	mL	％

[19]	[20]

1の[7]

3

[21]	[23]	[24]	[25]

[26]	[27]	[28]	[29]	
			月	太陽

3の[22]

4

[30]	[31]	[32]

[33]				
①	②	A	B	C

5の[34]

5

[35]	[36]	[37]
c m	g	c m

6

[38]	[39]

番　号	名　　前

※200点満点
（配点非公表）

2014年度　社会　解答用紙

1

問1	問2	問3	問4(1)	問4(2)	問4(3)
	・ジャパン				

問4(4)

問5	問6	問7(1)	問7(2)

2

問1	問2	問3	問4	問5
A　　B				

問6

製造されてから

問7	問8

3

問4(1)	問4(2)

問5	問6	問7	問8	問9(1)	問9(2)

問10	問11

4

問1	問2	問3	問4	問5

問6	問7
	沖縄は、　　　　　　　　　　　　　　　から。

番号		名前	

※200点満点
（配点非公表）

H26. 南山中（女子部）
教英出版

2013年度　社会　解答用紙

1

問1	問2	問3	
		戦争	作者

問4	問5

問6

問7	問8	問9	問10

2

問1	問2		問3	問4	問5
	記号	理由　　　　　　　　　　をしているから			

問6	問7	問8	問9

3

問1	問2	問3	問4		問5			いわき市
			①	②	①	②	③	

4

問1		問2	問3
米	肉類		

問4

5

問1	問2	問3	問4	問5	
				X	Y

6

問1	問2	問3	問4		問5
			条約	記号	

番号		名前	

※200点満点
（配点非公表）

H25. 南山中　女子部
K 教英出版

2013年度　理科　解答用紙

1

[1]

2

[3]	[4]	[6]	[7]
	m	k m	

3

[8]
（　　）【　　　　　　　　　　　　　　　　　　　　　　　】

[9]	[10]	[11]	[12]	[13]	[14]

[15]	[16]	[17]	[18]
	%	g	

4

[19]	
a	b

[20]

[21]	[22]

5

[23]			[24]
a	b	c	

[25]			
a	b	c	d

6

[26]	[27]

7

[28]

8

[30]	[31]	[32]

番　号	名　　前

1の[2]

2の[5]

7の[29]

厚紙

※200点満点
（配点非公表）

H25. 南山中　女子部
K 教英出版

2013年度　算数　解答用紙

1	（1）	（2）	（3）	（4）	（5）
	（6）	（7）	（8）	（9）	（10）

2	（11）	（12）
		枚

3	（13）	（14）	
	ア	イ	ウ
	度		

4	（15）	（16）
	cm²	倍

5	（17）	（18）
	青　　袋　赤　　袋	個

6	（19）	（20）
	分後	m

7

（21）

（22）
求め方

答え　　　　　　　個

（23）
個

8

（24）
作図

A _____

番号		名前	

※200点満点
（配点非公表）

6 次の文章を読み，あとの問いに答えなさい。

　近年，地球全体の環境が大きく変化しています。その原因のひとつに地球温暖化があるといわれています。地球温暖化は二酸化炭素やメタンなどの（　　Ａ　　）ガスの濃度が高まっていることが原因であるといわれています。（　　Ａ　　）ガスには熱を逃がさない性質があり，濃度が上がると地球の気温が高くなり，北極や南極の氷がとけて海水面が高くなるのです。この影響で，南太平洋にあるツバルは水没するおそれがあるため，他の国に移住した人もいます。

　１９９７年に①日本の京都で地球温暖化を防止する会議が開かれました。この会議では各国ごとに（　　Ａ　　）ガスの排出削減目標を定め，目標達成期間を２００８年～２０１２年までと定めました。この会議は継続的に行われていて，昨年１２月には（　　Ｂ　　）で会議が開かれ，これからどうするかが話し合われました。環境問題はほかにもオゾン層破壊や酸性雨，砂漠化，森林減少などがあり，私たちの生活に大きな影響を及ぼしています。

　このように，世界のあらゆるところで起こっている出来事は，世界の国々が協力して解決していかなければなりません。国際連合は，地球環境問題や，国と国との争いなど，②世界で起こっている様々な問題を解決するために活動しており，多くの日本人も活躍しています。

問１　（　　Ａ　　）にあてはまる語句を漢字４字で書きなさい。

問２　（　　Ｂ　　）にあてはまる国を次から１つ選びなさい。

　　ア．イラン　　　　イ．イラク　　　　ウ．インド　　　　エ．サウジアラビア
　　オ．カタール

問３　下線部①について述べた次の文のうち，**適当でないもの**を１つ選びなさい。

　　ア．１９９０年と比べて世界全体で５．２％の削減目標を定め，ＥＵは８％の削減目標を定めた。

　　イ．アメリカは７％の削減目標を掲げたが，これを実施すると経済が発展しない，発展途上国に削減目標がないなどを理由に２００１年に離脱した。

　　ウ．日本は排出量が多かったので削減目標を２５％とし，「チームマイナス２５％」をスローガンに掲げ，その目標を達成した。

　　エ．この会議では，各国の状況に応じて（Ａ）ガスの排出量を売買したり，先進国が発展途上国の排出する（Ａ）ガスを削減したら自国の削減分に加えてよいことなどが認められた。

問４　環境を保護するための条約には様々なものがありますが，昨年７月に愛知県豊田市にある東海丘陵湧水湿地群が，ある条約に登録されました。愛知県としては藤前干潟に次いで２つ目の登録地となります。この条約名を答え，この条約について述べた文のうち，もっとも適当なものを１つ選びなさい。

　　ア．正式には「絶滅のおそれのある野生動植物の種の国際取引に関する条約」といい，野生生物やそれらの加工品の国際取引を制限するための条約である。

　　イ．地球上の多様な生物が生きていくための環境を守り，その恵みを将来にわたって利用するために結ばれた条約で，１０回目の締約国会議（ＣＯＰ１０）が名古屋市で開かれた。

　　ウ．世界の自然遺産や文化遺産を保護するための条約で，日本でもそのほかに白神山地や屋久島などが登録されている。

　　エ．正式には「おもに水鳥の生息地として国際的に重要な湿地に関する条約」といい，国を越えて飛んでくる水鳥に必要な湿地の環境を守るための条約である。

問５　下線部②について述べた次の文のうち，**適当でないもの**を１つ選びなさい。

　　ア．国際司法裁判所は，領土問題などによる国の紛争を法律にもとづいて解決する活動を行っている。小和田恆さんは昨年まで３年間，所長を務めていた。

　　イ．ユニセフ（国連児童基金）は，病気や栄養不足などで生きることが困難になっている子どもたちを救うために活動しており，黒柳徹子さんはユニセフの親善大使である。

　　ウ．ユネスコ（国連教育科学文化機関）はナショナルトラスト運動を支援し，登録された場所を保護する活動を行っている。芸術家の岡本太郎さんも親善大使であった。

　　エ．ＵＮＨＣＲ（国連難民高等弁務官事務所）は世界の難民を保護する活動を行っている。緒方貞子さんは２０００年まで高等弁務官を務めた。

5　次の文章を読み，あとの問いに答えなさい。

　昨年の①通常国会（常会）で「社会保障と税の一体改革関連法」が（　A　）・（　B　）・（　C　）の3党などの賛成で成立し，経済が成長することを条件に，②消費税率を段階的に引き上げることが決まりました。なぜ消費税率を上げることになったのでしょうか。

　消費税は1989年に初めて導入されました。税率は3％でした。このときはまだ景気がよかったのですが（バブル景気），1997年に5％に引き上げられたときは景気も悪く（平成不況），大企業の倒産も相次ぎ，日本経済は厳しい状況でした。その後，「戦後最長の景気拡大期」といわれる時期もありましたが，2008年のリーマンショックをきっかけに，世界全体が不況になりました。

　このような中，2012年度の日本の国の予算（一般会計予算）は（　L　）兆円をこえています。それに対して国民から集められる税金は（　M　）兆円あまりしかありません。したがって国は借金（国債を発行）して足りない分を補うのです。急速に少子高齢化が進んでいる中，このままでは国民に十分なサービスを行うことができません。そこで今回，そのサービスの中の社会保障（年金や医療など）に使うという理由で消費税率を上げることにしたのです。

　他国を見てみると，ヨーロッパでは消費税率（付加価値税と呼ぶ国もあります）が20％以上の国もあり，中国や韓国も10％以上です。しかし，生活に必要なものについては税率をゼロにしたり，下げたりする工夫がされている国もあり，数字だけで判断できないともいわれます。また，日本では，消費税は多くの人に広く課税するので公平だという人もいれば，一方で③不公平だという人もいるといわれ，消費税率の引き上げについてはいろいろな意見があります。

問1　文中の（　A　）・（　B　）・（　C　）にあてはまる政党の組み合わせとして正しいものを1つ選びなさい。
　ア．　自由民主党・公明党・日本共産党
　イ．　民主党・自由民主党・日本共産党
　ウ．　自由民主党・公明党・社会民主党
　エ．　民主党・社会民主党・日本共産党
　オ．　自由民主党・社会民主党・日本共産党
　カ．　民主党・自由民主党・公明党

問2　（　L　），（　M　）にあてはまる数字の組み合わせとして正しいものを1つ選びなさい。
　ア．　L　30　　　　M　10
　イ．　L　50　　　　M　20
　ウ．　L　70　　　　M　30
　エ．　L　90　　　　M　40
　オ．　L　110　　　M　50
　カ．　L　130　　　M　60

問3　下線部①について述べた次の文のうち，もっとも適当なものを1つ選びなさい。
　ア．　通常国会は，衆議院を解散した後に行われる総選挙から30日以内に開かれるもので，次の内閣総理大臣を選ぶときに開かれる。
　イ．　通常国会は，内閣または衆議院か参議院のいずれかの総議員の4分の1以上の要求があれば開くことができ，議題は緊急性の高いものである。
　ウ．　通常国会は，1月に召集され会期は150日となっている。しかし，必要があれば会期を延長してもよいことになっている。
　エ．　通常国会は，天皇の立会いのもとで行われるもので，国会で決まったことを天皇が認めなければ成立しないことになっている。

問4　下線部②について述べた次の文のうち，もっとも適当なものを1つ選びなさい。
　ア．　消費税率は，来年の4月から8％に，再来年の4月から10％に引き上げられることが決まった。
　イ．　消費税率は，来年の4月から8％に，再来年の10月から10％に引き上げられることが決まった。
　ウ．　消費税率は，来年の4月から10％に，再来年の4月から20％に引き上げられることが決まった。
　エ．　消費税率は，来年の4月から10％に，再来年の10月から20％に引き上げられることが決まった。

問5　下線部③について，「不公平だという人もいる」とありますが，不公平だという人はどのような点を不公平だと感じるのでしょうか。次の文の（　X　），（　Y　）にあてはまる語句をそれぞれ3字以内で答えなさい。

　　　消費税率が上がると，所得が（　X　）人ほど負担が（　Y　）なるから

問2　２０１１年１０月初めから，タイのチャオプラヤ川流域で大洪水が発生し，日本もその影
　　　響を受けました。どのような影響ですか，もっとも適当なものを１つ選びなさい。

　　ア．タイの工場で自動車の部品をつくることができなくなり，日本の自動車の生産に影響が
　　　　出た。
　　イ．タイの米の生産量と輸出量が減り，世界的な米不足になった。
　　ウ．タイへの観光旅行客の数が減り，代わりに日本や中国への観光旅行客が大幅に増えた。
　　エ．タイではうなぎの養殖ができなくなり，日本のスーパーではタイ産のうなぎをほとんど
　　　　見かけなくなった。

問3　右の地図①②③で色がぬられた国や地域は，A・B・Cのことがらについて，多い国や地
　　　域（上位１０位まで）を示しています。①②③とA・B・Cを正しく組み合わせたものを，
　　　次のア〜カから１つ選びなさい。

　　　　A．海外進出している日本企業の数
　　　　B．日本との貿易額（輸出額と輸入額の合計）
　　　　C．在留している（その国や地域に住んでいる）日本人の数

　　ア．①－A　②－B　③－C　　　イ．①－A　②－C　③－B
　　ウ．①－B　②－A　③－C　　　エ．①－B　②－C　③－A
　　オ．①－C　②－A　③－B　　　カ．①－C　②－B　③－A

問4　おじいさんはなぜ下線部のように言ったのですか。その理由を２０字以内で述べなさい（句
　　　読点をふくむ）。

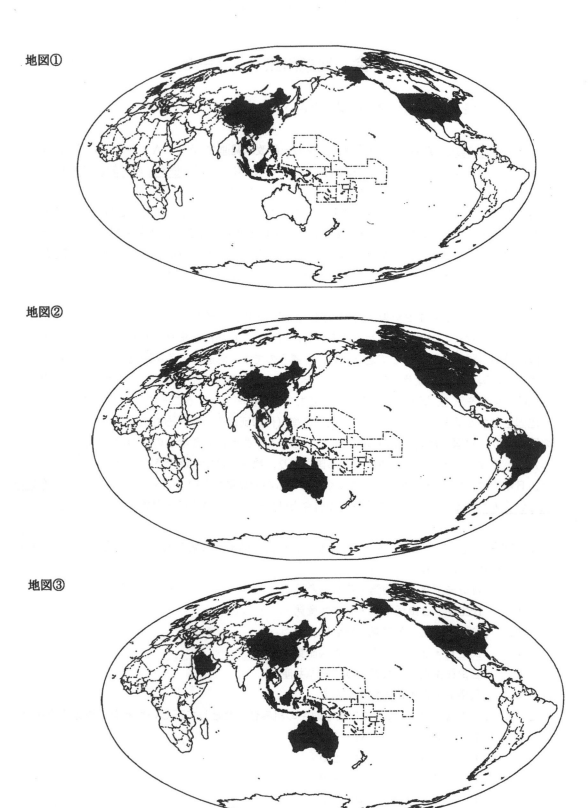

地図①

地図②

地図③

（『地理統計要覧　2013年版』より作成　　①②③とも2011年の統計）

問3　東日本大震災の影響で，埋立地などでは，地盤が泥水のようになって，建物が沈み込んだり，砂が噴き出したりしました。このような現象を何といいますか，もっとも適当なものを1つ選びなさい。
　　　ア．土石流　イ．液状化　ウ．高潮　エ．山くずれ

問4　三陸沿岸部では養殖漁業がさかんです。①②のグラフは何の生産量を示していますか。次からそれぞれ選びなさい。
　　　ア．わかめ　イ．あじ　ウ．たい　エ．かき　オ．ぶり
　　　　グラフ①　　　　　　　　　　　　グラフ②

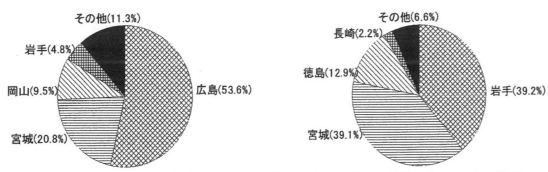

（『データでみる県勢 2013』より作成　①②とも 2010 年の統計）

問5　福島県の①浜通り・②中通り・③会津地方の説明として，もっとも適当なものをア～ウからそれぞれ選びなさい。また，いわき市はどこにあるか，①～③から選びなさい。

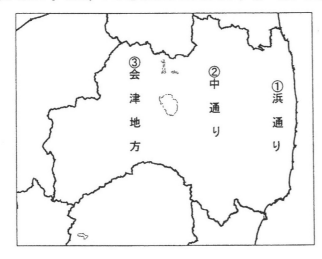

　　　ア．福島市や郡山市にかけての地域で，人口・産業・交通が集中している。
　　　イ．火力発電所や原子力発電所が多い。
　　　ウ．地形を利用した水力発電所やスキー場が多い。

4　次の文章を読み，あとの問いに答えなさい。

　仲よしのひかりさんとのぞみさんはいっしょにハンバーガーを食べています。このハンバーガーは駅前のファーストフード店「NANZANバーガー」で売っていました。ハンバーガーの包み紙には「世界の味，NANZANバーガー」と印刷してあります。

のぞみさん：おいしいね，ハンバーガー。
ひかりさん：よく食べるねえ。ところでのぞみちゃん，「世界の味」ってどういう意味だと思う？
のぞみさん：ハンバーガーの材料に外国産のものが使われているっていうことじゃないかな。日本は食料自給率が低いって，社会科の授業で習ったよ。牛肉は外国産でしょう。パンの小麦も外国産だと思う。まあ，安くておいしいからいいや。あ，おじいちゃん，いっしょにハンバーガー食べようよ。
おじいさん：ハンバーガーを食べながら，社会科の勉強かい。「世界の味」とは，何だか意味ありげな言葉だねえ。「世界のどこでも同じ味を楽しめる」という意味や，「世界と日本はつながっている」という意味もあるのではないかな。
ひかりさん：「世界と日本はつながっている」って，どういうこと？
おじいさん：二人が食べているハンバーガーのお肉はどうやってつくられているのかな？先進国が肉を食べるから，発展途上国は飢えている。なぜなら，私たちは牛肉を食べていると同時に，穀物も食べているのだよ・・・。

　おじいさんはブツブツ言いながら，ハンバーガーを食べずに行ってしまいました。「世界と日本はつながっている」とは，どういうことなのでしょうか。考えてみましょう。

問1　農業や水産業の変化や，外国からの食料品の輸入によって，現在の私たちの食生活は，和食中心だった昔とはずいぶん変わりました。下の表は，日本人一人が1年間に消費する食料の重量の変化を表しています（単位：kg）。ア～オは，米，肉類，牛乳・乳製品，野菜類，豆類のいずれかを示しています。米と肉類を表すものをそれぞれ選びなさい。

	ア	イ	ウ	エ	オ
1960 年	114.9	10.1	99.7	5.2	22.2
1970 年	95.1	10.1	115.4	13.4	50.1
1980 年	78.9	8.5	113.0	22.5	65.3
1985 年	74.6	9.0	111.7	22.9	70.6
1990 年	70.0	9.2	108.4	26.0	83.2
1995 年	67.8	8.8	106.2	28.5	91.2
2000 年	64.6	9.0	102.4	28.8	94.2
2005 年	61.4	9.3	96.3	28.5	91.8
2010 年	59.5	8.4	88.3	29.1	86.4

（『地理統計要覧　2013 年版』より作成）

問5　平安時代のようすについて述べた文のうち，**適当でないもの**を1つ選びなさい。

　ア．漢字の一部をとってカタカナがつくられ，漢字をくずしたものからひらがながつくられた。かな文字が使われるようになると，言葉をより自由に表現できるようになった。

　イ．かな文字は主に女性の間で使われ，すぐれた和歌や物語，日記が数多く生み出された。朝廷の文書や男性の日記には，主に漢文が用いられた。

　ウ．藤原道長は天皇のむすめと結婚して力を持ち，「この世をばわが世とぞ思ふもち月のかけたることもなしと思へば」と詠んだ。

　エ．力を持った藤原家に対して，地方の豪族は土地を，下級貴族はみつぎものをおくってきたので，ますます藤原家はさかえた。

問6　鎌倉時代，将軍に従う武士（御家人）たちは，「いざ鎌倉」といって，将軍のために戦うことをちかいました。それは，将軍が武士たちの（　　　）を守り，てがらによっては新たに（　　　）を与えてくれるからです。このことを「ご恩」といいました。（　　　）には同じ語句が入ります。漢字2字で答えなさい。

問7　室町時代の生活や文化について述べた文のうち，もっとも適当なものを1つ選びなさい。

　ア．たたみがしきつめられ，障子やふすまでしきられた寝殿造は，現在の和室のつくりに受けつがれている。大陸の影響を受けながらも，日本独自の文化が生み出された。

　イ．観阿弥・世阿弥の父子によって能が大成された。能は少ない人数で，役者の言葉と動きを中心に道具などをほとんど使わずに演じられる。能の役者の浮世絵が人気だった。

　ウ．1日3回食事をとる習慣が始まった。季節の食べ物をいち早く食べる風潮も生まれ，すし店，そば店，八百屋など店の数が増えてきた。

　エ．応仁の乱をさけて京都をはなれた文化人が地方の都市へ行ったため，そうした都市では文化が栄えた。学問もさかんになり，栃木県の足利学校には全国から学生が集まった。

問8　江戸時代には新しい学問や教育の普及が世の中にさまざまな影響を与えました。このことについて述べた文のうち，もっとも適当なものを1つ選びなさい。

　ア．医者の杉田玄白や前野良沢らは，オランダ語の医学書を苦心してほん訳し，その医学書を『蘭学事始』と名づけて出版した。蘭学に対する関心はいっそう高まり，オランダ語の辞書もつくられるようになった。

　イ．江戸時代の全国各地の藩は，有能な人物を育てて藩の力を強くしようとして，寺子屋とよばれる学校をつくり，藩の武士の子どもたちの教育に力を入れた。

　ウ．伊能忠敬は50才で家業を長男にゆずってから，江戸で天文学や測量術を学んだ。その知識や技術をいかして，幕府に知られないようにひそかに全国を測量した。忠敬の死後，地図は友人や弟子たちが完成させた。

　エ．幕府は鎖国政策をとっていたが，ロシアやイギリス，アメリカの船が日本のすぐそばに現れるようになると，この動きを警戒してこれらの外国船を打ち払うように命じた。こうした幕府の動きを批判したために厳しく罰せられた蘭学者もいた。

問9　江戸時代にはたびたび百姓一揆が起こりました。資料は今の岐阜県で起きた百姓一揆の際につくられた「からかさ連判状」です。紙の真ん中に向かって別々の方向から円形に名前を書いた理由の1つは「一揆の（　　　）をかくすため」です。（　　　）を4字以内で答えなさい。

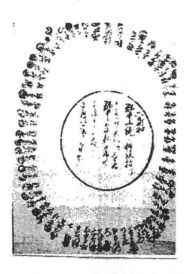

3　次の文章を読み，あとの問いに答えなさい。

　東日本大震災が起きたのは，みなさんが4年生の時でした。震災後のニュースなどを通じて，みなさんはどのようなことを考えましたか。

　三陸沿岸部には「津波てんでんこ」という言葉があります。津波が来たらてんでんばらばらに高台に向かって逃げろ，という意味です。これは，自分だけが助かればよいという意味ではなく，一人一人がためらわずに逃げることができるように日ごろから備え，家族や地域の人々が助かるようにしよう，ということです。三陸沿岸部はこれまで何度も大きな津波の被害を受けてきましたが，人々はそれに負けずに何度も港を復興させてきました。

　福島県は，浜通り・中通り・会津地方の3つの地域からなり，経済や文化のようすが異なります。事故のあった福島第一原子力発電所から南に約45km行くと，いわき市があります。いわき市は豊富な（　　　）資源と港を中心にして発展してきました。（　　　）が主要なエネルギーではなくなり，元気がなくなった街を活気づけようと，1960年代に豊富な温泉とハワイのフラダンスを売り物にしたテーマパークができました。フラダンスをおどるのは地元の女性たちです。彼女たちはフラガールと呼ばれ，震災後の今ふたたび，東北の復興のためにがんばっています。

問1　文中の（　　　）には同じ語句が入ります。漢字で答えなさい。

問2　地震に関する情報について述べた文のうち，もっとも適当なものを1つ選びなさい。

　ア．環境省は，地震の発生直後に震源や地震の大きさをすぐ予測し，強いゆれが伝わる前に各地に知らせる緊急地震速報を出している。

　イ．緊急地震速報は100％正確というわけではないが，強いゆれが来る5分前には速報を出すことができるので，うまく利用すれば避難に役立つ。

　ウ．東日本大震災発生後，被災地を中心に，携帯電話を除く電話が使えなくなり，地震からしばらくしても連絡がとれない人がたくさんいた。

　エ．地域によっては，地震や津波についての言い伝えや記録が残っている。それらのすべてが現代にあてはまるわけではないが，防災のために役立つ情報もある。

問5　下線部④について，このころ，日本の女性の地位や権利の向上を求めて運動した女性を
　　2人選びなさい。
　　ア．土井たか子　イ．楠瀬喜多　ウ．市川房江　エ．樋口一葉　オ．平塚らいてふ

問6　下線部⑤について，朝鮮半島出身の孫基禎選手が日の丸のユニフォームを着てオリンピッ
　　クに出場した理由を20字以内で述べなさい（句読点を含む）。

問7　下線部⑥について，この間（1940年～1944年）のできごとについて述べた次の文
　　のうち，もっとも適当なものを1つ選びなさい。
　　ア．日本は石油などの資源を求めて東南アジアの国々に軍を進め，ドイツ・イタリアと同盟
　　　を結んだため，アメリカやイギリスと対立した。
　　イ．日本軍と中国軍が北京郊外で戦いを始めたため，それが中国全土に広がって大きな戦争
　　　になった。南京事件もこのときにおこった。
　　ウ．アメリカ軍が沖縄島に上陸したため，今の中学生や高校生にあたる学生も動員され，激
　　　しい戦闘が行われた。この戦いで12万人以上の人がなくなった。
　　エ．日本が中国東北部に満州国をつくったが，国際連盟はこれを認めなかったので，日本は
　　　国際連盟を脱退した。

問8　下線部⑦について，この年の経済白書には当時の日本の経済成長をしめす言葉が書かれて
　　います。（　　　）にあてはまる語句を漢字2字で答えなさい。
　　　　　　　　　　もはや（　　　　　）ではない

問9　下線部⑧について，日本はある国と「共同宣言」を交わし，国交を回復したため国際連合
　　への加盟が認められることになりましたが，その国はどこですか，次から1つ選びなさい。
　　ア．イギリス　　イ．フランス　　ウ．ソ連　　エ．中国　　オ．アメリカ

問10　（　X　）にあてはまる数字を答えなさい（なお，解答は本文中に出てくる開催地から
　　判断できます）。

2　「法隆寺をつくったのはだれですか」という質問に，あなたは何と答えますか。「聖徳太子」
　　ではなく，「大工さん」と答えたら，それはまちがいでしょうか。現代のわたしたちが法隆寺
　　を見ることができるのは，時代をこえたたくさんの人々の努力のおかげです。そのような人々
　　によってつくられてきた歴史について，考えてみましょう。

問1　法隆寺がある県について述べた文のうち，もっとも適当なものを1つ選びなさい。
　　ア．この県は内陸にあり，8つの県と県境を接している。
　　イ．この県は昔からすぎの産地として知られている。
　　ウ．この県の北部は日本海に面している。
　　エ．東海道新幹線がこの県の北の端を通っている。

問2　発掘されたものを手がかりに，文字の記録がない時代のようすを探ることができます。
　　A・Bは大昔の人々の食べ物を表しています。弥生時代のものはA・Bどちらか選び，選ん
　　だ理由を「（　　　）をしているから」と説明しなさい。（　　　）は3字以内で書きなさい。

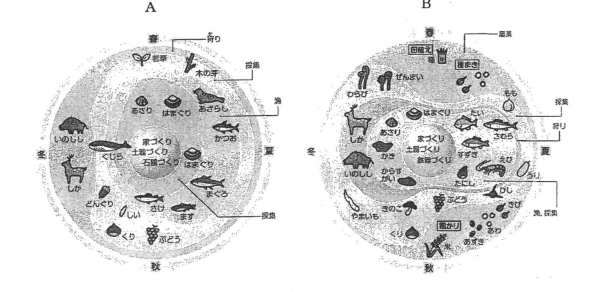

問3　万葉集におさめられた歌からは，そのころの人々のくらしや気持ちが伝わってきます。
　　貴族の山上憶良という人は重い税に苦しむ農民の気持ちを思って「よのなかをうしとやさし
　　と思へども飛び立ちかねつ鳥にしあらねば（どうしようもない世の中だが，鳥でないから，
　　にげることもできない）」とうたいました。次の絵はこの時代の役人が税を取り立てているよ
　　うすです。このような役人を何といいますか，下から1つ選びなさい。

　　ア．里長　イ．防人　ウ．雑徭　エ．地頭

問4　奈良時代には，大仏づくりのために全国から人々や物資が集められました。大仏づくりに
　　使われた金属は，銅のほか，すず，水銀，金です。金はおもにどの地方から集められました
　　か，次から1つ選びなさい。
　　ア．北海道　　イ．東北　　ウ．中国　　エ．九州

※　答えはすべて解答用紙に書きなさい。選択肢のあるものについてはすべて記号で答えなさい。その他の問いについてはそれぞれの問いの指示に従いなさい。

１　次の文章を読み，あとの問いに答えなさい。

「(北島) 康介さんを手ぶらで帰すわけにはいかない」，この言葉は昨年ロンドンで開催された第３０回夏季オリンピックの名セリフです。この大会は私たちに多くの感動を与えてくれました。ではここで，オリンピックの歴史をふり返ってみましょう。

近代オリンピックは，①１８９６年にオリンピック発祥の地といわれるギリシャのアテネで開かれたことに始まります。これを提唱したのがフランスのクーベルタンです。第２回はクーベルタンの祖国フランスのパリで開催されました。この大会では，ゴルフやサッカーなど新たな競技種目が加わり，その中には綱引きもありました。②第３回大会はセントルイスで行われました。ヨーロッパから海をこえて初めてアメリカで行われた大会でした。

日本が初めてオリンピックに参加したのは，１９１２年にスウェーデンで行われた第５回ストックホルム大会で，日本人初のメダリストになったのは，ベルギーで開かれた③第７回アントワープ大会にテニスのシングルスとダブルス（柏尾誠一郎選手とのペア）に出場した熊谷一弥選手です。結果は銀メダルでした。１９２８年にオランダで行われた第９回アムステルダム大会では三段跳びの織田幹雄選手が日本人初の金メダリストとなりました。また，④人見絹枝選手が日本の女子選手として初めてメダルを獲得しました。聖火リレーが初めて行われた１９３６年の（　Ａ　）大会ではヒトラーが大会組織委員会総裁を務めました。この大会で⑤朝鮮半島出身の孫基禎選手が日の丸のついたユニフォームを着てマラソンに出場し，金メダルを獲得しました。

その後，戦争の影響により⑥１９４０年と１９４４年の２つの大会は中止となり，１９４８年のロンドン大会から再開しました。しかし，この大会に日本は参加を許されず，日本のオリンピック復帰はフィンランドで開かれた１９５２年のヘルシンキ大会からとなりました。⑦１９５６年の第１６回大会の開催地はオーストラリアのメルボルンでした。⑧同年，日本は国際連合への加盟が認められました。１９６４年の第１８回（　Ｂ　）大会はアジアで初めての大会でした。日本はこの大会で「東洋の魔女」とよばれた女子バレーボールチームなどの活躍で１６個の金メダルを獲得しました。１９８０年にソ連で行われた第２２回モスクワ大会と１９８４年にアメリカで行われた第２３回ロサンゼルス大会は，資本主義国と社会主義国の対立で参加しない国もいくつかありました。オリンピックというスポーツの祭典が，政治の影響を受けたのです。

１９８８年の第２４回大会の開催地は（　Ｃ　）でした。この大会の開催地を（　Ｃ　）と最後まで争ったのが名古屋でした。その後，スペインのバルセロナ，アメリカのアトランタ，オーストラリアのシドニーと続き，２１世紀最初の大会となったのが第２８回アテネ大会でした。この年も日本人選手の活躍はめざましく，（　Ｂ　）大会と同じ１６個の金メダルを獲得しま

した。そして，中国で初めて開かれた第２９回北京大会，第３０回ロンドン大会とつながってきたのです。次の大会は２０１６年にブラジルのリオデジャネイロで行われます。これは，南半球での開催としては（　Ｘ　）回目となる大会です。さあ，次のオリンピックではどのような感動が生まれるのでしょうか。

問１　（　Ａ　），（　Ｂ　），（　Ｃ　）にあてはまる都市の組み合わせとして正しいものを次から１つ選びなさい。
　　ア．　Ａ－ベルリン　　　　　Ｂ－大阪　　　　　Ｃ－ソウル
　　イ．　Ａ－ローマ　　　　　　Ｂ－東京　　　　　Ｃ－シャンハイ
　　ウ．　Ａ－ベルリン　　　　　Ｂ－大阪　　　　　Ｃ－シャンハイ
　　エ．　Ａ－ローマ　　　　　　Ｂ－東京　　　　　Ｃ－ソウル
　　オ．　Ａ－ベルリン　　　　　Ｂ－東京　　　　　Ｃ－ソウル
　　カ．　Ａ－ローマ　　　　　　Ｂ－大阪　　　　　Ｃ－シャンハイ

問２　下線部①のころの各国について述べた次の文のうち，もっとも適当なものを１つ選びなさい。
　　ア．　このころの日本は，日清戦争に勝利し朝鮮や台湾を手に入れ，ロシアへの進出をうかがっていた。
　　イ．　このころの清は，日清戦争に負けたことが原因で国内が混乱し，民族同士が争いをおこし，新たに中華民国が成立した。
　　ウ．　このころの朝鮮は，清が日本に戦争で負け，日本の圧力が強まってきたので，日本に対抗するためロシアと結びつきを強めた。そして，この年の翌年には国の名前を大韓帝国（韓国）に改めた。
　　エ．　このころのロシアは，満州に進出しようと考えていたため，フランスやイギリスとともに日本に圧力をかけ，日本が日清戦争によって手に入れた領土の一部を清に返させた。

問３　下線部②について，次の詩は，この大会の年に起こったある戦争に反対する気持ちを述べた詩です。この戦争の名前とこの詩の作者をそれぞれ漢字で答えなさい。
　　　　あゝをとうとよ
　　　　君を泣く
　　　　君死にたまふことなかれ
　　　　末に生れし君なれば
　　　　親のなさけはまさりしも
　　　　親は刃をにぎらせて
　　　　人を殺せとをしへしや
　　　　人を殺して死ねよとて
　　　　二十四までをそだてしや

問４　下線部③について，日本はこの大会の年に設立された国際連盟に加盟し，常任理事国になりました。そこで約６年間，事務局次長を務めた日本人を漢字で答えなさい。

理科　問題用紙　　5－5

6　あるとき，図14のような月が地平線からのぼってきました。以下の問題に答えなさい。

[26] この空の方角を答えなさい。

[27] 時刻は何時ごろですか。最も近いものを下のア～クから選び記号で答えなさい。

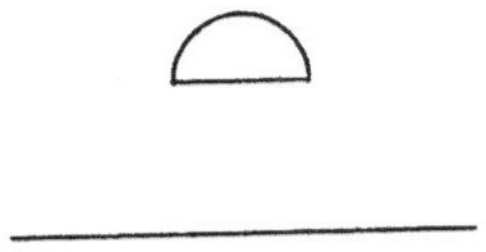

| ア　午前0時 | イ　午前3時 | ウ　午前6時 | エ　午前9時 |
| オ　午後0時（正午） | カ　午後3時 | キ　午後6時 | ク　午後9時 |

（図14：地平線の上に半円状の月）

図14

7　2枚の厚紙でできている星座早見のとめ金がはずれてしまいました。以下の問題に答えなさい。

[28] 1枚の厚紙には丸い紙全体にたくさんの星が書いてあります。丸い紙の円周近くには，どのような星が書いてありますか。下のア～エから1つ選び記号で答えなさい。

　　ア　高い空にあがっていく星　　　イ　北の空に見える星　　　ウ　短時間だけ見える星　　　エ　しずまない星

[29] もう1枚の紙には窓があいています。解答用紙の丸い厚紙の図に窓を書きなさい。また，頭の真上は星座早見のどこにあたりますか。解答用紙の同じ図に　✕　で書き入れなさい。ただし，季節や時刻は考えなくてよい。

8　地上から太陽の動きを観察すると，地球上のどの都市でも，太陽はＡの方からのぼり，Ｂの方にしずんでいきます。（ただし，北極や南極に近いところでは1日中太陽がしずまない日やのぼらない日もあります。）太陽が1日かけて地球の周りを1周しているとみなすことができます。

右の表は，3つの都市についての東経と北緯（ほくい）のおよその値です。東経はロンドンの位置を0度として東向きにはかり，ロンドンと地球の反対側にあたる位置が180度です。北緯は赤道を0度として北向きにはかり，北極点が90度です。以下の問題に答えなさい。

都　市(国名)	東経	北緯
ロンドン（イギリス）	0度	55度
ダッカ（バングラデシュ）	90度	25度
名古屋（日本）	137度	35度

[30] 上の文中のＡとはどの方角か答えなさい。

[31] 2012年8月にロンドンでオリンピックが行われました。ある日，マラソン競技を見ていたら，ロンドンでは太陽が真南の空にありました。そのときダッカは1日のうちのいつごろですか。下のア～クから最も近いものを選び記号で答えなさい。

| ア　午前0時 | イ　午前3時 | ウ　午前6時 | エ　午前9時 |
| オ　午後0時（正午） | カ　午後3時 | キ　午後6時 | ク　午後9時 |

[32] [31]のとき，名古屋は1日のうちのいつごろですか。最も近いものを[31]のア～クから選び記号で答えなさい。

4 季節の変化によって生き物のようすはどのように変わっていくのか調べていくとき，観察記録には生き物のようすのほかに，日時，天気，気温，場所も書きます。以下の問題に答えなさい。

[19] 天気の記録について，「晴れ」と「くもり」の天気はおよその雲の量で決めます。空らんにあてはまる言葉を入れて次の文を完成させなさい。

　　　文　：　[a]を10として，雲の量が[b]のときを「晴れ」とします。

[20] 「気温」は次の3つの条件をそろえてはかった空気の温度です。空らんにあてはまる言葉を書きなさい。
　　　・まわりがひらけた風通しのよいところではかる。
　　　・[　　　　　　]が1.2〜1.5mのところではかる。
　　　・日光が温度計に直接あたらないようにする。

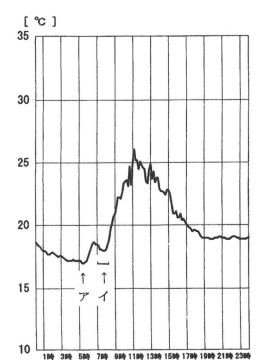

　　2012年5月21日に名古屋をふくむ日本の各地で，太陽に関するとてもめずらしい現象がみられました。右のグラフは，2012年5月21日に南山中学校女子部の自動気象観測装置で記録された気温の変化です。天気は晴れでした。

[21] グラフのアから急に気温が上がっていきます。アで何が起きたからですか。<u>漢字とひらがなを使って3字で</u>答えなさい。

[22] グラフのイでは気温が低くなっています。イで何が起きたからですか。<u>漢字2字で</u>答えなさい。

5 2012年7月5日に上野動物園でジャイアントパンダが生まれました。私たちヒトも，ジャイアントパンダも，ゴールデンハムスターも，受精卵（じゅせいらん）が子宮の中で成長して生まれます。ゴールデンハムスターはおとなになると体長15cmぐらいになるハムスターです。ジャイアントパンダは生まれるとき，おとなのジャイアントパンダの重さの千分の1ほどしかありません。おとなのゴールデンハムスターよりも少し軽いです。以下の問題に答えなさい。

[23] 次のa〜cが生まれてくるときの重さはどのぐらいですか。それぞれ下のア〜エから実際の数値との比の値が1に近いものを選びなさい。
　　　a　ゴールデンハムスター　　　　b　ジャイアントパンダ　　　　c　ヒト

　　　ア　5g　　　　イ　100g　　　ウ　3kg　　　　エ　8kg

[24] ジャイアントパンダが生まれてくるときの重さは，ヒトの子宮の中の受精後何週目の子どもと同じぐらいですか。下のア〜オから実際の数値との比の値が1に近いものを選びなさい。
　　　ア　1週　　　イ　6週　　　ウ　12週　　　エ　19週　　　オ　27週

[25] 2012年7月5日に上野動物園で生まれたジャイアントパンダは，2012年7月11日に死亡しました。その後，死んだ原因が調べられました。次の文の[a]〜[d]にあてはまる用語を<u>漢字で</u>答えなさい。

　　文：　ヒトもジャイアントパンダもからだのしくみはほとんど同じです。口から入ったものが，次に入っていく管は2つあります。2つとも首の中を通っています。腹側（前）にある管が[a]で，管はたくさんの輪でかこまれていて，つぶれにくくなっています。[a]を通って[b]に行くと，そこで行き止まりです。背中側（後ろ）の管が[c]です。[c]を通っていくと，管のようすは変わりますが，ずっとつながっていて，最後はからだの外に通じています。ヒトもゴールデンハムスターもジャイアントパンダも，生まれた後，しばらくは，栄養として[d]を口から取り入れて生きていきます。
　　　　上野動物園で調べた結果，このジャイアントパンダが死んだ原因は，[d]が[a]の方に入ってしまい，[b]が炎症（えんしょう）を起こしたことでした。

図8～図12は，いずれも物質と分銅がつり合っている上皿てんびんのようすを示しています。

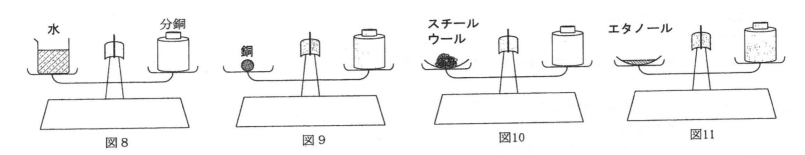

水　　　　分銅　　　　　　　銅　　　　　　　　　　スチール　　　　　　　エタノール
　　　　　　　　　　　　　　　　　　　　　　　　　ウール

図8　　　　　　　　　図9　　　　　　　　　図10　　　　　　　　図11

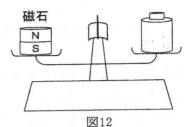

磁石

図12

　以下の［9］～［14］の操作をすると，上皿てんびんのようすはどう変わります。下のア～ウから正しいものを選び記号で答えなさい。

　　ア　分銅側が下がる　　　イ　分銅側が上がる　　　ウ　変わらない

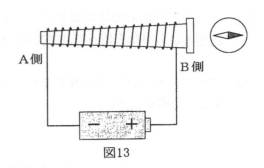

A側　　　　　　　　　B側

図13

［9］図8の水をこおらせた。
［10］図9の銅を，同じ体積の金に変えた。
［11］図10のスチールウールに火をつけて燃やした。
［12］図11のエタノールに火をつけて燃やした。
［13］図12の磁石の真上に，図13のような電磁石のA側を近づけた。ただ
　　し，電磁石はじゅうぶん強力なものを使った。
［14］図13の乾電池を逆につないで，A側を図12の磁石の真上に近づけた。

　次に優さんは，濃さ（こさ）の異なる2つの砂糖水を作るために実験を行いました。以下の問題に答えなさい。

［15］右ききの優さんが上皿てんびんを使って，何gかわかっていない砂糖の重さを調べます。下のア～オからまちがっているものをすべて選び記号で答えなさい。
　　ア　砂糖を薬包紙にのせて，図6の2にのせる。
　　イ　分銅をのせる皿には，薬包紙をのせない。
　　ウ　軽い分銅はさびやすいのでピンセットでつままなければならないが，重い分銅はさびにくく，ピンセットでつまむと落
　　　　としやすいので手で持つ。
　　エ　はかるものより重そうな分銅からのせていき，分銅の方が軽くなるまで分銅をだんだん軽くしていく。
　　オ　片付けるときは，片方に皿を重ねておく。

［16］優さんは，先生に正しい上皿てんびんの使い方を教えてもらい，もう一度きちんと砂糖の重さを計ったところ18gであ
　　　ることがわかりました。200gの水に18gの砂糖をとかして砂糖水Cを作りました。砂糖水Cの濃さを四捨五入して小
　　　数第1位まで答えなさい。

［17］［16］でつくった砂糖水Cを，ちょうど半分ずつ2つに分けました。半分にした砂糖水Cの1つに，さらに砂糖を加えて
　　　17％の砂糖水Dを作ります。何gの砂糖を加えればよいですか。四捨五入して小数第1位まで答えなさい。

［18］メスシリンダーを用いて正確にはかった50mLの砂糖水Cを，上皿てんびんで分銅とつり合わせました。この砂糖水Cを，
　　　同じくメスシリンダーを用いて正確にはかった50mLの砂糖水Dに変えると，上皿てんびんのようすはどうなりますか。
　　　下のア～ウから正しいものを選び記号で答えなさい。

　　　ア　分銅側が下がる　　　イ　分銅側が上がる　　　ウ　変わらない

［4］花火を見てからその音を聞くまでに愛さんは１１．６秒，優さんは１４．９秒かかりました。南山中学校女子部と南山大学は，何ｋｍはなれていますか。四捨五入して小数第１位まで答えなさい。

次に，光について考えます。

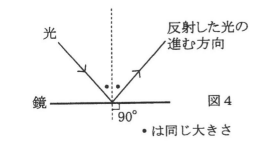

図4

・は同じ大きさ

［5］光を鏡に当てると，図４のように反射します。３枚の鏡を解答用紙の図のように置くと，矢印のように進んできた光はその後，どのように進んでいきますか。光の進んでいく道すじを解答用紙のマス目を利用して作図しなさい。ただし，解答用紙の図の太線は鏡を表しており，両面とも鏡になっています。

［6］図５は愛さんの部屋を上から見た図です。愛さんはＡの位置にいます。部屋の中にはＢさんからＨさんまで，７人の友だちがいます。窓は，外が暗くなると鏡のように中の部屋のようすが映ります。夜，愛さんが窓を見たときに，窓に映して見ることができる友だちをすべて選び記号で答えなさい。ただし，図５の太線は窓を表しており，窓はゆかから天じょうまであります。

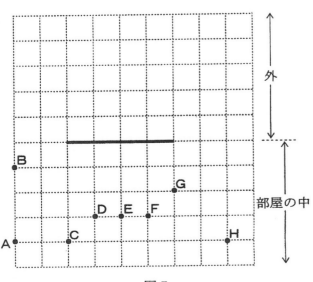

図5

［7］プールに入ると，足が短くなっているように見えます。この現象と同じ原理で起きる現象を下のア～カから２つ選び記号で答えなさい。

ア　虫めがねを使うと，黒い画用紙がこげた。
イ　遠くのものが見えにくいので，めがねをかけたら見えやすくなった。
ウ　自分の身長の半分の長さの鏡があれば，全身を映すことができる。
エ　部分日食のときに，木もれ日を見たら，三日月の形をしていた。
オ　日なたに棒を立てると，地面にできる影（かげ）は太陽とちょうど反対側にできる。
カ　日なたに棒を立てると，地面にできる影は正午ごろに短く，朝や夕方は長い。

3　上皿てんびん（図６）を用いて優さんが実験を行いました。以下の問題に答えなさい。

［8］上皿てんびんを使い始めるとき，左右のうでに皿をのせたら，針が図７のように少しだけずれていました。どのように調節をすればよいですか，次の文の空らんをうめて文を完成させなさい。ただし，（　）内は，図６の１～７から選び記号で書きなさい。また，【　】内は，"支点"という言葉を使って説明をしなさい。

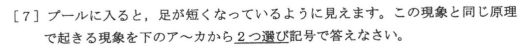

文：　（　　）を【　　　　　　　　　】。

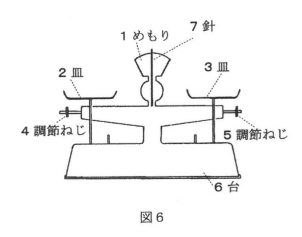

図6

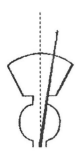

図7

☆ 答えはすべて解答用紙に書きなさい。

1　愛さんと優さんが，乾電池（かんでんち）と導線と豆電球を用いて実験をしました。以下の問題に答えなさい。

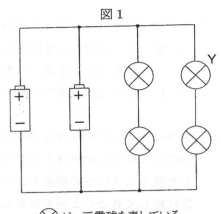

図1

⊗は，豆電球を表している。

[1] 愛さんは，乾電池と豆電球を用いて，図1のような回路をつくりました。次に愛さんは，図2と図3から1つずつ選び，図1の豆電球Yと同じ明るさになる回路をつくります。図2と図3からそれぞれどれを選び組み合わせてつなげばよいですか。例のように答えなさい。答えが2つ以上あるときはすべての組み合わせを答え，無ければ「なし」と答えなさい。　ただし，以下の条件に従います。例：1とA

　　条件　・乾電池と豆電球は全て同じものである。
　　　　　・豆電球が2つ以上ある場合は，どれか1つでも図1の豆電球Yと同じ明るさになればよい。

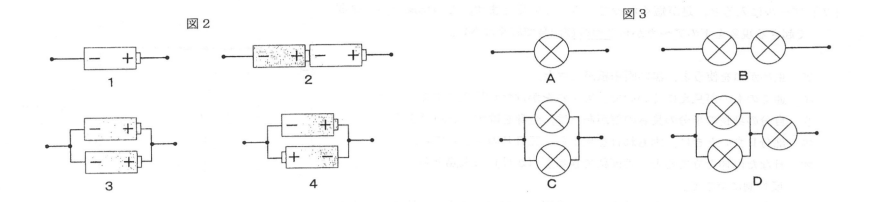

図2

1　　2
3　　4

図3

A　　B
C　　D

[2] 乾電池2つと豆電球2つと導線5本を使って回路をつくります。導線の両はし以外はビニールでおおわれています。最も乾電池を長持ちさせるには，どのようにつないだらよいですか。解答用紙の図に，5本の導線を1本ずつがはっきりと区別できるように線で書きなさい。ただし，導線は乾電池と豆電球の絵の　・　につなぐこと。また，導線の長さは同じでなくてもよい。

2　音と光について以下の問題に答えなさい。

　まず音について考えます。2012年6月5日に熱田神宮（じんぐう）花火大会がありました。愛さんは南山中学校女子部の屋上で，優さんは南山大学の屋上で同じ花火を見ました。熱田神宮と南山中学校女子部と南山大学は，ほぼ一直線上にあります。花火大会が行われていたときの空気の温度は22.8℃でした。ただし，光は音よりもじゅうぶん速いものとします。以下の問題に答えなさい。

[3] このとき，音は1秒間に何m進みますか。四捨五入して，整数で答えなさい。ただし，音が1秒間に進む距離（きょり）と温度には，下の表のような関係があることがわかっています。

1秒間に音が進む距離と温度の関係

	10℃	15℃	20℃	25℃
1秒間に音が進む距離	337.5m	340.5m	343.5m	346.5m

6

　川の上流にある東町と，川の下流にある西町があります。東町から西町までは船で移動することができます。東町から出発した場合，東川を下り，途中，中湖を通り，西川を下って西町にとう着します。東川の流れの速さは時速３km，西川の流れの速さは時速１kmですが，中湖には水の流れはありません。また，東町から中湖までは１２km，東川から中湖に入ると３kmで西川に出ます。そこから西町までは１kmです。

　今，流れのない時の時速が５kmの遊覧船が西町を目指して，東町を出発しました。その１０分後，流れのない時の時速が９kmの貨物船が西町を目指して，東町を出発しました。遊覧船は，中湖にいる間だけは，流れのない時の時速が６kmになります。貨物船は西町に１０分間とまった後，東町に同じルートでもどります。

（１９）貨物船が遊覧船に追いつくのは，貨物船が出発してから何分後でしょうか。

（２０）西町を出発した貨物船が遊覧船に出会うのは西町から何mのところでしょうか。

7

　０，２，４，６，８の５つの数字を使ってできる３けたの数の中には，例えば６０８なら０＋８＝８，４４２なら４＋４＝８などのように，どこかの２つの位の数をたすと８になるものもあります。

（２１）このような数のうち１番大きいものを答えなさい。

（２２）２２４や８４６のように，どの位の数を２つ選んでも，たして８になることがないものもあります。このような数のうち，百の位が２であるものは，何個ありますか。解答らんに考え方がよくわかるように，言葉や式や図を用いて求め方を書いてください。

（２３）どの位の数を２つ選んでも，たして８になることがないものは全部で何個ありますか。

8

（２４）以下の注意を守り，図の三角形ＡＢＣと合同な三角形を解答らんに書きなさい。
　注意　①図は解答らんのわく内に書くこと。
　　　　②頂点Ａは解答らんに書いてあるものを使うこと。
　　　　③頂点Ｂは解答らんに書いてある直線上にとること。
　　　　④コンパスの針をさした所に×を書くこと。（×の真ん中がコンパスの針をさした所になるようにする。）
　　　　⑤×は２個以内にすること。

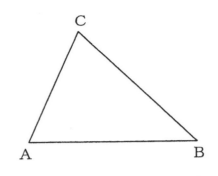

3

　　図のような正五角形ＡＢＣＤＥがあります。
対角線ＡＣと対角線ＢＥの交点をＦとします。

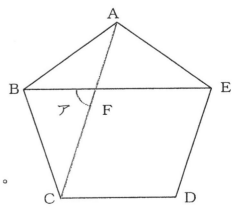

（１３）図のアの大きさを求めなさい。

（１４）イには最も適する記号を下の①～③から
　　　　選びなさい。ウにはあてはまる数を答えなさい。

　　　正五角形ＡＢＣＤＥの１辺の長さを１ｃｍとしたとき，
　　　ＡＦ：イ＝ＡＢ：ＣＥなので，ＣＥをａ ｃｍ，ＡＦをｂ ｃｍとすると，
　　　ａ×ｂ＝ウになる。
　　　①　ＢＦ　　　②　ＣＦ　　　③　ＢＥ

4

（１５）右図のような１辺の長さが１ｃｍの立方体があります。
　　　　図の頂点Ａに長さが１ｃｍのひものはしをつけました。
　　　　このひものもう一方の先は，立体の表面を動き回ります。
　　　　ひもの先が動き回ることのできるはん囲は上の面だけで
　　　　考えると半径１ｃｍの円の４分の１の面積になります。
　　　　　では，このひもの先がどの面でも動き回れるとき，
　　　　そのはん囲の面積は何ｃｍ²になりますか。

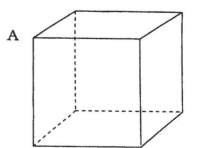

（１６）右図のような立方体の上の面と底面が正方形のすい体
　　　　の底面がすき間なくぴったりと重なった立体がありま
　　　　す。すべての辺の長さは１ｃｍとします。
　　　　　長さ１ｃｍのひものはしを図の頂点Ｂ，Ｃ，Ｄにそれ
　　　　ぞれつけたときの，ひもの先が動き回れるはん囲の面
　　　　積を考えます。ただし，ひものもう一方の先は（１５）
　　　　と同様に動き回ります。
　　　　　１番大きい面積となるときは，どの頂点につけたとき
　　　　かを考えて，その面積が半径１ｃｍの円の何倍となるかを
　　　　答えなさい。

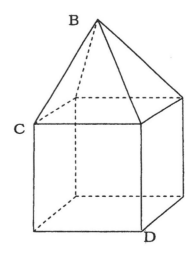

5

　　青いビーズは１ふくろ５個入り，赤いビーズは１ふくろ１２個入りで売られ
ています。

（１７）合計でちょうど２２個のビーズを買うには，青いビーズ，赤いビーズを
　　　　それぞれ何ふくろずつ買えばよいでしょうか。

（１８）合計でちょうど７個やちょうど１３個などのビーズは買うことができま
　　　　せん。このように買うことのできない個数のうち，１番多いものは何個で
　　　　しょうか。

☆計算には白紙を用い，答えはすべて解答用紙に書き入れなさい。
☆円周率は3.14として計算しなさい。

1

□にあてはまる数を答えなさい。

（1）　$25 - 10 \div 5 = \square$

（2）　$\dfrac{1}{6} + \dfrac{1}{3} - \dfrac{1}{17} + \dfrac{1}{2} = \square$

（3）　1時間15分は□秒です。

（4）　$1L + \square\, dL = 1230 mL$

（5）　$1.2 + 2.8 \times \dfrac{5}{4} = \square$

（6）　$\left\{\left(\dfrac{2}{3} + 0.3\right) - \dfrac{1}{5} - \dfrac{1}{10}\right\} \div \dfrac{5}{6} + \dfrac{1}{6} = \square$

（7）　$(10 - \square) \times \dfrac{2}{7} + \dfrac{1}{3} = 2$

（8）　$(123億 - 3000000000) \times \dfrac{2}{5} \div 500万 = \square$

（9）　$\dfrac{1}{3} + \dfrac{1}{2} \times \left(\dfrac{3}{\square} + 0.4\right) = \dfrac{5}{3} \times \dfrac{1}{2}$

（10）　$3.14 \times 16 + 2.2025 \times 14 + \dfrac{15}{8} \times 7 = \square$

2

写真のプリント代金の定価が，1枚24円のお店があります。
ただし，100枚以上注文すると1枚20円となり，160枚以上注文すると定価の合計金額の3割引きとなります。1円未満の端数は切り捨てます。

（11）次のうち正しいことを述べている人をすべて選び，記号で答えなさい。
（あ）あみちゃん「私は，写真を98枚ほしかったんだけど，このお店なら，
　　　　　　　　100枚注文しちゃったほうが得になるんだね」
（い）いさむくん「ぼくも，ほしい枚数が83枚以上なので，100枚注文し
　　　　　　　　たほうが得になるね」
（う）うみちゃん「84枚未満のときにはそのままの枚数のほうが得だよね」
（え）えみちゃん「84枚以下のときが得なんだよ」
（お）おさむくん「83枚をこえたときは，100枚注文すると得だよ」

（12）このお店で160枚注文したほうが得になるのは何枚買うときでしょう
　　　か。その中で1番少ない枚数を答えなさい。